中 知 认 证 系 列 丛 书

通往标准之路
——企业知识产权标准化管理宝典

中知（北京）认证有限公司 / 组织编写

余　平 / 主编

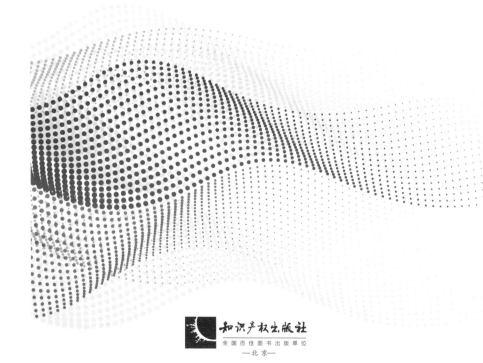

知识产权出版社
全国百佳图书出版单位
——北京——

图书在版编目（CIP）数据

通往标准之路：企业知识产权标准化管理宝典／余平主编 . —北京：知识产权出版社，2020. 8

（中知认证系列丛书）

ISBN 978-7-5130-7060-7

Ⅰ. ①通… Ⅱ. ①余… Ⅲ. ①企业—知识产权—管理—研究—中国 Ⅳ. ①D923. 404

中国版本图书馆 CIP 数据核字（2020）第 133120 号

责任编辑：刘 睿 刘 江 邓 莹　　　　　　责任校对：王 岩

封面设计：博华创意·张冀　　　　　　　　责任印制：刘译文

中知认证系列丛书

通往标准之路

——企业知识产权标准化管理宝典

中知（北京）认证有限公司　组织编写

余 平 主编

出版发行：知识产权出版社 有限责任公司	网 址：http://www.ipph.cn
社 址：北京市海淀区气象路 50 号院	邮 编：100081
责编电话：010-82000860 转 8344	责编邮箱：liujiang@ cnipr. com
发行电话：010-82000860 转 8101/8102	发行传真：010-82000893/82005070/82000270
印 刷：天津嘉恒印务有限公司	经 销：各大网上书店、新华书店及相关专业书店
开 本：720mm×960mm 1/16	印 张：24.5
版 次：2020 年 8 月第 1 版	印 次：2020 年 8 月第 1 次印刷
字 数：360 千字	定 价：98.00 元
ISBN 978-7-5130-7060-7	

《通往标准之路
——企业知识产权标准化管理宝典》
编 写 组

主　编　余　平

副主编　邢文超　李　曦　王健琳

撰　稿（按章节排序）

　　　　　王健琳　李　曦　邢文超

审　稿　余　平　苏慎之

序

2008 年，国务院颁布《国家知识产权战略纲要》，明确提出到 2020 年把我国建设成为知识产权创造、运用、保护和管理水平较高的国家。国家知识产权战略是继科教兴国战略、人才强国战略之后第三个国家战略。《国家知识产权战略纲要》颁布十余年来，特别是党的十八大以来，在以习近平同志为核心的党中央的高度重视和亲切关怀下，我国知识产权事业取得了举世瞩目的成就，知识产权大国地位牢固确立。习近平总书记深刻指出，加强知识产权保护，是完善产权保护制度最重要的内容。2019 年国务院《政府工作报告》也明确提到，要全面加强知识产权保护，健全知识产权侵权惩罚性赔偿制度，促进发明创造和转化运用。

为帮助企业全面落实国家知识产权战略精神，指导企业建立科学、系统、规范的知识产权管理体系，促进企业自主创新能力和知识产权运用水平的不断提高，逐步实现把知识产权融入企业生产经营的各个环节，我国首部知识产权管理国家标准《企业知识产权管理规范》（GB/T 29490—2013）于 2013 年 3 月 1 日正式颁布实施。该标准由国家知识产权局起草制定，国家质量监督检验检疫总局、国家标准化管理委员会批准颁布，其问世标志着我国企业知识产权规范化管理的大门正式开启。

随后，《科研组织知识产权管理规范》（GB/T 33250—2016）、《高等学校知识产权管理规范》（GB/T 33251—2016）相继实施。由中央军委装备发展部国防知识产权局为主起草编制的《装备承制单位知识产权管理要求》（GJB 9158—2017）于 2017 年 12 月 1 日起实施。我国知识产权管理领域的国家标准体系得到进一步拓展和发展。

与此同时，在国家知识产权局（CNIPA）和国家认证认可监督管理委员会（CNCA）等部门的推动下，知识产权管理体系认证工作也由起步阶段到稳步发展。2014 年 4 月 11 日，中国专利保护协会旗下的中知（北京）认证有限公司（以下简称"中知公司"）作为全国首家经国家认证认可监督管理委员会（CNCA）批准的知识产权认证机构正式成立，自此拉开了知识产权认证工作的帷幕。中知公司依托中国专利保护协会深厚的行业背景和资源，专注耕耘知识产权认证工作 6 年有余，完成近 2 万家创新主体的知识产权管理体系认证服务，不断深化对知识产权领域系列国家标准的理解和认识，积累了丰富的知识产权认证经验，得到社会各界的高度认可。

孟子云，"独乐乐不如众乐乐"。让更多的人了解知识产权规范化管理的魅力，让更多的创新主体通过知识产权规范化管理获取更高的飞跃一直是中知公司的目标。故此，中知公司策划了中知认证系列丛书，分别为：《通往标准之路——企业知识产权标准化管理宝典》《〈企业知识产权管理规范〉审核要点与案例解析》《〈科研组织知识产权管理规范〉理解与实施》《〈高等学校知识产权管理规范〉理解与实施》《〈装备承制单位知识产权管理要求〉解析与应用》。

本套丛书内容不仅包括知识产权领域系列国家标准的条款解读、实施建议、体系建立、审核要点等方面，而且结合标准推行和认证过程中的相关案例，以理论与实务相结合的视角，对知识产权管理体系系列国家标准及实施进行全面详细的解读。希望这套饱含诚意的丛书能够成为广大读者了解知识产权规范化管理的入门读物，成为大家踏上知识产权管理体系阶梯的垫脚石。

中国专利保护协会副会长兼秘书长

前　　言

进入 21 世纪以来，大数据、云计算、边缘计算等互联网技术日新月异，随着 5G 网络大规模商用的临近，基于物联网的新应用场景将爆发性显现。经济发展将越来越依赖技术的创新与应用，知识产权在增加产品或服务附加值方面的作用愈发突显，知识产权创造、管理、运用与保护成为各行各业的关注焦点，知识产权管理已上升为现代企业管理的新重心，甚至成为决定企业生存与持续发展的重要因素。不少企业由过去主要投资于有形资产转换到激励人才创新、自主研发上来，致力于让知识产权在产品或服务中成为企业竞争核心。

知识产权管理标准化是知识产权工作提质增效、助力创新发展的新引擎。在国际产业竞争日趋激烈、国内转型升级迫在眉睫的新形势下，知识产权标准化管理对提高企业、高校等创新主体知识产权能力与市场竞争力、支撑经济社会发展均有重要意义。

本书着眼于企业知识产权标准化管理的理论与实践相结合，以期为企业知识产权管理工作的开展与实施提供有益的参考。全书正文部分共四篇十三章，分别为：基础篇三章，帮助读者建立起知识产权标准化工作的初步印象；上篇·标准解读两章，是对《企业知识产权管理规范》的全景介绍；中篇·体系搭建四章，详细说明企业应如何从零开始搭建知识产权管理体系；下篇·管理体系审核四章，是企业检验标准方法和流程的集成。

我们的初衷是希望完成一部兼具广度和深度的"鸿篇巨著"，随着写作过程的推进，我们经历最多的却是因为不断惊讶于体系管理的博大精深和更加深入领会到学海无涯的要义，并感慨我们自身的粗浅。因此，尽管我们努力做到字斟句酌，面面俱到，却仍不免有失疏漏和浅尝辄止。因此，我们希望您在阅读之余不吝赐教，帮助我们提升和完善对标准、对认证审核的认识，对此我们深表感谢，并希望您能通过电子邮件（service@zzbjrz.com）的方式告知您的意见和建议。

目　　录

基础篇

上篇·标准解读

中篇·体系搭建

下篇·管理体系审核

基础篇

第一章　标准小史

第一节　国际标准体系

严格意义上来讲，国际标准体系是在国际标准组织出现以后才真正成型，但标准体系的出现和发展绝非一蹴而就。

18 世纪以来，随着第一次工业革命的完成，分散的小作坊式的生产被规模化、集成化的机器生产所取代，批量化的产品需要统一规范的原材料、加工过程、从事大量重复劳动的工人；而批量化的产品进入市场刺激了人们的消费需求的增长，消费需求的增长又反过来推动了生产规模的进一步扩大和工厂的扩张，大量的人口脱离农田进入工厂，工厂的管理难度不断加大。

为了便于管理以进一步提高生产效率，工业界率先开启了通用化的大门。1841 年，英国的约瑟夫·惠特沃斯（Joseph Whiworth）曾敦促英国采用统一的螺纹制度，并设计出惠氏螺纹。后来在惠氏螺纹的基础上又发展出英制螺纹，并广泛应用于军用和民用设备上。

19 世纪末至 20 世纪初，形成标准化工作的一个高潮，职业标准化队伍开始出现，各种标准化组织开始建立，例如，国际电信联盟（International Telecommunication Union，ITU）的前身国际电报联盟于 1865 年在法国成立，国际电工委员会（International Electrotechnical Commission，IEC）于 1906 年在英国成立，标准化活动逐渐从无序到有序，人们开始有意识地制定统一的标准文本。到第一次世界大战前夕，标准化已经被公认为是提高劳动生产率的有效方法。❶ 此时，人们对建立行业和国家标准的重要性开始有了认识，现代意义上的国际标准的出现条件已经具备。

然而，两次世界大战的爆发阻断了国际标准化的进程，尤其是第二次世界大战，令国际标准化运动陷入低谷。

第二次世界大战之后，各国开始恢复经济，虽然战争将欧洲列强原来的生产能力几乎全面摧毁，但也打破了旧有的国际贸易格局，新的贸易体系开始形成，为此要求尽快成立一个权威性的国际机构，制定国际标准为仲裁依据，以协调各国标准的差异对贸易的影响。1947 年 2 月 23 日，国际标准化组织（International Organization for Standardization，ISO）应运而生，同年 7 月，IEC 加入国际标准化组织，❷ 促进了国际标准化活动朝着更加协调的方向发展。作为世界性的非政府组织，ISO 的主要宗旨和任务是"促进世界标准化及其相关活动的发展，制定国际标准，协调世界范围内的标准化工作。"

20 世纪 60 年代以后，国际交流日益频繁，国际标准化活动迅速发展，除国际和地区性的标准化组织外，许多国家的标准化工作也都呈现出明显的国际性特征，标准的国际化逐渐成为标准化活动的重要内容。这一时期，国际标准数量逐渐增多、标准制定的速度越来越快、制定方法也更加科学。

20 世纪末，人类逐渐进入信息时代，信息技术的飞速发展使得标准化对象趋向于多元化、复杂化，标准制定的时间更短，不同标准间的衔接也更加紧密，标准化的发展迈上新的台阶；同时，经济全球化已成为不可逆的趋势，进出口贸易愈发频繁，为减少或消除技术障碍，标准化的国际性和国际对标准化的需求性都在不断积累增加。采用国际标准或投入国际标准制修订工作成为各国标准化工作的重要方针和政策。

---

❶ 世界标准化简史（二）［EB/OL］.［2020-03-02］. https：//zhuanlan. zhihu. com/p/55887455.

❷ 后于 1976 年又从 ISO 中分立出来。

第二节 国际标准化组织

IEC、ITU、ISO 并称三大国际标准化机构。其中，IEC 负责有关电气工程和电子工程领域的国际标准化工作，ITU 则主要负责分配和管理全球无线电频谱与卫星轨道资源，制定全球电信标准。与 ISO 相比，IEC 和 ITU 制定的标准更偏向于技术层面，与本书介绍的知识产权管理标准的关联有限。因此，本书提及的国际标准机构，如无特别说明，将专指 ISO。

ISO 是一个全球性的非政府组织，其目的和宗旨是"在全世界范围内促进标准化工作的发展，以便于国际物资交流和服务，并扩大在知识、科学、技术和经济方面的合作"。其主要活动是制定国际标准，协调世界范围的标准化工作，组织各成员国和技术委员会进行情报交流，以及与其他国际组织进行合作，共同研究有关标准化问题。官方语言是法语、英语和俄语。ISO 于 1951 年发布了第一个标准——工业长度测量用标准参考温度。

一、ISO 的组织结构

ISO 最初只有 15 个成员，经过 60 余年的发展，截至 2020 年，ISO 的成员已经多达 164 个国家和地区，成立有 782 个技术委员会和分技术委员会。❶

ISO 的标准工作由技术委员会（TC）负责，技术委员会下设分技术委员会（SC）和工作组（WG）。技术委员会的成员由 ISO 成员方提名的专家组成。每个成员都可参加它所感兴趣的标准的委员会，若是技术委员会的规则允许，通信成员可以作为观察员参与相关工作。与 ISO 有联系的国际组织、政府或非政府组织也可参与工作。ISO 在电气标准化方面则与 IEC 进行合作。

二、ISO 发布的国际标准

20 世纪 80 年代末至 90 年代中期，ISO 相继出台了两大管理体系国际

---

❶ ISO-About us［EB/OL］.［2020-03-06］. https：//www.iso.org/about-us.html.

标准，ISO 9000 族标准和 ISO 14000 系列标准，之后 ISO 又相继出台多个领域的管理体系标准。截至目前，ISO 已经出版 23 069 个标准和相关文件，❶涵盖工业技术、食品安全、农业和生命健康的全部产业领域。其中最广为人知的标准包括 ISO 9000 系列—ISO 9001 质量管理、ISO 22000 食品安全管理、ISO 14000 系列—环境管理、ISO/IEC 17025 测试和校准实验室、ISO 13485 医疗设备、ISO 639 语言代码、ISO 4217 货币代码、ISO 26000 社会责任、ISO 31000 风险管理、ISO 50001 能源管理、ISO/IEC 27001 信息安全管理、ISO 20121 可持续发展活动、ISO 45001 职业健康与安全、ISO 37001 反贿赂管理系统、ISO 8601 日期和时间格式、ISO 3166 国家/地区代码、ISO 13216ISOFIX 汽车儿童座椅等。

在 ISO 制定的众多标准中，管理体系标准 ISO 发布最为广泛、公认度最高的标准，目前已经发布 80 个以上，按照其用途可分为以下四类。

（1）一般管理体系标准，旨在帮助组织管理其政策和流程以实现特定目标，其特点是适用于所有经济部门，各种类型和规模的组织以及不同的地理、文化和社会条件，如 ISO 9000 质量管理体系系列标准，ISO 14000 环境管理体系系列标准等。

（2）特定领域的管理体系标准，为在特定经济或商业领域通用管理标准的应用提供了其他要求或指南，如 ISO 13485《医疗设备　质量管理体系　法规要求》、ISO/TS 22163《铁路应用　质量管理体系　铁路组织的业务管理体系要求》等。

（3）管理体系相关标准和实施指南，旨在为以下方面提供进一步的指导和/或要求：组织管理体系的特定方面，ISO 管理体系标准或相关的支持技术，如 ISO/TR 10013《质量管理体系文件指南》、ISO 19011《管理体系审核指南》等。

（4）用于特定方面的管理标准，旨在为组织管理系统特定方面的实施提供支持，如 ISO 26000《社会责任指南》、ISO 31000《风险管理—指南》等。

---

❶　ISO-About us ［EB/OL］. ［2020-03-06］. https：//www. iso. org/about-us. html.

三、ISO 管理体系国际标准的结构

ISO 发布的众多管理体系标准的框架与内容虽然采用了基本相同的方式，但是由于各种原因，使得这些标准的基本框架、术语在表达方面存在较大差异，导致一些组织在按照两个以上相关管理体系运行过程中，在标准文本的理解上产生不同程度的混淆和困难，降低了管理体系建立和实施的效率和有效性。

现代组织管理的复杂性又决定了其必然需要同时实施多个标准，因此，为提高 ISO 管理体系国际标准的逻辑性、科学性和协同性，ISO 提出了管理体系标准的模式化"高级结构"（High Level Structure）。

（一）ISO 管理体系国际标准的"高级结构"

该结构定义的管理体系标准内容主要由 10 个主要条款及其相关分条款组成，除 1 范围、2 引用标准、3 术语和定义以外，4 组织环境、5 领导作用、6 策划、7 支持、8 运行、9 绩效评价、10 改进，按照"PDCA 循环"展开，如下所示：

1 范围

2 引用标准

3 术语和定义

4 组织环境

    4.1 理解组织及其环境

    4.2 理解相关方的需求和期望

    4.3 确定×××管理体系范围

    4.4 ×××管理体系

5 领导作用

    5.1 领导作用和承诺

    5.2 方针

    5.3 组织角色、职责和权限

6 策划（Planning）

6.1 针对风险和机会所采取的措施

6.2 ×××目标及针对实现×××目标所进行的策划

7 支持（Support）

7.1 资源

7.2 能力

7.3 意识

7.4 沟通

7.5 文件化信息

7.5.1 总则

7.5.2 形成和更改

7.5.3 文件化信息控制

8 运行（Operation）

8.1 运行策划和控制

9 绩效评价（Pelformance evaluation）

9.1 监视、测量、分析和评价

9.2 内部审核

9.3 管理评审

10 改进（Improvement）

10.1 不合格和纠正措施

10.2 持续改进

（二）"高级结构"的优点

"高级结构"按照"PDCA 循环"组合排列，使管理体系标准结构更具逻辑性和合理性，从而更加有效地支持组织策划、建立、实施、运行、监视、评审、保持和持续改进管理体系。

根据"高级结构"的要求，组织在策划管理体系时，首先要理解并分析其内外部环境（例如，涉及组织所处的宏观的、行业的、微观的政治、经济、文化、技术等的外部环境以及组织内部的经营宗旨、价值观、文化、组织结构、人员等状况，包括识别并理解组织相关方的需求和期望（例如，上级集团制定的集团知识产权战略的需求、合作伙伴与客户对产品或服务中某些涉及知识产权内容的需求、竞争对手等），通过分析组织自身的优势与劣势，外部的机遇与风险，确定组织的战略，进而确定管理体系范围（包括哪些过程、产品、场所、部门等要素）。在此基础上，强调最高管理者的领导作用和承诺（制定知识产权管理战略、方针与目标，承诺对组织的知识产权与责任确定内部组织架构与职责分工，配备管理体系需要的支持资源，调动组织内各级人员的积极性，实施内外部有效沟通等），进而根据上述目标开展体系的设计与策划，明确与实现目标有关的过程，确定如何运行与实施。策划还必须要明确配备何种资源支持（如人力资源、财务资源、信息资源等），应要制定完善的文件体系以保障体系运行的科学性、系统性与规范性。还要明确整个体系绩效评价的准则、实施方案，通过定期综合运用监视、测量、内部审核、管理评审，分析和评价体系的运行成绩与效果，确保体系的有效性与效率足以实现目标。最后，针对组织管理体系运行中发现的问题，及时改进。

四、ISO 国际标准的制定过程

一个国际标准是 ISO 成员团体达成共识的结果。它可能被各个国家或地区等同或等效采用而成为该国或地区的国家标准或地区标准。国际标准由技术委员会（TC）和分技术委员会（SC）经过六个阶段形成：申请阶段、预备阶段、委员会阶段、审查阶段、批准阶段、发布阶段。通常，一个标准从首次提议到最终发布，需要大约 3 年的时间。在标准制定的过程中，应遵循以下原则：（1）满足市场需求；（2）基于全球专家意见；（3）通过多方利益相关者过程制定；（4）基于共识。

同时，为了更好地使各国推行国际标准，ISO 给出了 6 种将现有国际标准和国外先进标准订入（编入）采用国国家标准的方法。❶

---

❶　国际上是怎样规定将国际标准和国外先进标准订入采用国国家标准的？[J]. 机械工业标准化与质量，2007（2）：37.

（1）认可法：由国家标准机构直接宣布某项国际标准为国家标准，其具体办法是发一认可公告或通知，公告和通知中一般不附带国际标准的正文，也不在原标准文本上加注采用国家的编号。

（2）封面法：在国际标准上加上采用国国家标准的编号，并附一简要说明和要求，如说明对原标准作了哪些编辑修改，以及如何贯彻等要求。

（3）完全重印法：将国际标准翻译或不作翻译，采用原标准标题，重新印刷作为国家标准，并可在国际标准正文前面，加一篇引言，作一些说明或指示、要求。

（4）翻译法：国家标准采用国际标准的译文，可以用两种文字（原文和译文）或一种文字出版，采用时，也可在前言中说明被采用国际标准作了哪些编辑性修改，或作一些要求说明。

（5）重新制定法：根据某项国际标准，重新起草国家标准，即把国际标准"熔入"国家标准之中，或作层次上的修改、或作结构上的变动，但一般要保留国际标准的主要指标，或基本上保留原结构格局。

（6）包括与引用法：制定国家标准时，完全引用或部分引用国际标准的内容。根据国际标准的"包容"情况及专业深度，制定国家标准时，可以选择相关部分进行贯彻，其余部分不贯彻；也可包括其国际标准的一部分，其余根据需要补充新的内容和指标。

第三节 国际标准的中国化

中华人民共和国成立之初，我国面临着彻底完成民主改革和实现全国财政经济统一、稳定市场物价、争取财政经济形势好转的艰巨任务，党和政府十分重视标准化工作。但是对于如何推进标准工作，如何制定标准，我们并无经验，只能在探索中前行。由于外交政策的影响和工业建设的实际情况，我国在中华人民共和国建立初期引进了大量的苏联标准，据统计，"一五"期间，总共翻译和使用苏联标准4587项，以此支撑了中华人民共和国成立之初的工业化建设，加快结束"万国牌"的混乱局面，也为以后

标准化工作的进一步开展打下了良好的基础。❶

1978 年，党的十一届三中全会以后，我国确定了改革开放的基本国策，开始回归国际贸易体系，工业建设开始成为工作重心，标准化工作开始加速：1978 年 5 月国家标准总局成立，全国标准化系统的组织机构和队伍得到迅速发展。1979 年，中国标准化协会代表团代表我国参加在日内瓦召开的 ISO 第 11 届全体大会。

1982 年，国家标准总局改为国家标准局，同年在 ISO 第 12 届全体会议上，中国被选为 ISO 理事会成员国。同时，我国也开始积极采用国际标准和国外先进标准，加强对引进技术和设备进口的标准化审查，开展了产品质量认证工作。❷

1988 年，我国颁布《中华人民共和国标准化法》，于 1989 年 4 月开始实施，该法律第 4 条规定，国家鼓励积极采用国际标准。

2001 年，中国加入世界贸易组织。国家质检总局发布实施《采用国际标准管理办法》。2002 年，国家质检总局印发《关于推进采用国际标准的若干意见》的通知，指出："采用国际标准和国外先进标准是我国的一项重大技术经济政策，是促进技术进步、提高产品质量、扩大对外开放、加快与国际惯例接轨的重要措施。"

2006 年，首届"中国标准创新贡献奖"颁奖大会举行。截至 2020 年，标准创新贡献奖的评选已开展了 8 届，共 611 个项目获奖，其中包括我国主导制定的国际标准 44 项。

2008 年，中国成功当选 ISO 常任理事国。2011 年，中国成功当选 IEC 常任理事国。2012 年以来，我国采用国际标准的比例逐年提升。据统计，"入世"十年，我国国家标准采用国际标准的比例由"入世"初的 40% 提

---

❶ 王忠敏. 新中国标准化七十年［EB/OL］.［2020-03-02］. 中国标准化微信公众号：ChinaStandards.

❷ 中国标准化发展史（五）［EB/OL］.［2020-03-02］. https://zhuanlan.zhihu.com/p/46949304.

升到 68%。❶

2016 年 9 月，第 39 届 ISO 大会在北京召开，习近平主席在致贺信中指出，中国将积极实施标准化战略，以标准助力创新发展、协调发展、绿色发展、开放发展、共享发展。标准助推创新发展，标准引领时代进步。国际标准是全球治理体系和经贸合作发展的重要技术基础，要探索标准化在完善全球治理、促进可持续发展中的积极作用，为创造人类更加美好的未来作出贡献。❷

2018 年 1 月 1 日，新修订的《标准化法》开始实施，第 8 条规定国家积极推动参与国际标准化活动，开展标准化对外合作与交流，参与制定国际标准，结合国情采用国际标准，推进中国标准与国外标准之间的转化运用。随着新法的实施和我国开放程度的不断提高，我国标准与国际接轨的步伐将不断加快，也将会有越来越多的中国标准成为国际标准。

第四节　标准行业的发展趋势

当前，全球经济、技术合作日渐深入，经济和技术全球化趋势日趋明显：第一，作为工业技术突破温床的现代科研的难度越来越大，越来越多的科研成果的取得依赖于跨实验室、跨地区、跨国家的合作；第二，掌握技术垄断权的发达国家普遍存在人口结构不合理的问题，而在技术科技方面存在弱势的发展中国家往往在劳动力人口方面具有优势，同时，作为重要生产资料的自然资源，也广泛分布于不同国家和地区，能够同时将三者汇聚的国家凤毛麟角，因此绝大多数谋求发展的国家必然要进行合作；第三，由于前一因素的影响，几乎没有一个国家能够拥有建成一个工业门类

---

❶ 中国标准化发展史（五）［EB/OL］.［2020-03-02］. https://zhuanlan.zhihu.com/p/46949304.

❷ 第 39 届国际标准化组织大会召开 习近平致贺信［EB/OL］.［2020-03-02］. http：//www. xinhuanet. com/politics/2016-09/12/c_ 1119554126. htm.

的全产业链，并保证这个产业链的每个环节都具有比较优势，只有通过全球性的产业链合作，才能实现工业生产利润的最大化。

全球化构成了标准国际化的直接动力：只有当贸易商品和服务的质量、贸易方法、计量、运输、货币结算、信用等各方面的标准具有一致性时，国际贸易的成本才能最低，各贸易环节的参与者的利润才能最大。因此，制定和应用具有国际通行性的产品标准、方法标准、管理标准和服务标准成为各国的迫切需要，各个国家和地区自身的标准都在迅速向国际标准靠拢。

尽管全球化的大趋势不可逆转，但当今世界各国和地区之间的竞争仍然激烈，这种竞争不仅发生在替代产品的生产国之间，也发生在产业链分工上下游的国家之间——产业链的整体利润相对固定，拥有更多话语权的国家将获取产业链中的更多利润，决定产业链中利润分配的三个要素之一就是标准，❶ 而且，在 WTO 框架下，由标准构筑的垄断和贸易壁垒具有一定的正当性。因此，各国都把标准的国际化提到前所未有的战略高度，并积极推动本国标准成为国际标准。

我国自"入世"以来，标准化发展战略和标准体系建设正在逐步适应国家发展的需求，国家在推行标准化战略和技术标准体系研究方面取得巨大成果。2018 年 1 月 1 日，新修订的《中华人民共和国标准化法》开始正式实行，市场在资源配置中的决定性作用更加突出，标准体系的发展也更贴近市场需求；党的十九大报告提出了高质量发展的口号。今后，市场主体在参与标准制定、标准推广过程中也面临更多的机遇，对标准人才的需求也更加旺盛。

与此同时，随着改革开放的深入和国家"走出去"战略的实施，5G、高铁、北斗导航、核电等大批高质量的中国制造正在全世界打响中国标准的名片。完善国内标准管理体系，推动中国标准的不断国际化，是时代赋予每一位标准工作者光荣的责任和使命。

---

❶ 三个要素：标准——生产组织方式话语权；知识产权——科技话语权；货币——贸易结算话语权。

第二章　知识产权概述

第一节　知识产权的概念

"知识产权"中文表述直接源自世界知识产权组织（World Intellectual Property Organization，WIPO）及其《建立世界知识产权组织公约》，是对英文"Intellectual Property"的意译。其定义指智力创造成果：发明、外观设计、文学和艺术作品以及在商业中所用的标志、名称和图像。❶

对于知识产权的起源，在国际上，先是 17 世纪中叶的法国学者卡普佐夫（Carpzov），后为比利时著名法学家皮卡第（Picardve），将一切来自知识活动的权利概括为"Intellectual Property"，即知识产权。如皮卡第认为，知识产权是一种特殊的权利范畴，它根本不同于对物的所有权。"所有权原则上是永恒的，随着物的产生与毁灭而发生与终止；知识产权却有时间限制。一定对象的产权在每一瞬息时间内只能属于一个人（或一定范围的人——共有财产），使用知识产品的权利则不限人数，因为它可以无限地再生。"❷皮卡第的这一学说后来在国际上广泛传播，得到许多国家和国际组织的认同。如德国等一些国家的学界曾经使用过"无形财产权"一词，日本的一些学者也曾经使用"无体财产权"的概念，但这些词语如今都已经很少使用。知识产权现已成为国际上通用的法律术语。

在我国，早期的若干法律规范与政策文件曾经将知识产权称为"智力

---

❶❷ 关于知识产权 [EB/OL]. [2020-03-02]. https：//www.wipo.int/about-ip/zh/index.html.

成果权"，但在我国加入 WIPO 后，无论是学术界，还是实务界，都已经逐步统一称为"知识产权"。1987 年 1 月 1 日施行的《民法通则》第五章第三节明确采用了"知识产权"一词，并且将知识产权与"财产权与财产有关的权利""债权""人身权"并列。自此以后，我国开始普遍使用"知识产权"一词，而很少再使用"智力成果权"的表述。而在我国台湾地区，"Intellectual Property"一直被翻译为"智慧财产权"，并且一直沿用至今。

第二节 知识产权的类别

TRIPS 作为 WTO 的一揽子协议的重要组成部分，具有相当的强制力，并已经成为当今世界各国知识产权立法和法律修改的主要坐标系和当代知识产权国际保护最低水平的标准线，其所规定的知识产权保护范围也已经是各国知识产权立法所普遍认同和遵循的保护范围。

在我国，知识产权的范围或者说类别主要包括专利权、商标权、著作权、商业秘密、集成电路布图设计、植物新品种、地理标志、企业名称及商号权、知名商品的包装及商号。以下对不同类型知识产权的阐释，如无特别说明，则主要采用我国现行法律中的相关定义。

1. 专利

专利是受法律规范保护的发明创造，它是指一项发明创造向国家审批机关提出专利申请，经依法审查合格后向专利申请人授予的在规定的时间内对该项发明创造享有的专有权。在我国，专利权的客体发明专利权、实用新型专利权和外观设计专利权这三类专利权的客体分别是发明、实用新型和外观设计。

2. 商标

商标是指商品的生产者和经营者或者服务提供者，为了标明自己生产经营的商品或者服务与市场上其他生产者或经营者生产经营的类似商品或者服务的区别，在其商品或者服务上使用的一种标记。根据我国《商标法》第 8 条的规定，我国接受注册的商标包括文字、图形、字母、数字、三维标志和颜色组合，以及上述要素的组合的商标，尚不承认纯色商标和气味商标。

3. 著作权

著作权也称版权，其概念有广义与狭义之分。狭义的著作权即作品创作者的权利，是作为作品创作者的作者依法对其所创作的文学、艺术和科学作品所享有的民事权利；广义的著作权包括狭义的著作权再加上邻接权，邻接权即作品传播者的权利，如表演者、录音制品制作者和广播组织的权利。

4. 商业秘密

商业秘密是指不为公众所知悉、具有商业价值并经权利人采取相应保密措施的技术信息、经营信息等商业信息。

5. 集成电路布图设计

集成电路布图设计是指集成电路，即以半导体材料为基片，将至少有一个是有源元件的两个以上元件和部分或者全部互连线路的三维配置，或者为制造集成电路而准备的上述三维配置。

6. 植物新品种

植物新品种，是指经过人工培育的或者对发现的野生植物加以开发，具备新颖性、特异性、一致性和稳定性并有适当命名的植物品种。

7. 地理标志

地理标志又称原产地标志，是指区别商品来源的相关标志，该商品的特定质量、信誉或者其他特征，主要是由该地区的自然因素或者人文因素所决定的。

8. 企业名称及商号权

企业名称是商品生产经营者为了表明不同于其他商事主体的特征而使用的专属营业标识。按照我国现行的法律规定，规范的企业名称由四部分组成，即行政区划、商号、行业和组织形式。其中，商号是企业名称中最具有识别性的部分。

9. 知名商品特有名称、包装、装潢

知名商品特有名称、包装、装潢，是指在市场上具有一定知名度，为相关公众所知悉的商品，其所拥有的非为相关商品所通用，并具有显著的区别性特征的与通用名称有显著区别的商品名称（未作为商标注册），为识别商品以及方便携带、储运而使用在商品上的辅助物和容器，为识别与美化商品而在商品或者其包装上附加的文字、图案、色彩及其排列组合。

第三节　知识产权的特征

关于知识产权特征，见仁见智、众说纷纭。最经典的是传统的专有性、地域性、时间性的"三性说"；吴汉东教授的国家授予性、专有性、地域性、时间性的"四性说"；郑成思教授的无形性、专有性、地域性、时间性、可复制性的"五性说"。张平教授的权利双重性、法定性、专有性、地域性和时间性的"五性说"。蒋志培大法官的知识产权客体的非物质性、可复制性、知识产权的法定性、独占性、地域性和时间性的"六性说"。

上述各种学说中所涉及的知识产权特征，有的是知识产权本身的特征，有的是知识产权客体的特征，如无形性、可复制性其实就是知识产权客体（知识产权对象）的特征。如果离开了知识产权客体的无形性，就难以全面、深入、确切地把握知识产权的特征。因为正是知识产权客体的无形性决定了知识产权之财产权是一种无形财产权，因此不了解知识产权客体的无形性和可复制性，就很难全面把握知识产权的特征。换言之，要全面、准确地理解知识产权，不仅要了解知识产权本身的特点，而且需要同时深刻了解与之密切相关的知识产权客体的特点。

综合起来，知识产权的特征，不仅有狭义的知识产权本身的特征，还有包括知识产权客体之特征在内的知识产权的广义特征。知识产权的广义特征应当包括知识产权客体的无形性、知识产权权利的法定性、知识产权权益的双重性、知识产权使用的多元性、知识产权权属的专有性、知识产权权源的地域性、知识产权期限的时间性、知识产权权能的限制性等。

1. 知识产权客体的无形性

知识产权保护的智力成果本身是无形的，其不具有外在形体，也不占据任何空间。这种无形性或称非物质性。❶

2. 知识产权权利的法定性

知识产权的种类化权利因法律直接规定产生，否则即不存在。比如，在《集成电路布图设计保护条例》施行之前，我国不存在集成电路布图设计专有权。所以，纵然集成电路布图设计早已出现，已经在市场上广为销售，并且已成为一些企业的批量产品，但集成电路布图设计专有权因无相应法律规定而并不存在。

各类知识产权的具体内容同样亦由法律明定。比如，若比较我国《专利法》第11条第1款和第2款，可知外观设计专利权相对于发明与实用新型专利权，缺少了禁止他人"使用""许诺销售"其专利产品的权利，故外观设计专利权人无权阻止他人未经许可的使用、许诺销售其外观设计专利产品的行为。

3. 知识产权权益的双重性

一项智力成果完成之时，除"科学发现"可能仅包含人身权而不产生财产权外，其余都随之同时产生了知识产权的财产权和人身权。其中，人身权一般归属于完成智力成果的自然人，一般与其特定的人身不可分离，除法律另有特别规定外，知识产权之人身权不得转让。财产权可以依法进行转让或者许可使用。知识产权财产权的转让是指该知识产权整体或部分财产权利的转让；知识产权与其使用权可以依法分离，知识产权财产权的许可使用是指该知识产权全部或者部分使用权的许可转移。

4. 知识产权使用的多元性

知识产权使用的多元性，也就是知识产权及其客体使用的多元性，是

---

❶ 但需注意，使智力成果的显现和展示、以智力成果为客体的知识产权的转让和转移，必须依赖有形物质形态的载体才能进行和实现。显现和展示智力成果的物质载体即为智力成果载体，也就是知识产权客体的载体。应当对知识产权、非物质性的知识产权客体即智力成果以及智力成果之物质载体相区别。

有别于物权及其客体使用之一元性的最主要区别特征。知识产权客体的无形性和可复制性使其可以同时载附于不同的多个载体。知识产权的使用实质上是智力成果的实施，智力成果载体的具体应用。对于同一智力成果，可能同时存在多重载体，多重载体可能掌握在多个民事主体手中，多个民事主体可以通过各自掌握的智力成果载体各自实施该智力成果，这就是多元地使用该知识产权。

5. 知识产权权属的专有性

专有性被认为是知识产权的主要传统特征之一。其主要表现在三个方面：第一，知识产权是一种受法律保护的垄断性权利，权利人对其依法享有知识产权的智力成果，具有独占的、排他的、合法垄断性质的权利。权利人有依法自行实施、使用其知识产权和许可他人实施、使用其知识产权的权利。除法律另有规定外，未经权利人许可，任何个人或者单位都不得擅自实施权利人相应受保护的知识产权。第二，知识产权由财产权和人身权共同组成，知识产权的专有性不但保护财产权的专有性，也保护人身权的专有性。例如，著作权中的署名权。第三，在专利、商标等依法申请、审批获权的知识产权中，对同一项智力成果，不允许有两个或两个以上同一属性的专利权、注册商标权之类知识产权并存。例如，"对于两个或者两个以上的申请人就同一发明创造申请专利的，专利权授予最先申请的人"。

6. 知识产权权源的地域性

知识产权只能依一定国家或者地区的法律产生，并只在其依法产生的地域内有效。一方面，因为立法权是各国最基本的主权，各国的法律无不具有地域性，法律的域外效力一般不被承认，知识产权等来源于法律的民事权利也仅能在法律的效力范围内发生效力；另一方面，依法申请获准的知识产权，例如，专利权、注册商标权，必须履行和完成相应法律规定的程序与手续。要在其他某一国家取得受该国法律保护的专利权，必须要办

理该国的专利申请手续并且获得批准（包括 PCT 申请）。❶

7. 知识产权期限的时间性

大部分知识产权的财产权以及著作权人身权利中的发表权，是法律赋予了期限性的民事权利。各国法律规定了本国各类知识产权的保护期限。如发明专利权之保护期限为 20 年；实用新型和外观设计专利权之保护期限都为 10 年；著作权中的财产权和发表权为作者有生之年加死后 50 年；注册商标专用权有效期为 10 年，期满可以续展，续展一次为期 10 年，续展次数不加限制。但是，对于商业秘密权、企业名称及商号权、发现权、发明权、著作权中的署名权、修改权、保护作品完整权等知识产权权利的保护期限，我国法律没有特别规定。

8. 知识产权权能的限制性

知识产权制度旨在激励知识创新和促进知识扩散，期望通过适度保护智力成果完成者及其合法继受者依法享有的财产权和人身权，一方面禁止或者制裁不劳而获、巧取豪夺的"搭便车"或"傍名牌"的侵权行为与不正当竞争行为，另一方面限制知识产权的滥用和反对知识产权的违法垄断。"合理使用""法定许可""强制许可"是较常见的知识产权权利限制措施。

---

❶ 从形式上看，目前全球性或者地区性的知识产权国际公约或双边条约虽然积极推动遵循国民待遇原则，但仍然建筑在知识产权地域性原则的基础平台上。而且现有的知识产权国际公约或双边条约多明确遵循各国知识产权独立原则，充分尊重各缔约方的国内法规定。但拥有知识产权优势的发达国家的知识产权立法渐从早年的各行其是推进到今天的趋同化异，立法形式上的地域性差异已经渐为立法内容上的基准趋同而有所冲淡，知识产权地域性差异正日渐淡化。

第三章　当知识产权遇见标准

第一节　知识产权与标准

如今，随着技术推广手段的日益丰富和知识产权保护的不断完善，标准和知识产权在越来越多的领域发生了密切联系。

1. 标准文本本身受著作权保护

国际上，制定国际标准的 ISO 本身并不属于政府组织，由其编制的标准文本也不是法律或政策性文件，因此 ISO 标准文本理应享有著作权。目前，ISO 已经形成一套以《ISO 知识产权保护政策》和《ISO 出版物权、版权使用和销售政策、程序》为主体的、旨在保护 ISO 标准版权的政策体系。在我国，若标准文本的制定者若非公权力机关（如团体标准、行业标准），则认为该标准应受到著作权的保护，但对国家标准是否应受到著作权保护仍存有争议。

2. 标准内容可能涉及知识产权

由于很多标准都涉及工业技术，其中一些工业技术的来源就包括著作权、专利权或者企业的商业秘密。例如，当下热门的 5G 标准，其中部分技术文本就受到专利权或者著作权的保护。我国 2013 年颁布的《国家标准涉及专利的管理规定（暂行）》就已经规定国家标准中涉及的专利应当是必要专利，即实施该项标准必不可少的专利。而企业标准的制定也有可能包含企业自己独特的生产技术或管理方法，即企业的商业秘密。实践中，许多发达国家的公司在与我国企业合资合作时，都是将其企业产品标准与技

术输出项目一起报价。❶

3. 知识产权保护需要一定的标准

对任何一个领域而言，如果该领域的术语缺乏标准化，含义不统一，不仅会严重影响该领域信息的准确交流和使用，甚至可能会引起国际规则和国家制度法规的混乱，对现代知识产权这种基于商业和贸易需求的权利而言，尤为如此。因此，对知识产权的保护，必须依赖于相关标准。例如，我国编制了 GB/T 21374—2008《知识产权文献与信息 基本词汇》，该标准准确定义了知识产权文献与信息领域经常使用的术语。

4. 知识产权管理可以形成标准

对知识产权的管理，是企业管理过程的子集。仅从逻辑层面考虑，知识产权管理当然有可能适用某些标准条款或成为单独的标准。在实然层面，企业组织的形式多种多样，企业管理的架构也至少包括直线式结构、职能式结构、事业部式结构、矩阵式组织结构等不同的模式，但是从事生产的企业的生产过程无外乎立项、研发、采购、生产、销售和售后等；以这些过程为核心，又衍生出人力、设施、财务、信息等资源管理过程；而企业在维持这些过程中所采取的能够被社会广泛接受的行为规范又由普适性的行为——法律所规定和调整，因此，知识产权管理过程也可以形成一个单独的标准。

第二节　知识产权管理标准与发展

一、国际层面

1. 发达国家运用标准管理创新的探索

欧美发达国家在知识管理、创新管理方面做了大量的工作，发展相对较为成熟，并从国家和区域、国际组织层面上升为标准，推广了先进的管

---

❶ 李祖明．标准与知识产权［J］．法学杂志，2004（25）．

理理念和方法。

英国最早开展了创新管理标准化的相关工作，提出了知识管理标准的定位，并最早制定了设计管理标准，用于指导研究开发过程管理，并在此基础上，提出了创新管理的概念和相关理论。澳大利亚、俄罗斯等国家在英国基础上，提出了知识管理国家标准。

2006 年开始，西班牙标准化和认证协会（AENOR）发布 UNE16600《研究、开发和创新管理体系》系列标准，提出了创新管理概念、框架模型，该模型后来成为欧盟创新管理体系（IMS）的框架模型。部分南美国家也相继出台相关国内标准。另外，AENOR 率先在西班牙国内开展创新管理认证。早在 2006 年，西班牙就已有超过 500 家企业取得了创新管理的认证。

2008 年 11 月，欧盟在布鲁塞尔成立创新管理标准化技术委员会（CEN/TC 389），致力于创新管理体系导则、协作和创造力管理、设计思维、战略情报管理、创新自评估工具、知识产权管理等方面的标准化工作。目前，CEN/TC 389 已发布 CEN/TS 16555 系列欧盟标准，包括《创新管理体系》《战略情报管理》《创新思维》《知识产权管理》《协同创新管理》《创造力管理》，共 6 项。随后，英国、法国、西班牙等欧盟国家将该标准转化为本国的国家标准，并在各自国内开展认证工作。

2. ISO 发布创新管理国际标准

2013 年，ISO 成立创新管理标准化技术委员会（ISO/TC 279），是目前创新领域唯一的国际标准化组织，由来自 43 个国家和地区的对口单位参与具体活动，其中包括美国、日本、法国、德国、瑞士、阿根廷、爱尔兰等全球主要创新型经济体。ISO/TC 279 以发展、维护和促进创新管理为宗旨，下设 4 个工作组（WG），WG1 创新管理体系、WG2 词汇、术语和定义、WG3 方法和工具、WG4 创新管理评估。

目前 ISO/TC 279 已发布 4 项国际标准，分别是 ISO 56003《创新管理-创新伙伴关系的工具和方法：指南》（2019 年 2 月发布），ISO 56002《创新管理-创新管理系统：指南》（2019 年 7 月发布），ISO/TR 56004《创新管理评估–指南》（2019 年 2 月发布）和 ISO 56000《创新管理–基础和术语》（2020 年 2 月发布），另有 5 项标准正在制定中，包括 ISO 56005《创新管理–知识产权管理：指南》（DIS 阶段）、ISO 56006《创新管理–战略情报管理：指南》（WD 阶段）、ISO 56007《创新管理–创意管理》（WD 阶段）、ISO 56008《创新活动测量的工具和方法–指南》（WD 阶段）。❶ 值得一提的是，其中 ISO 56005《创新管理–知识产权管理–指南》是由中国向 ISO 提案并于 2017 年 2 月获得批准正式立项，根据国际标准制定有关规则，该标准将在三年内完成制定工作。ISO 56000 系列标准借鉴了质量管理体系的思想，在框架上采用了 ISO 针对管理体系标准（MSS）的高层结构（High Level Structure），因此对于熟悉 ISO 9001：2015《质量管理体系–要求》的人们，其对于 ISO 56002 较为容易理解和接受。如果将其与 ISO 9001：2015 相结合，则会增强这一管理体系的有效性和效率，从而更好地助力组织的可持续发展。❷

不过，由于目前 ISO 56000 系列标准仅是指南性的标准，尚不能用于认证。因此，ISO/TC 279 内部正在考虑启动 ISO 56001《创新管理–创新管理体系–要求》这一预留标准的编制工作。届时，创新管理将具备开展认证的基本条件，参照欧盟创新管理的认证经验，将适时启动认证工作。

二、国内层面

1. 积极参与 ISO 创新管理标准制定工作

2015 年，我国开始参加 ISO/TC 279 的国际标准化工作。在同年召开的 ISO/TC 279 第三次年会上，我国代表首次提出研究制定该项国际标准的建议及构想，获得与会代表的普遍认同。2016 年 9 月，在中国举办的 ISO/TC

---

❶ ISO 标准制定的五个阶段：（1）工作小组草案（WD），（2）委员会草案（CD），（3）国际标准草案（DIS），（4）最终国际标准版草案（FDIS），（5）正式发行的国际标准版（IS）。

❷ 根据创新管理的实际，该标准也适当增删了一些内容和表达。例如，第 7 章 7.8 知识产权管理节，就是创新管理所特有的内容，包括知识产权的范围和作用、11 项管理内容，涵盖知识产权管理活动和管理要点。

279 第四次年会上，我国再次提出设立该项国际标准新工作项目的提案建议，并得到全体与会成员的大力支持。同年 11 月，《创新管理-知识产权管理-指南》国际标准提案通过 ISO 国际标准投票得以正式立项。

为更好地参与 ISO 工作，我国国内也成立了相应的对口部门，2015年，全国知识管理标准化技术委员会（SAC/TC 554）在北京成立，由国家知识产权局负责日常管理和业务指导，秘书处设在中国标准化研究院和国家知识产权局。SAC/TC 554 对内负责知识产权、传统知识、组织知识等领域的标准化工作，在创新管理上目前侧重于知识产权的标准化；对外承担 ISO/TC 279 对口工作，因此其工作范围比 ISO/TC 279 更宽。目前，SAC/TC 554 共发布了 18 项国家标准，另有 7 项标准正在制定中。

在 ISO 56002《创新管理-创新管理体系-指南》发布的同时，国家标准化管理委员会批准了 SAC/TC 554 提出的《创新管理体系第 1 部分：指南》国家标准编制计划（20191885-T-463）。2019 年 9 月 4 日，中国标准化研究院在成都组织召开知识管理标准化研讨会，探讨《创新管理体系第 1 部分：指南》等标准的编制必要性、标准框架及编制思路，该标准的重要意义获得肯定。

总体而言，经过近几年跟踪、模仿、创新发展，我国的创新管理标准化工作与欧美发达国家基本保持同步，基本达到了国际水平。

2. 先行一步开展知识产权管理标准化探索

我国的知识产权标准化管理开始于 21 世纪初，一些地方知识产权管理部门在结合本地企业生产经营实际和知识产权管理的基础上，率先提出了知识产权管理的地方标准。

2004 年，广东省知识产权局与香港生产力促进局结合粤港两地的企业知识产权工作实践，合作启动了"创新知识企业"指标体系研究计划。经过数年深入企业调研与试点示范，最终形成《创新知识企业知识产权管理通用规范》。

2008 年，江苏省知识产权局借鉴 ISO 9001 质量管理体系和职业安全卫生管理体系等有关标准发起制定了江苏省 DB32/T 1204—2008《企业知识产权管理规范》并予以发布。

2011年，浙江省宁波市科学技术局发布《宁波市企业知识产权管理规范》。同年，湖南省质量技术监督局发布DB43/T 1042—2011《企业知识产权管理规范》。

在地方试点的基础上，国家知识产权局于2011年提出《企业知识产权管理规范》国家标准的编制任务，并纳入国家标准化委员会编制项目计划。2012年，国家知识产权局成立课题组，开展《企业知识产权管理规范》国家标准的编制工作。标准编制起草组在结合国内标准体系最新进展和国际标准体系研究成果的基础上，经过预研、立项、起草、征求意见等阶段，形成《企业知识产权管理规范》国家标准文件，并于同年8月向社会公开征求意见。2013年3月1日，经过完善后的GB/T 29490—2013《企业知识产权管理规范》由国家质量监督检验检疫总局和国家标准化管理委员会正式发布实施，自此开启了我国企业知识产权规范化管理的大门。

之后，鉴于《企业知识产权管理规范》推行取得的成效，国家知识产权局又相继发布《高等学校知识产权管理规范》（2016年）、《科研组织知识产权管理规范》（2016年）、《专利代理机构服务规范》（2017年）、《专利分析评议服务规范》（2019年），对高等学校、科研机构的知识产权管理和知识产权服务机构的服务过程提供规范化指引，目前科研机构的"贯标"认证工作已经展开，高等学校的"贯标"认证工作也在有条不紊地推进中。

第三节　我国企业知识产权管理现状与问题

创新是一个民族进步的灵魂，是一个国家兴旺发达的不竭动力，是经济腾飞的翅膀。知识产权制度对创新的保护和促进作用已经越来越成为各国的共识。

企业作为国家知识产权战略实施的重要主体和基础力量，为提升我国的知识产权整体实力作出了重要贡献。大力提高企业知识产权创造、运用、保护和管理能力，推动企业在创新道路上持续发展是实施国家知识产权战略的一项重要任务。

随着互联网等新经济形式的出现，以及"一带一路"倡议的推进发展，我国企业所面临的知识产权保护、运用和管理压力也在增大，尚存在诸多需要进一步提升的地方。

1. 企业对知识产权的内涵理解不全面、管理不到位

许多企业将知识产权管理简单理解为专利管理、商标管理。知识产权管理工作仅限于申请和维护专利、注册商标、品牌宣传等简单的日常管理工作，并没有将知识产权管理工作与企业的经营发展战略有机结合起来，将知识产权管理工作融入企业生产经营活动的全过程，使知识产权管理工作服务于企业的整体发展战略。因而，在日常工作中忽视了对企业原辅材料采购、技术研究与开发、生产过程、市场营销、技术进出口贸易、员工知识产权教育培训等重要环节的知识产权管理；只注重对有形资产的管理，不重视对知识产权无形资产的管理，忽视知识产权的市场运营和价值化管理。大量的企业没有知识产权会计核算和管理科目，知识产权的价值没有进入企业的会计核算体系，往往导致企业无形资产的流失。

2. 企业知识产权意识薄弱、人才匮乏

目前，我国仍有许多企业实质上没有开展有效的知识产权管理，知识产权管理工作仍然处于"无机构、无人员、无制度、无经费"的境地。企业的知识产权管理人才普遍缺乏，在企业中从事知识产权管理工作的人员，仍然存在知识产权专业知识缺乏、业务素质较低等突出问题，尤其缺乏具有专业技术背景、熟悉知识产权法律法规和实务知识、精通外语的高素质复合型人才，导致企业的知识产权管理工作难以有效开展。

3. 企业知识产权保护能力不强、市场化运营能力较弱

当前，我国绝大多数企业在研发产出成果后，对如何有效地保护研发成果的知识产权缺乏足够的认识，往往导致研发成果的知识产权权利丧失，或造成企业无形资产的流失。同时，大多数企业在自己的知识产权遭到侵

权时或被他人控告侵犯其知识产权时，还不知道如何正确维权。尤其是遇到涉外知识产权侵权纠纷时，面对国际跨国公司的侵权指控，往往处于被动应对状态，不知道如何正确维护自身的合法权益。

另外，大量企业对知识产权的财产权特性认识不足，对知识产权这种无形资产的管理缺失，能将知识产权作为企业的战略性资源进行运用的企业很少，大量企业运用知识产权上市融资、质押贷款、对外投资、开展许可证贸易等市场化运作的能力较弱，缺乏将知识产权资源优势转化为市场优势、竞争优势和资本优势的能力，企业拥有的知识产权对企业发展的贡献没能得到充分释放。

第四节　我国推行知识产权管理标准的意义

随着我国国家实力的提升和企业向产业链高端的攀升，同时，由于我国企业在知识产权管理方面尚存在不足之处，故知识产权已经成为西方国家遏制我国企业发展和获得高新技术的重要手段。因此，无论从国际竞争的角度，还是企业自身发展的需要，加强知识产权管理十分重要，甚至可以说是迫在眉睫。

一、企业知识产权管理的两个提升维度

企业欲做好知识产权管理，需做好线与面两个维度的工作。

1. 做好"线的工作"需要企业进行全程的知识产权管理

全程的知识产权管理的具体含义一方面是指知识产权的许多具体事务要进行全流程的管理，比如知识产权管理在企业中要经历创造、获权、维护、经营各阶段，在流程的每个环节每个节点都要进行相应的管理，才能切实保障知识产权管理的完备。

单就知识产权的创造过程来说，大致涉及研发成果的记录、研发成果的整理、部门内部的评审、知识产权部门的评价、企业总体层面的评审，经过这一系列过程之后，企业才会确定是否对研发成果进行权利化。例如，

某公司在研发过程中，将研发成果中的技术内容以技术交底书的形式进行整理记载，通过部门内部的技术评审后，提交知识产权部门进行专利层面的审核，审核通过后交由公司层面进行综合评审，确定是否进行专利申请。经过上述一系列的流程节点，筛选出具有相当技术含量、适合以专利方式予以保护并符合企业发展定位、对企业具有较大价值的专利。

全程的知识产权管理从另一方面来说，是指企业宏观的经营活动各环节要进行知识产权管理，具体涉及企业的先期市场研究、技术开发、生产制造、产品验证、产品发布上市、产品生命周期等各阶段。

在企业进行市场调研产品定位的阶段，对所属领域知识产权状况的调查研究有利于企业精准定位产品。技术开发阶段藉由有效的知识产权管理一方面能够促进研发成果的产出，另一方面可以提高研发成果保护的成效。在生产制造过程中，有效的知识产权管理能够促进制造方法和制造工艺的改进，以及产品的生产过程适应性的改进，并对这些改进进行及时有效的权利化，从而产生具有直接快速经济价值的知识产权成果。在产品验证阶段，对销售市场同类产品及其知识产权状况进行调查分析，能够为未来产品的上市发布进行风险提示和障碍排除。在产品发布上市阶段，则需要对外部侵犯本企业知识产权的信息进行跟踪和监视，并收集初步侵权证据，通过诉讼等手段有效地保护本企业产品的市场份额。

由此可以看出，知识产权的管理涉及企业经营发展的方方面面，企业知识产权管理只有实行全流程的管理，才能充分实现知识产权管理的效能。

2. 做好"面的工作"需要企业进行全面的知识产权管理

知识产权包含内容广泛，如何结合企业自身情况，选择利用合理的知识产权组合，是企业在利用知识产权时面临的重要课题。

全面的知识产权管理，不仅要求企业对已有的知识产权进行管理，还要求企业对根据自身的发展特点所需要的知识产权进行管理。比如，企业如果参加标准的制定，那么对于该企业来说，专利标准化的管理则是其知识产权管理中相当重要的内容，标准与专利的捆绑意味着技术规范受到了专利的保护，专利从非标准领域向标准领域扩张，该企业将专利技术纳入技术标准后，随着标准的普及，当用户不得不使用该标准时，必然涉及对该专利的使用，该企业就可以针对专利技术的使用收取使用费。另外，还可以通过和其他企业的交叉许可或专利联营，实现专利费抵消，降低企业自身实施标准的知识产权成本。因此，如何产出相当数量并且具有较高质量的标准必要专利，是此类型企业知识产权管理工作的重中之重。

综上所述，企业的知识产权管理需要全程和全面的管理，逐渐根植企业，形成企业文化的重要方面，如此才能实现知识产权价值的最大化，实现知识产权管理工作对企业研究开发和经营发展的全面、持续、有效的支持和促进。

以下从正反两个方面列出一些案例，说明知识产权管理对企业的重要意义和影响。

案例解析 1　苹果善用专利终崛起

苹果公司在计划进入智能手机这一新领域时，就考虑到传统手机市场来自 Nokia、Motorola 等公司的专利压力。它要考虑到一旦在市场上处于领先地位时，这些手机厂商就将启动自己强大的专利组合对其施压，打压其在市场中的领先优势，并且要支付数额庞大的专利许可费用。因此，苹果公司为了保证 iPhone 在智能手机市场的竞争地位，保障市场份额，必须提前启动与之配套的知识产权战略。

在这种预期下，苹果公司提前开始大量专利布局、专利收购，并且预留专利诉讼和许可的准备金。乔布斯曾经宣言，"如果有必要，我会用生前最后一口气、不惜花光苹果 400 亿美元银行存款中的每一分钱，以正视听"。果然，在 iPhone 全球领先之后，从 2009 年年底开始，智能手机大战正式打响，相关领域的大多数国际顶级公司卷入其中。而苹果公司成功利用其之前的知识产权战略，不仅抵抗住了来自传统手机各大公司的进攻，而且利用自己的专利，打击新进的诸如 HTC 这样的竞争对手。由于其知识产权战略上的成功，从而保障了 iPhone 手机长达数年的市场领先地位，为苹果公司赚得巨额利润，从而富可敌国。

案例解析 2　摩拜打赢单车解锁专利战

2017 年，共享单车行业群雄并起，不料搅局者却是业外人士，吟云科技，一家手机门禁系统解决方案供应商，其门禁产品主要应用于写字楼、商业小区、企事业单位等场景，吟云科技于 2017 年 3 月向共享单车行业龙头摩拜科技挥起了专利大棒，其宣称，摩拜单车对其"互联网门禁临时用户授权装置和方法"（专利号：ZL201310630670.7）和"网络门禁身份识别系统和方法"（专利号：ZL201310630798.3）发明专利构成侵权，并分别向北京市知识产权局提交专利侵权纠纷行政处理请求，向北京知识产权法院提起侵权诉讼。

或许吟云打算擒贼擒王，拿下了行业龙头，再来横扫千军。没想到，摩拜科技不仅自行车玩得溜，专利也不差，得知自己被告，摩拜科技马上发动反击，向专利复审委请求宣告吟云科技的 3 件专利无效，在吟云起诉的 2 件专利外，还"买二赠一"，对吟云科技的"互联网门禁系统"的发明专利（专利号：ZL201310630795.X）也发动了进攻。摩拜变被动防御为主动进攻的战术发挥了效果，前述 3 件专利最终都被宣布无效，吟云科技选择撤诉止争。

摩拜能够最终胜诉，关键在于其自主研发和技术创新，重视知识产权保护和运用，其在被诉之前已经对共享单车的关键部件——锁进行了专利布局，可见商业模式的创新固然重要，更需重视知识产权的保护和管理技术。

案例解析 3　"老干妈"痛泄商业秘密

食品行业最重要的两点，一为食材，二为品味，若用知识产权术语描述，前者是地理标志，后者则是专利加商业秘密。

2016 年 5 月，"老干妈"公司工作人员发现本地另一家食品加工企业生产的一款产品与"老干妈"品牌同款产品相似度极高。

"老干妈"公司经过 5 个月的观察取证和准备，于 2016 年 11 月 8 日到贵阳市公安局南明分局经侦大队报案。经警方调查发现，涉嫌窃取此类技术的企业从未涉足该领域，绝无此研发能力。"老干妈"公司也从未向任何一家企业或个人转让该类产品的制造技术。警方怀疑，是有人非法披露并使用了"老干妈"公司的商业秘密。

后经过多方排查，"老干妈"公司离职技术员贾某涉嫌贩卖其商业秘密。

2003 年至 2015 年 4 月，贾某历任"老干妈"公司质量部技术员、工程师等职，掌握"老干妈"公司专有技术、生产工艺等核心机密信息。2015 年 11 月，贾某以假名做掩护在本地另一家食品加工企业任职，从事质量技术管理相关的工作。贾某在任职期间，与"老干妈"公司签订了"竞业限制与保密协议"，约定贾某在工作期间及离职后需保守公司的商业秘密，且不能从事业务类似及存在直接竞争关系的经营活动。然而自 2015 年 11 月，贾某将在"老干妈"公司掌握和知悉的商业秘密"偷偷"用在另一家食品加工企业的生产经营中，由于担心事情败露，贾某使用了假名，企图逃避法律的约束和制裁。2017 年 5 月，贾某抓捕归案，该案涉案金额高达千万元人民币。

该案给"老干妈"实际造成的损失，恐怕不止千万元，商业秘密一旦泄露，最可怕的不是已经造成的损失，而是始终无法确定秘密传播的范围所带来的恐怖。

二、企业加强知识产权管理标准化的重要意义

对企业而言，实施 GB/T 29490 对知识产权进行规范化管理，具有促进技术创新、改善市场竞争地位、支撑可持续发展和提升核心竞争力等功效。

1. 促进技术创新

首先，企业实施 GB/T 29490 有利于增强企业员工的创新意识和创新能力。企业知识产权管理的重要内容之一，就是建立一套行之有效的创新激励机制，充分调动和激发企业员工的发明创造积极性，增强其创新的主动性，引导和激励其积极主动地开展发明创造和技术革新活动。

其次，加强知识产权管理有利于提高企业的研发效率与效益。企业在技术研发过程中，通过建立技术研究开发过程中的专利信息检索、分析和利用机制，加强对专利信息的开发、利用和管理，可以追踪当前研究开发技术的最新

进展，掌握现有技术状况，在他人已有技术的基础上进行研发。一方面，可以避免进行重复研发或研发成果侵犯他人知识产权，提高研发效率；另一方面，可以节省研发投入，节约人、财、物的消耗，提高研发工作的综合效益。

最后，加强知识产权管理有利于推动企业的自主创新活动。对于具有研发能力的企业，通过对研发及生产、采购、销售、人才培养等环节知识产权工作的有效管理，可以进一步整合和发挥企业人、财、物、信息等资源优势，促进知识产权的产出，而通过对知识产权的有效保护和运用，可以获取更大的经济效益，进一步激励企业的创新投入，形成投入、创新、产出的良性循环，促进企业的自主创新行为。对于创新能力不足的企业，通过有效的知识产权管理，可以有效实施专利技术信息开发利用、专利技术许可证贸易、合作开发、委托开发等技术创新活动，获取企业所需技术，通过引进消化吸收再创新，实现技术的突破，增强企业的自主创新能力。

2. 改善市场竞争地位

企业的知识产权管理是企业生产经营管理的重要组成部分，其目的在于充分利用知识产权制度提高参与企业生产经营活动各要素的效能，实现资源的优化配置，为提高企业的市场竞争力服务，以追求经济社会效益的最大化。当今世界，随着科学技术的飞速发展和经济全球化进程的加快，企业面临的国际国内竞争日益激烈，无论是高科技领域的企业，还是传统产业领域的企业，体现企业核心竞争力的关键因素都是人才、技术、管理，其中一个重要的因素则是知识产权的管理。一个企业即使拥有一流的人才、一流的技术，缺乏有效的知识产权管理，也未必拥有市场竞争优势，因为缺乏有效的知识产权管理，可能失去对技术的有效控制，技术可能被无偿仿制，创新成本无法得到有效回报，市场的竞争优势则难以确立。只有确立了对技术的掌控权，即拥有了知识产权，才有可能确立企业在市场上的竞争优势。因此，只有企业的知识产权创造、运用、保护和管理能力提高了，企业的市场竞争地位才能得到有效改善。

3. 支撑企业可持续发展

知识产权是企业重要的无形资产，企业通过加强知识产权管理，建立一套有效的知识产权保护体系，可以增强对知识产权的保护。

首先，企业实施 GB/T 29490 有利于增强知识产权预警能力。企业通过建立有效的知识产权管理机制，加强对生产产品、使用技术的知识产权现状的研究和分析，形成知识产权风险识别机制，可以有效防止自己生产的产品、使用的技术、在研项目等的知识产权侵权行为的发生，规避或降低知识产权侵权风险。同时，企业通过有效的知识产权管理，建立自身技术、产品的知识产权市场监管机制，可以及时发现自己的产品、技术涉及的知识产权被侵权的情况，便于企业及时采取相应的应对措施，制止侵权行为，有效维护自身的合法权益。

其次，企业实施 GB/T 29490 有利于增强知识产权应急能力。企业通过建立有效的知识产权应急管理机制，一旦发现自己采购的原辅材料或生产设备、生产的产品、使用的技术侵犯他人知识产权或被他人指控侵犯其知识产权，通过启动知识产权应急机制，正确、积极应对，可以有效降低因被控侵权而产生的经济损失。

再次，企业实施 GB/T 29490 有利于增强知识产权维护能力。企业通过设立知识产权管理机构、配备具有专业知识的知识产权管理人员，加强对研发、采购、生产、销售、进出口贸易等环节的知识产权管理制度和工作流程建设，可以有效避免知识产权流失或者知识产权权利丧失，确保企业的知识产权处于受控状态。

最后，企业实施 GB/T 29490 有利于增强知识产权纠纷处理能力。企业通过建立有效的知识产权管理制度，加强知识产权人才培养，建立或聘用一支具有知识产权管理和实务处理能力、经验的专业人才队伍，就能够了解和掌握我国知识产权法律法规、知识产权侵权构成的要件、知识产权纠纷处理的业务办理和技巧，从而增强企业的知识产权纠纷处理能力。只有全面保护知识产权，防范知识产权风险，才能支撑企业持续发展。

4. 提升企业核心竞争力

企业核心竞争力，归根结底都体现了其内在的知识性。由于企业内在的知识，尤其是一些隐性的知识是竞争对手难以模仿的，企业知识存量所形成的知识结构决定了企业未来的发展机会。知识产权是受到法律保护的知识，因此，知识产权具备帮助企业实现持续开发和市场开拓的特性，能够使企业牢牢地占据市场份额和技术高地。企业还可以通过自己使用或者实施其知识产权以获取利润，也可以通过知识产权出质来筹集资金，通过对外投资或者进行知识产权许可贸易以及转让知识产权等谋取丰厚的利润，促进各项资金的良性循环，从而为企业创造良好的经济效益和社会效益。目前，发达国家大型跨国公司运营知识产权的策略较为成熟，他们通过运营知识产权，为其占据市场份额作好铺垫。而我国的中小型企业，甚至部分大型企业存在知识产权运营缺位的现象，影响了企业核心竞争力的提高，这就需要企业运用知识产权这一工具，为我国企业扩大市场份额，走向世界奠定基础。再则，虽然技术是企业长效发展的动力，但是，仅仅依靠科技的进步，企业还无法快速建立起竞争优势。高效的营销手段，充分发挥品牌的效用，着重与企业顾客建立长期稳定的关系，提高顾客的满意度等策略将帮助企业在竞争中获得意想不到的优势。全面的知识产权能力，包括商标和品牌的运营，有助于加快企业核心竞争力的形成。总的来说，系统规范地管理知识产权，能够简化管理环节、优化资源组合、提高生产效率、增加经济效益，进而提升企业核心竞争力。

三、政府推行知识产权管理标准化的重要意义

政府制定和推动实施企业知识产权的管理标准，不仅有助于推动企业知识产权工作的规范化、科学化和高效化，从而促进企业健康发展，更具有国家战略层面的巨大意义。

（1）有利于推动实施知识产权战略和创新驱动发展战略。通过指导企业建立科学、系统、规范的知识产权管理体系，促进企业持续健康发展，增强企业核心竞争力，充分发挥企业在实施知识产权战略和创新驱动发展战略中基础载体的作用。

（2）有利于推动企业技术创新能力不断提升。通过持续实施和改进知识产权管理体系，持续促进企业开发新产品、提高产品附加值、降低知识

产权风险，从而推动企业技术持续创新，不断改善企业市场竞争地位，提升企业核心竞争力。

（3）创新政府推进企业知识产权工作模式。近年来，国家倡导行业主管部门通过标准、制度引导企业发展。标准管理逐步成为政府部门工作的重要手段，包括工业和信息化部、科技部、商务部、农业农村部、国家林业和草原局、国家新闻出版署等多数行业主管部门均成立全国专业标准化技术委员会，利用标准的手段促进行业内的企业健康发展。由此可知，推行标准化工作已成为政府公共管理的发展趋势，推行企业知识产权管理标准将会更好地促进我国企业知识产权管理工作。

（4）有助于政府各部门间政策和资源的相互融合。GB/T 29490 系统指导企业通过全面加强企业知识产权管理体系建设，推动企业将知识产权作为战略性资源进行科学管理和有效运营，从而提升企业知识产权质量和效益。政府层面在实施 GB/T 29490 的过程中，将采用国际化标准体系管理模式，通过第三方认证的市场化认证方式，将企业贯标认证工作全面纳入国家认证认可体系，推动财政、税收、金融、科技、教育等领域政策采信国家认证结果，加大政府资源的相互融合，共同推动企业实施 GB/T 29490。

第五节　我国知识产权管理体系认证概述

鉴于现阶段我国在全球产业链所处的地位和建设创新型国家的切实需要，以及广大创新主体，尤其是企业运用标准体系管理的意识和能力仍有待提高，通过认证推动知识产权管理国家标准的普及，确保标准实施的实际效果，既非常必要，也符合我国的基本情况。

一、知识产权认证工作启动

GB/T 29490—2013《企业知识产权管理规范》推出后的 2013 年 11 月，《关于印发知识产权管理体系认证实施意见的通知》（国认可联〔2013〕56号）、《知识产权管理体系认证审核员确认方案》等文件出台，我国正式确立认证模式检验知识产权贯标效果。

2014 年，全国首家知识产权专业认证机构成立，知识产权认证工作正式开启。当年，包括山东威高集团、正泰集团在内的第一批试点企业接受了知识产权认证审核服务。

二、知识产权认证稳步发展

自 2014 年开始，国家知识产权局、工业信息化部、国家发展与改革委员会等国家部委相继出台文件支持企业开展和贯标认证工作，包括《关于全面推行〈企业知识产权管理规范〉国家标准的指导意见》《工业和信息化部贯彻落实〈深入实施国家知识产权战略行动计划〉（2014～2020）》《"十三五"国家知识产权保护和运用规划重点任务分工方案》《2015 年全国专利事业发展战略推进计划》《2017 年深入实施国家知识产权战略加快建设知识产权强国推进计划》《关于印发 2018 年国家知识产权示范城市工作总计划的通知》《财政部办公厅国家知识产权局办公室发布关于开展 2019 年知识产权运营服务体系建设工作的通知》等，在国家层面给予政策引导和支持的同时，各省市区也开始充分运用经济杠杆，通过资助、奖励等方式推动企业贯标认证工作。

得益于各级政府的大力支持和创新主体的积极参与，知识产权贯标认证工作稳步推进。截至目前，知识产权贯标认证证书已发放 4 万张左右，涉及大多数省份，且 50% 以上的获证主体属于战略新兴行业，其中不乏中国铁建、中航工业哈飞、商飞、正泰电器、商发、美的、格力等知名企业。知识产权管理体系认证在回应创新主体、竞争环境、政府管理和国际互信的诉求中发挥的作用愈加重要。

三、知识产权认证进入新阶段

在知识产权贯标认证事业稳步推进的同时，管理部门也在完善知识产权贯标认证制度和规范。2018 年，国家知识产权局出台《知识产权认证管理办法》，对工作原则、贯标认证机构资质要求、人员、认证机构行为规范、认证程序、监督管理等加以规范。同年，知识产权认证审核员注册转版工作完成。知识产权认证走上了职业化、规范化道路。

2019 年，国家知识产权局下发《关于规范知识产权管理体系贯标认证工作的通知》，进一步加强知识产权贯标认证工作的规范化，并促进标准的持续落地和提升支持政策的精准性。各认证机构基于国家知识产权局的文件精神，启动了认证服务升级工作，例如，中知（北京）认证有限公司提出了以提升认证获得感，提升有效性为目标的高质量知识产权认证服务理念。

如今，科技发展日新月异，虚拟与现实正在融合，时间和空间的限制不断突破，新的商业模式不断涌现，新产品层出不穷，工业生产的模式再次面临更新换代。企业在知识产权保护、管理与运用方面面临全新挑战的同时也将迎来全新的机遇，这就需要企业的管理者掌握超前的知识产权观念、合理的知识产权布局和高超的知识产权管理艺术。高质量的知识产权贯标认证，将为企业提供持续的知识产权管理绩效改善，有效应对全新的知识产权挑战。

上篇 · 标准解读

第四章 《企业知识产权管理规范》简介

第一节 《企业知识产权管理规范》主要内容与特点

一、主要内容

GB/T 29490—2013《企业知识产权管理规范》（以下简称本标准）是结合企业知识产权管理的实践，根据《中华人民共和国专利法》《中华人民共和国商标法》《中华人民共和国著作权法》等法律法规，按照 GB/T 1.1—2000《标准化工作导则第 1 部分：标准的结构和编写规则》和 GB/T 1.1—2002《标准化工作导则第 2 部分：标准中规范性技术要素内容的确定方法》编制而成。本标准于 2013 年 2 月 7 日发布，3 月 1 日正式实施。

本标准由引言和正文两部分构成，基本体现了企业知识产权管理体系从策划、实施、检查、改进的各项关键要求。具体包括以下内容：

前言

引言

1 范围

2 规范性引用文件

3 术语和定义

4 知识产权管理体系要求

  4.1 总体要求

4.2 文件要求

5 管理职责

  5.1 管理承诺

  5.2 知识产权方针

  5.3 策划

  5.4 职责、权限和沟通

  5.5 管理评审

6 资源管理

  6.1 人力资源

  6.2 基础设施

  6.3 财务资源

  6.4 信息资源

7 基础管理

  7.1 获取

  7.2 维护

  7.3 运用

  7.4 保护

  7.5 合同管理

  7.6 保密

8 实施和运行

  8.1 立项

  8.2 研究开发

  8.3 采购

  8.4 生产

  8.5 销售和售后

9 审核和改进

  9.1 总则

  9.2 内部审核

9.3 分析与改进

二、基本特点

本标准作为第一部指导企业开展知识产权管理的国家标准，充分吸收质量管理体系等相关标准的优点，广泛汲取了国内外先进的知识产权管理经验，在企业贯彻实施过程中，表现出以下特点。

（1）战略性。本标准将知识产权视为企业重要资产，融入企业知识产权战略管理和风险管理的理念，提出知识产权管理（战略层面的获取、保护与运营）可以提升企业核心竞争力并降低企业经营活动中的风险。强调企业通过建立科学、系统、规范的知识产权管理体系，实施运行并持续改进，将有效提升企业知识产权质量和效益，降低知识产权相关风险，提高研发效率，提升创新能力，促进良性发展。

（2）科学性。本标准借鉴了质量管理体系、职业健康管理体系等经典管理体系理论，并充分结合企业知识产权管理的特点，提出基于过程方法与持续改进（PDCA 循环）的企业知识产权管理模型，该模型指导企业策划、实施、检查、改进知识产权管理体系，以实现企业"激励创造知识产权，促进技术创新；灵活运用知识产权，改善市场竞争地位；全面保护知识产权，支撑企业持续发展；系统管理知识产权，提升企业核心竞争力"的知识产权管理目标。

（3）兼容性。本标准的制定充分借鉴了我国企业较为熟悉的质量管理体系的基本思路，从理论基础的选择和管理模型的构建，到运行机制与关键过程的管控，都可以有机地融合，降低企业贯标工作的难度，提高企业管理效率。在组织管理方面，要求设立最高管理者、管理者代表；在文件管理方面，要求建立知识产权管理方针和目标、管理手册、程序和记录表单；在基础管理方面，要求以资源管理为基础，策划实施知识产权在企业管理全过程中的全生命周期管理。

第二节 "高级结构"与《企业知识产权管理规范》

本标准是基于过程方法和 PDCA 循环编制的管理体系标准，内容覆盖体系的策划、实施、检查、改进，与管理体系国际标准通用框架"高级结构"的思路相吻合。而"高级结构"是在 ISO 现有管理体系标准提炼与归纳的基础上提出的标准通用框架，结合"高级结构"使用，有利于对本标准条款相互关系进行梳理，更好地学习标准、使用标准。本标准条款与"高级结构"的比对，参见表 4-1。

表 4-1 "高级结构"与 GB/T 29490 标准主要条款对比

序号	"高级结构"的主要条款	GB/T 29490—2013 标准条款
1	1 范围	1 范围
2	2 引用标准	2 引用标准
3	3 术语和定义	3 术语和定义
4	4 组织环境	
5	4.1 理解组织及其环境	5.3.3 法律和其他要求
6	4.2 理解相关方的需求和期望	
7	4.3 确定×××管理体系范围	
8	4.4 ×××管理体系	4.1 总体要求
9	5 领导作用	
10	5.1 领导作用和承诺	5.1 管理承诺
11	5.2 方针	5.2 方针
12	5.3 组织角色、职责和权限	5.4 职责、权限和沟通
13	6 策划（Planning）	
14	6.1 针对风险和机会所采取的措施	
15	6.2 ×××目标及针对实现×××目标所进行的策划	5.3.1 知识产权管理体系策划 5.3.2 知识产权目标

序号	"高级结构"的主要条款	GB/T 29490—2013 标准条款
16	7 支持（Support）	
17	7.1 资源	6 资源管理（6.1、6.2、6.3、6.4）
18	7.2 能力	
19	7.3 意识	
20	7.4 沟通	5.4.3 内部沟通
21	7.5 文件化信息	4.2 文件要求
22	7.5.1 总则	4.2.1 总则
23	7.5.2 形成和更改	4.2.3 知识产权手册 4.2.4 外来文件和记录文件
24	7.5.3 文件化信息控制	4.2.2 文件控制
25	8 运行（Operation）	
26	8.1 运行策划和控制	7 基础管理 8 实施运行
27	9 绩效评价（Pelformance evaluation）	9 审核及改进
28	9.1 监视、测量、分析和评价	9.1 总则 9.3 分析与改进
29	9.2 内部审核	9.2 内部审核
30	9.3 管理评审	5.5 管理评审
31	10 改进（Improvement）	9.3 分析与改进
32	10.1 不合格和纠正措施	
33	10.2 持续改进	

参照表 4-1 的比对结果可知，本标准主要条款基本符合"高级结构"所体现的 PDCA 逻辑关系。企业在策划知识产权管理体系前，要了解组织的内外部环境，尤其是了解相关法律法规和相关要求（5.3.3 法律和其他要求），最高管理者履行（5.1 管理承诺），制定企业知识产权方针（5.2 方针），确定（5.4 职责、权限和沟通），明确知识产权目标（5.3.2 知识产权目标），以及针对实现知识产权目标所进行的策划（5.3.1 知识产权管理体系策划），为了充分实现所策划的体系方案，需要加强各项支持保障，

完善人、财、物、信息等资源管理（6 资源管理），加强内部沟通（5.4.3 内部沟通），完善文件化信息管理工作，作为体系运作的保障（4.2 文件要求），在策划充分及保障有效的基础上，开展知识产权管理活动的实施与运行（7 基础管理、8 实施运行），为了实现持续改进，定期开展绩效评价与改进（9 审核与改进）。

第五章　标准正文详解

第一节　前言与引言

一、概述

本标准的前言说明了标准编制依据、编写单位等信息。

本标准的引言说明了标准的技术性内涵，阐述了企业知识产权管理模型知识产权管理原则等。

随着社会经济发展，企业知识产权管理的模式和方法不断推陈出新，近年来也出现了多种知识产权管理理论，本标准所提供的知识产权管理模型是用基于过程方法的管理体系构建的知识产权管理模型，指导企业策划、实施、检查、改进知识产权管理体系。

二、过程方法

过程方法是本标准最重要的理论基础，只有深刻理解"过程"以及"过程方法"，才能真正用好过程方法，构建出行之有效的企业知识产权管理体系模型。

ISO/TC176 发布的《质量管理体系的过程方法指南》（ISO/TC176/SC2/N544）介绍了过程方法实施并提供了应用指南和示例。过程方法要求系统地识别和管理组织所应用的知识产权过程，特别是它们的相互作用，这可以明确组织内与产品知识产权有关的全部过程，清楚这些过程之间的联系和影响，从而能够更有效地使用资源、降低成本、缩短周期，提高这些过程的有效性和绩效。

关于过程的定义，即利用资源将输入转化为输出的任何一项或一组活动可视为一个过程。企业知识产权管理体系作为一个整体过程，输入是企业经营发展对知识产权管理的需求和预期。也就是说，如果把知识产权管理体系视为一个黑盒子，其初始输入是企业经营发展对知识产权管理的现实及未来的各类要求。

运用过程方法的第一步就是将相关的活动抽象出来——识别过程，明确这个过程的输入、输出包括哪些事物，以及涉及何种资源；第二步，根据组织的目标，开展相关活动，把输入转化为输出——实施过程；第三步，根据组织的策划，对上述过程实施管控——管理过程；第四步，不断完善与优化上述过程，实现组织的长久发展——改进过程。

本章节还给出了过程方法的一个重要的观点："通常，一个过程的输出将直接成为下一个过程的输入。"过程根据输入、输出的层次不同，可以分为一级过程、二级过程等。同一层级与不同层级的若干个过程不是孤立地存在于组织中的，而是通过"前后""左右""上下"的联系，交织成一个三维立体的过程网络。一个简单的三维过程网络，就可以构成一个简单体系，简单体系又可以是复杂体系的一部分。正如本标准所述，"一个企业知识产权管理体系是企业管理体系的重要组成部分"。（管理体系，management system，即组织建立方针和目标以及实现这些目标的过程的相互关联或相互作用的一组要素。）

企业知识产权管理的过程方法有如下几种。

（1）系统地理解与管理企业所应用的知识产权过程。系统或体系可以是从企业运作的总体视角来考虑可能涉及的所有的知识产权过程，要求对每一个知识产权过程都要进行识别、确定和管理。知识产权过程可以是个大过程，大过程可能再分为多个小过程，小过程再细分为子过程。对每一个过程的识别包括其输入、输出、活动和资源等。

（2）系统地梳理企业知识产权所应用的过程的重要性以及之间的相互

作用至关重要。全面识别、理解过程的重要性以及之间的相互作用体现在对所有知识产权过程的作用、之间的关联关系和过程的输出与下一个过程或几个过程的输入的关系加以明确，对过程目标和绩效实施管理，可以将过程的理解和管理聚焦在实现预期结果方面，有助于提高组织的有效性和效率。一般企业的知识产权过程包括获取、保护、维护、运用等，贯穿于企业的研发、采购、生产、销售等各个运营活动中，企业中几乎所有的主要知识产权活动都会涉及跨部门的过程，过程方法把这些活动连接起来，有助于对企业运营系统的系统管理。许多改进企业绩效的机会都蕴藏在企业内部跨部门的接口上。

（3）系统管理知识产权过程及过程的相互作用。对过程及过程相互作用实施管理，包括按照企业的知识产权方针、规划和战略方向，具体确定知识产权过程的目标，过程的职责、权限，过程与过程之间的信息传递、过程运作的方法、准则等，也包括对过程使用资源和所达到绩效的管理等。在对过程系统管理时，应用 PDCA 循环和基于风险的思维可以使置身于内、外部环境剧烈变化的企业，通过系统策划和管理形成一种良性机制，有效地利用机遇和规避风险，及时提出应对措施，使组织增强核心竞争力和抗风险能力以及企业的整体绩效。

同时，规范还提到"该体系作为一个整体过程，包括知识产权管理的策划、实施、检查、改进四个环节"，也就是 PDCA 循环。

本标准鼓励企业在建立、实施知识产权管理体系时，采用 PDCA 循环，保障知识产权管理体系的连续运行和持续改进。P、D、C、A 所代表的意义如下。

P（Plan）——规划，主要包括方针和目标的确定以及活动计划的制订，对应到企业知识产权管理体系建设，主要是指企业知识产权方针、目标的确定以及知识产权工作计划的制订。

D（Do）——实施或执行，指具体运作、实现计划中的内容，对应到企业知识产权管理体系建设，主要是指按照企业知识产权工作目标和计划实施知识产权制度。

C（Check）——检查，指分析核查计划实施的情况，对应到企业知识产权管理体系建设，主要是指根据企业知识产权方针和目标检查知识产权制度运行情况，并汇报结果。

A（Act）——处理，指对检查的结果进行处理、认可或修正，对应到企业知识产权管理体系建设，主要是指根据执行情况，不断改进制度。

通过建立科学、系统的知识产权管理体系并加以持续改进，最终的输出为企业所取得的知识产权管理成效，具体可体现在四个方面：

（1）激励创造知识产权，促进技术创新；

（2）灵活运用知识产权，改善市场竞争地位；

（3）全面保护知识产权，支撑企业持续发展；

（4）系统管理知识产权，提升企业核心竞争力。

企业知识产权管理体系的运行，是按照知识产权方针、目标、计划来开展、实施的，是一个连续运行的过程，并且在运行过程中对各个知识产权的管理要素进行对照检查，发现问题，持续改进，从而保证企业知识产权管理体系的平稳实施。

企业在知识产权管理体系运行实施过程中需要注意：一是要紧密围绕知识产权方针和目标，这是企业知识产权管理体系运行实施的基础和根本所在；二是要明确各项目知识产权工作的实施主体，有许多知识产权工作并不是由知识产权主管部门完成，知识产权主管部门更多是处于一个管理、推进、协调、统筹的位置，这就需要对知识产权工作实施主体的职责进行明确划分；三是要注意企业的知识产权管理机制是服务于企业的，而不是限制企业发展的，因此知识产权制度要和企业的其他管理体系密切配合、相互支撑，例如，项目专利管理和风险预警制度就可以与项目管理流程相结合，融入项目管理体系。

企业应定期将知识产权管理体系实施情况与预期管理目标相比较，对知识产权管理体系实施的各个环节以及各环节产生的效果进行审核、监督与改进。企业应当设立内部监督程序，对知识产权管理体系的各个环节产生的效果进行比较，确保知识产权管理体系符合本标准的要求。当然，企业还可以委托外部机构对其知识产权管理体系进行持续地分析、监控，外部机构应出具对企业知识产权管理体系的分析报告和改进意见，且分析结果应及时告知企业最高管理层，便于管理层适时调整知识产权管理目标或修正知识产权管理体系。

三、原则

原则，即企业的知识产权管理体系运行应遵守的基本要求。

本标准提出了企业知识产权管理体系建立、实施的三项行为准则：战略导向、领导作用和全员参与。

战略导向——将专利、商标等知识产权作为企业经营活动的一种战略资源，强调知识产权管理应在企业战略层面与经营、创新相互协调统一，以使得知识产权工作能够在企业的经营发展中充分有效地发挥其支撑和促进作用。

领导作用——企业的最高管理者及各级领导作为知识产权管理体系的制定者与最终使用者，应支持和参与体系的建立、实施。领导者的重视、支持和参与是系统实施知识产权管理的根本保障。

全员参与——企业知识产权包括专利、商标、商业秘密等，企业知识产权管理涉及设计研发、生产采购、市场销售、后勤保障、人事与财务管理等，几乎覆盖企业的全部部门与业务流程。所以，全体员工都是企业知识产权工作的具体执行主体，是企业知识产权发展战略贯彻落实的实施主体，企业的知识产权管理体系要实现全员、全流程的全面覆盖，逐渐根植企业，形成企业文化的重要方面。

四、影响因素

影响因素，即企业取得知识产权管理绩效的影响条件。

企业在策划知识产权管理体系之初，应对内外部的影响因素和相关要求做到充分调查，尤其是本标准所提到的以下三个方面：

（1）经济和社会发展状况、法律和政策要求。

（2）企业的发展需求、竞争策略、所属行业特点。

（3）企业的经营规模、组织结构、产品及核心技术。

企业所处的经济、社会、文化、法律、政策和市场环境是企业制定其知识产权管理体系必须充分考虑的一个方面。不同国家、地区的经济发展水平、社会文化内涵、法律法规及政策都不尽相同，有的甚至差异巨大，只有充分了解自身、了解相关方、了解内外部环境，才能设计出符合自身发展需要的知识产权管理体系，才能最终实现预期目标。

第二节　标准正文

一、范围

本标准规定的要求适用于不同类型、不同规模及提供不同产品和服务的企业。众所周知，企业有不同的类型、不同的规模、提供不同的产品和服务，企业知识产权管理体系的框架和管理对象存在共性，正是这些共性奠定了本标准制定的基础，本标准适用于有下列愿望的企业：

（1）建立知识产权管理体系。

（2）运行并持续改进知识产权管理体系。

（3）寻求外部组织对其知识产权管理体系的评价。

事业单位、社会团体、政府部门等其他组织，可参照本标准相关要求执行。

二、规范性引用文件

本标准引用了两个重要文件，GB/T 19000—2008《质量管理体系　基础和术语》、GB/T 21374—2008《知识产权文献与信息　基本词汇》。上述两个文件对于本标准的学习十分重要，例如，程序、有效性等概念，均是出自上述文件，但本标准又未给出定义。同时，由于被引用文件可能会修订，还要注意被引用文件的版本。由于GB/T 19000—2008《质量管理体系基础和术语》已更新为 GB/T 19000—2016《质量管理体系 基础和术语》，因此本书中与管理体系相关的术语和定义，应考虑 GB/T 19000—2016《质量管理体系 基础和术语》中的描述的变化。

三、术语和定义

本标准给出了 7 个术语和定义——知识产权、过程、产品、体系、管理体系、知识产权方针和知识产权手册。对上述术语内涵与外延的理解与掌握，对于体系的建立和运用至关重要。

（一）知识产权

【标准条款 3.1】

> 在科学技术、文学艺术等领域中，发明者、创造者等对自己的创造性劳动成果依法享有的专有权，其范围包括专利、商标、著作权及相关权、集成电路布图设计、地理标志、植物新品种、商业秘密、传统知识、遗传资源以及民间文艺等。

【理解要点】

对于知识产权概念的理解十分重要。知识产权的范围包括专利、商标、著作权及相关权、集成电路布图设计、地理标志、植物新品种、商业秘密、传统知识、遗传资源以及民间文艺等，这就决定了企业在第七章"基础管理"等条款的具体实施范围，要结合企业的实际情况，有可能不仅是涉及专利管理，还会涉及商标管理、著作权管理等。

（二）过程

【标准条款 3.2】

> 将输入转化为输出的相互关联或相互作用的一组活动。

【理解要点】

过程及过程方法，是建立、实施、审核知识产权管理体系的理论基础。

可参见"二　过程方法"的相关介绍。

GB/T19000—2016 的过程定义是：

> 3.4.1
>
> 过程 process
>
> 利用输入实现预期结果的相互关联或相互作用的一组活动
>
> 注1：过程的"预期结果"称为输出（3.7.5），还是称为产品（3.7.6）或服务（3.7.7），随相关语境而定。
>
> 注2：一个过程的输入通常是其他过程的输出，而一个过程的输出又通常是其他过程的输入。
>
> 注3：两个或两个以上相互关联和相互作用的连续过程也可作为一个过程。
>
> 注4：组织（3.2.1）通常对过程进行策划，并使其在受控条件下运行，以增加价值。
>
> 注5：不易或不能经济地确认其输出是否合格（3.6.11）的过程，通常称之为"特殊过程"。
>
> 注6：这是 ISO/IEC 导则 第1部分 ISO 补充规定的附件 SL 中给出的 ISO 管理体系标准中的通用术语及核心定义之一，最初的定义已经被改写，以避免过程和输出之间循环解释，并增加了注1至注5。

（三）产品

【标准条款 3.3】

> 过程的结果。
>
> 注1：有下列四种通用的产品类别：
>
> ——服务（如运输）；
>
> ——软件（如计算机程序、字典）；
>
> ——硬件（如发动机机械零件）；
>
> ——流程性材料（如润滑油）。

许多产品由分属不同产品类别的成分构成，其属性是服务、软件、硬件或流程性材料取决于产品的主导成分。例如，产品"汽车"是由硬件（如轮胎）、流程性材料（如燃料、冷却液）、软件（如发动机控制软件、驾驶员手册）和服务（如销售人员所做的操作说明）所组成。

注2：服务通常是无形的，并且是在供方和顾客接触面上需要完成至少一项活动的结果。服务的提供可涉及，例如：

——在顾客提供的有形产品（如需要维修的汽车）上所完成的活动；

——在顾客提供的无形产品（如为准备纳税申报单所需的损益表）上所完成的活动；

——无形产品的交付（如知识传授方面的信息提供）；

——为顾客创造氛围（如在宾馆和饭店）。

软件由信息组成，通常是无形产品，并可以方法、报告或程序的形式存在。

硬件通常是有形产品，其量具有计数的特性。流程性材料通常是有形产品，其量具有连续的特性。硬件和流程性材料经常被称为货物。

【理解要点】

对"产品"概念的理解，对于标准"1范围"的确定，标准7.4.1、8.5等条款的理解与实施十分重要。结合近些年的贯标实践，传统制造业、软件行业、涉及创新的服务行业，均可作为贯标主体；上述类型产品，都可以作为标准7.4.1、8.5等条款的管控对象。

GB/T19000—2016对产品的定义是：

3.7.6

产品 product

在组织和顾客（3.2.4）之间未发生任何交易的情况下，组织（3.2.1）能够产生的输出（3.7.5）

注1：在供方（3.2.5）和顾客之间未发生任何必要交易的情况下，可以实现产品的生产。但是，当产品交付给顾客时，通常包含服务（3.7.7）因素。

注2：通常，产品的主要要素是有形的。

注3：硬件是有形的，其量具有计数的特性（3.10.1）（如：轮胎）。流程性材料是有形的，其量具有连续的特性（如：燃料和软饮料）。硬件和流程性材料经常被称为货物。软件由信息（3.8.2）组成，无论采用何种介质传递（如：计算机程序、移动电话应用程序、操作手册、字典、音乐作品版权、驾驶执照）。

（四）体系

【标准条款3.4】

相互关联或相互作用的一组要素。

【理解要点】

本定义引用了《GB/T 19000—2016 质量管理体系　基础和术语》的定义。将相互关联的过程作为体系来看待、理解和管理，有助于组织提高实现目标的有效性和效率。

（五）管理体系

【标准条款3.5】

建立方针和目标并实现这些目标的体系。

【理解要点】

本定义引用了《GB/T 19000—2016 质量管理体系　基础和术语》的定义。管理体系是建立方针和目标并实现这些目标的体系。构建管理体系的关键是明确方针和目标，以及与之有关的相互关联或相互作用的一组要素。

本定义引用 GB/T 19000《质量管理体系　基础和术语》的定义。管理体系是建立方针和目标并实现这些目标的体系。

知识产权管理体系能够使最高管理者通过考虑其决策的长期和短期影响而优化知识产权资源的利用。

知识产权管理体系是以企业的无形资产——知识产权生命周期价值实现与风险控制为核心的管理体系，包括企业确定其知识产权方针和知识产权目标，以及为获得预期的结果确定过程和所需资源的活动。构建管理体系的关键是明确方针和目标，以及与之有关的相互关联或相互作用的一组要素。

GB/T29490—2013《企业知识产权管理规范》标准给出了知识产权管理体系要求，企业可以通过应用标准来建立组织的知识产权管理体系。管理体系给出了组织针对预期和非预期的结果确定所采取措施的方法。

知识产权管理体系管理相互作用的过程和所需的资源，以向有关相关方提供价值并实现结果。

（六）知识产权方针

【标准条款3.6】

> 知识产权工作的宗旨和方向。

【理解要点】

知识产权方针是由最高管理者正式发布的、组织的知识产权工作的宗旨和方向。方针的制定，是构建整个体系的基础。

在知识产权方针的指引下，企业形成自身的知识产权文化和知识产权意识，在知识产权文化的引领下，开展知识产权运行控制和资源配置等相关活动，共同实现预定方向。

（七）知识产权手册

【标准条款3.7】

> 规定知识产权管理体系的文件。

【理解要点】

知识产权手册是描述知识产权体系各项要求的文件。具体要求参见标准4.2.3条款。

四、知识产权管理体系

(一) 总体要求

【标准条款4.1】

> 企业应按本标准的要求建立知识产权管理体系，实施、运行并持续改进，保持其有效性，并形成文件。

【理解要点】

本条款对企业建立知识产权管理体系提出了总体要求。

"总体要求"提出企业应建立知识产权管理体系并保持其有效性，通过知识产权管理体系的实施和运行，帮助企业系统地提升其知识产权价值和核心竞争力，同时帮助企业系统地控制其知识产权风险。建立健全知识产权管理组织结构，招聘、培养专业的知识产权管理人员，编制、完善知识产权管理制度，满足企业创新发展需要。

(1)"建立"是要求企业按照本标准的要求，规定企业组织结构、职责、策划、活动、程序、过程和资源等要求并形成文件。

(2)"实施、运行并持续改进"是要求建立的知识产权管理体系必须进行实施和运行，同时还要求保持体系的持续改进能力。

(3)"保持其有效性"是要求企业按照知识产权管理体系的要求实施管理，并不断改进和完善知识产权管理体系，以达成企业的知识产权目标和绩效要求。

(4)"形成文件"是要求以上所述的建立、实施、运行和持续改进等活动都应形成适当的文件。

建立知识产权管理体系是企业的一项战略性决策。很多企业在贯彻实施GB/T 29490标准之前就已经有基本的知识产权管理，并且有自己的管理模式，尽管其管理模式各有不同，但按 GB/T 29490 标准建立的知识产权管理体系是一种行之有效的系统管理模式，它能够帮助企业进行系统的知识产权管理，持续改进自身的能力，增强知识产权的价值实现，并可以向企业及其相关方提供信任。

GB/T 29490 标准规定的知识产权管理体系要求是通用的，不仅适用于企业，也适用于各种类型、不同规模和具有不同知识产权的组织。

知识产权管理体系是"在知识产权方面指挥和控制组织的管理体系"，是致力于实现组织的知识产权方针和知识产权目标的管理体系，而企业的知识产权方针和知识产权目标与其他管理体系的方针和目标（如质量、环境、职业健康安全、资金、利润等）相辅相成、互为补充。因此，将一个企业的管理体系的各个部分有机地结合或整合成一个整体，将更有利于合理配置资源、提高组织的有效性和效率，组织为了建立符合 GB/T 29490—2013 标准要求并相容于其他体系的知识产权管理体系，可能会改变其现行的管理体系。

【实施要点】

（1）不同企业在设计和实施自己的知识产权管理体系时，侧重考虑的因素不尽相同，企业可从三个层面进行分析考查。

①企业所处的经济、社会、文化、法律、政策和市场环境是企业构建知识产权体系必须要充分考虑的重要因素。

②企业在设计和实施自己的知识产权管理体系时，还应当充分考虑企业提供的产品、服务及其技术和业务流程。

③制定知识产权管理体系，还需要充分考虑企业可持续发展、企业竞争策略、企业规模和企业结构等方面的要求。

（2）企业知识产权管理体系还应遵循 PDCA 循环，不断发展和完善。

（3）GB/T 29490 标准为各类组织提供了可用于组织的知识产权管理的一种好的方法，阐明了知识产权管理体系所包含的一系列要求，但没有说明满足这些要求的具体方法、途径和措施。因此，组织在满足 GB/T 29490 标准要求方面具有相当大的自由空间。每个组织各有其不同的性质和特点，因此，组织在应用标准的要求时，应根据其各自的需求和特点来设计和实施知识产权管理体系。在实施过程中也需要不断调整、完善和改进知识产权管理体系。

【本条款相关过程涉及的内容】

无。

（二）文件要求

1. 总则

【标准条款 4.2.1】

> 知识产权管理体系文件应包括：
>
> a）知识产权方针和目标；
>
> b）知识产权手册；
>
> c）本标准中要求形成文件的程序和记录。
>
> 本标准出现的"形成文件的程序"，是指建立该程序，形成文件，并实施和保持。一个文件可以包括注：一个或多个程序的要求；一个形成文件的程序的要求可以被包含在多个文件中。

【理解要点】

本条款明确了知识产权管理体系文件的范围，包括知识产权方针和目标、知识产权手册、形成文件的程序和记录。

（1）"本标准中要求形成文件的程序和记录"是指标准条款中有诸如"应形成文件的程序"等文字的条款内容，这些文字要求的含义基本上都是对书面化和文件化的要求。

（2）"形成文件的程序"是指明确知识产权获取、维护、运用和保护过程进行控制（谁在何时做什么、怎样做以及为什么做）的具体开展流程和方法，并保持知识产权活动形成的记录。

【实施要点】

（1）文件应当是由企业最高决策层制定或认可，并在企业内部正式实施和执行的文件。根据标准要求，知识产权管理体系必不可少的体系文件，包括知识产权方针、目标、手册、程序文件等，具体如表 5-1 所示。

表 5-1　知识产权管理体系必不可少的体系文件

序号	文件名称	对应标准条款
1	方针	4.2.1/5.2
2	目标	4.2.1/5.3.2
3	手册	4.2.1/4.2.3
4	程序文件	4.2.1
①	外来文件与记录文件控制程序	4.2.4
②	法律法规和其他要求控制程序	5.3.3
③	信息资源管理控制程序	6.4
④	知识产权获取控制程序	7.1
⑤	知识产权维护控制程序	7.2
⑥	知识产权实施、许可和转让控制程序	7.3.1
⑦	知识产权风险管理控制程序	7.4.1
⑧	知识产权争议处理控制程序	7.4.2
⑨	保密控制程序	7.6
⑩	内部审核控制程序	9.2
5	记录文件	4.2.1/4.2.4
①	培训记录	6.1.2
②	知识产权获取记录	7.1
③	合同知识产权条款审查记录	7.5
④	研发活动记录	8.2
⑤	生产活动记录	8.4
⑥	销售市场知识产权被侵权情况监控记录	8.5

（2）企业知识产权管理的方针和目标文件，主要包括知识产权工作的方针文件，企业知识产权工作的长期规划、中期规划、年度奋斗目标、年度工作计划等文件。这些文件应当由企业正式颁布实施，并形成档案，以便于检查和改进。

（3）企业为了保障知识产权管理体系的有效运行和实际执行，应当依据自身特点和实际情况，编制《知识产权手册》，将本企业的知识产权管理方针、目标、各类知识产权管理制度、知识产权管理流程、知识产权激励措施，以及对各岗位员工知识产权管理工作的内容、职责和要求汇集起来，向员工发放，以便员工学习和执行。

（4）原则上，凡是涉及的知识产权管理事务都应当有相应的程序和制度规范。包括知识产权管理工作的总体要求（如知识产权管理办法、规定等）；对特定知识产权事务的管理制度（如专利申请审批管理办法、商标注册审批管理办法、著作权管理办法、知识产权风险控制与纠纷应对处理办法等）；对知识产权取得、运用的管理流程制度（如专利申请、商标注册审批流程，专利权、商标权转让、许可、投资、质押等审批流程）；对企业生产经营活动各个相关环节的知识产权事务管理流程（如技术研究与开发活动知识产权管理流程，采购活动知识产权管理流程，生产活动知识产权管理流程，市场营销知识产权管理流程，技术、产品进出口知识产权管理流程，参展活动知识产权管理流程等）；以及对员工的知识产权激励制度（如职工合理化建议奖励办法，职务技术成果奖励办法等）等，应当确保企业在生产经营活动中涉及的知识产权事务处于有效的制度规范之下。

（5）企业知识产权管理活动的记录，是用于考核和评价知识产权管理体系是否有效运行、知识产权管理制度是否有效执行、知识产权产权管理工作是否有效开展的原始凭据。对于企业改进知识产权管理体系、完善知识产权管理制度起着关键作用。因此，企业开展的各类知识产权管理活动都要形成记录，使知识产权产权管理活动具有可追溯性。记录可以是纸质文件，也可以是电子文件。

【本条款相关过程涉及的内容】

4.2.1条款对体系文件的类型给出明确要求，相关条款还包括5.2（知识产权方针）、5.3.2（知识产权目标）、4.2.3（知识产权手册）、4.2.4（知识产权记录）、各相关程序文件涉及条款等。在体系建立与审核过程中，应从贯标组织整体上，协调统筹好上述条款涉及的知识产权管理活动。

2. 文件控制

【标准条款4.2.2】

知识产权管理体系文件是企业实施知识产权管理的依据，应予以控制：

a）发布前得到审核和批准，文件更新后再发布前，应重新审核、批准；

b）文件中相关要求应予以明确；

c）应按文件类别、秘密级别进行管理；

d）文件应易于识别、取用和阅读；

e）因特定目的需要保留的失效文件，应予以标记。

【理解要点】

"知识产权管理体系文件"应包含与知识产权管理有关的所有文件，包含知识产权方针、知识产权目标、知识产权手册、控制程序、管理制度和记录等。

"确保"关注的仅仅是结果，无论采用何种方式，必须使知识产权管理体系的文件管理结果满足以下五点要求。

（1）任何知识产权管理体系文件发布前，必须经过审核和批准；这些文件修订后再发布前，必须再次经过审核和批准。为了确保文件发布前进行审核和批准的一致性，一般要建立企业的文件审核和批准以及发布流程。

（2）"文件中的相关要求应予以明确"是指任何知识产权管理体系文件中对有关内容以及作业要求等都应明确，以达到文件的有效指导作用。

（3）"按文件类别、秘密级别进行管理"是指任何一份知识产权管理体系文件都应有文件类别和秘密级别的标记，标记的方式由企业自己决定。查看文件借阅记录，看是否清楚地记载借阅人、借阅及归还时间等信息。

（4）"易于识别、取用和阅读"是指很容易判定该文件是体系文件中的哪种文件，同时文件类别和秘密级别、文件的修改状态明确；不同层次的管理人员和作业人员很方便地找到该文件；文件中的文字清晰，运用表格、图像等形式方便阅读。

（5）"因特定目的需要保留的失效文件，应予以标记"是指保留的任何失效文件应予以标记，而不能随意保留，避免非法使用造成管理的失误。

【实施要点】

知识产权管理体系应是文件化的管理体系，以规定和指导企业知识产权管理体系的实施、保持和持续改进，并为其实施的符合性和有效性提供证据，但 GB/T 29490 标准的目的不是统一知识产权管理体系的结构或文件。企业应根据其实际的知识产权生命周期业务活动建立其知识产权管理体系，组织需要优先考虑改进未达到要求的过程与活动，不必刻意为满足 GB/T 29490 标准而重写已经存在的适用文件。

（1）企业应根据自身需要，建立知识产权申请、维护、管理、奖励以及保密等各方面的内部控制程序，并按要求进行管理。

（2）企业建立的控制程序应在发布或更新发布前得到审核和批准。

（3）企业应根据控制程序进行管理，并对执行情况进行定期跟踪、评价，确保制度控制的有效性。

（4）企业知识产权管理体系文件的管理应根据文件类别及秘密级别的不同分别进行。

（5）文件应按企业文件管理的规定进行管理，对文件的发布、标识、更改、使用、保存、废止进行控制，以保证体系的有效实施。

【本条款相关过程涉及的内容】

无。

3. 知识产权手册

【标准条款4.2.3】

编制知识产权手册并保持其有效性，具体内容包括：

a）知识产权机构设置、职责和权限的相关文件；

b）知识产权管理体系的程序文件或对程序文件的引用；

c）知识产权管理体系过程之间相互关系的表述。

【理解要点】

（1）"编制知识产权手册并保持其有效性"是指企业要编制知识产权手册，手册是否符合本标准的要求，同时定期对手册进行审查以确保手册的有效性，可以从总体上了解企业知识产权管理体系的机构设置是否合理，程序文件（管理制度）是否完善。

（2）"知识产权机构设置、职责和权限的相关文件"是指知识产权手册中必须针对企业各部门相关的知识产权职责和权限进行阐述和规定。

（3）"知识产权管理体系的程序文件或对程序文件的引用"是指标准条款中有十个条款明确要求编制形成文件的程序，那么在知识产权手册中必须出现这十个形成文件的程序以及对这十个程序进行引用；如果有其他任何程序文件，也应在手册中出现，并被引用。

（4）"知识产权管理体系过程之间相互关系的表述"是指知识产权手册要覆盖标准中的知识产权管理体系、管理职责、资源管理、基础管理、实施和运行、分析与改进各个过程，并明确各过程的内容。尤其是相互关联的过程如何运行，相关人员、信息、资料等如何传递，必须要在手册中明确。

【实施要点】

（1）企业应编写知识产权手册涵盖的内容，要根据行业特点、企业特点、企业知识产权管理所处阶段，以及本标准的相关内容进行编写，使知识产权管理手册成为增强企业员工知识产权意识、普及知识产权文化的重要工具。

（2）举例：知识产权管理手册的首页。

密　　级：　秘　密

文件编号：XX－IP－SC

版 本 号：　　1.0

知识产权管理工作手册

编制：（知识产权专员手签）　　　日期：

审核：（管代手签）　　　　　　　日期：

批准：（总经理手签）　　　　　　日期：

批准日期：　　　　　　　　　执行日期：

【本条款相关过程涉及的内容】

无。

4. 外来文件与记录文件

【标准条款 4.2.4】

编制形成文件的程序，规定记录的标识、贮存、保护、检索、保存和处置所需的控制。对外来文件和知识产权管理体系记录文件应予以控制并确保：

a）行政决定、司法判决、律师函件等外来文件进行有效管理，确保其来源与取得时间可识别；

b）建立、保持和维护记录文件，以证实知识产权管理体系符合本标准要求，并有效运行；

c）外来文件与记录文件的完整性，明确保管方式和保管期限。

【理解要点】

"编制形成文件的程序"是要求企业在管理外来文件与记录文件时，应该先建立控制程序，然后按照批准的程序进行管理。

（1）程序中必须规定记录的标识、贮存（贮存方式和地点）、保护（避免记录损坏）、检索（管理）、保存和处置所需的控制方法和流程。

（2）行政决定、司法判决、律师函件等外来文件的来源与取得时间可识别是指这些外来文件是如何以及通过什么渠道获取的，什么时间获取的，为外来文件的有效性提供法律支撑。外来文件还包括政府主管部门发来的与知识产权相关的通知、上级单位发来的文件。

（3）对记录文件要进行建立、保持和维护，以证实知识产权管理体系符合本标准要求，并有效运行。

（4）外来文件与记录文件都必须保存完整，不能有缺损或缺失；同时必须有明确的保管方式和保管期限的规定，并按照这些规定实施。

【案例解析】

山东某软件公司，准备于 2019 年下半年上市。该公司 2019 年 1 月进行了知识产权管理体系的现场审核。截至现场审核日，该公司登记的知识产权为：5 件发明专利、89 件软件著作权、8 件商标和 6 项域名。5 件发明专利中 1 件已获授权，其余 4 件实质审查中。知识产权工作人员介绍：4 件实质审查中的专利，有 1 件（A 专利）为 2017 年递交，有望在 2019 年年初获得授权（代理所反馈该专利创造较高，已经在答复审查意见中），从而达到在上市评估前持有 2 件授权专利的目标。

审核员现场查询，国家知识产权局已于 2018 年 9 月向代理机构下发了 A 专利的《视为撤回通知书》，截至审核日已超过 2 个月的恢复期，专利权已丧失。

经调查，事实经过如下：专利申请委托当地的一家专利代理公司进行，知识产权工作人员仅负责牵头，申请过程中由发明人和代理人直接联系。代理人于 2018 年 6 月将《第三次审查意见通知书》转达给发明人，但一直未收到发明人的答辩指令，因此没有进行答辩作业。该发明人 2018 年 5 月已离职，因此收到代理人的邮件后未理会，也未通知公司其他人员；同时，代理人在未收到答辩指令的情况下，未进一步与公司知识产权工作人员联系。

该事件给公司带来了不小的损失，不仅对公司上市前的评估有一定影响，而且对计划申报的政府项目也造成影响。

大多数外来文件具有较强的时效性，需要进行及时登记、管理，否则很可能会给公司带来不小的损失。

【实施要点】

(1) 外来文件应进行有效管理，确保来源和时间的可识别。

(2) 记录填写应做到详细、准确、及时、字迹清晰、内容完整，易于识别和检索。

(3) 记录可以采用文字（表格）、照片、电子媒体等方式。

(4) 记录的形成、保管、使用、废弃应按企业的记录管理规定要求进行。

（5）对于外来文件与记录文件，企业应采取措施保证其完整性，并明确保管方式和保管期限。

【本条款相关过程涉及的内容】

4.2.4条款对记录的管理给出了明确要求，相关条款还包括6.1.2（教育与培训记录）、7.1c（获取过程记录）、7.5a（合同评审记录）、8.2f（研发活动相关记录）、8.4c（生产过程相关记录）、8.5c（知识产权被侵权监控）等。在体系建立与审核过程中，应从贯标组织整体上，协调统筹好上述条款涉及的知识产权管理活动。

（三）小结

本标准第四章"知识产权管理体系"从宏观角度阐述了建立企业知识产权管理体系的总体要求以及相关的文件要求。知识产权管理存在其本身的特殊性，需要企业领导者的高度重视，自上而下地推动，自下而上地实施，以及中间的上传下达。

首先，企业（尤其是最高管理者、管理者代表）应综合考虑各种内外部环境、知识产权管理基础、各相关方需求等影响因素，建立策划、实施、运行、评审、改进文件化的知识产权管理体系，根据PDCA循环完善知识产权管理的框架。

其次，企业应明确知识产权管理体系的体系文件要求，建立知识产权方针和目标，并以此建立知识产权管理手册及相关程序文件与记录，并对体系文件的日常管理进行规范化的控制。本标准第五章、第六章、第七章、第八章还涉及知识产权方针、知识产权目标，以及相应的程序文件、记录的具体管控要求，应与"标准4知识产权管理体系"内容相互关联。

对照"高级结构"（见表5-2），"标准4知识产权管理体系"分别对应于体系策划前的"组织环境"部分，以及对应于体系支持部分的"文件化信息"内容。"组织环境"部分是对体系建立、实施、运行并持续改进提出的总体要求；"文件化"是体系建立、实施、运行并持续改进的支持和有力保障，"文件化信息"部分是对体系"文件化"这一运行特点提出的具体要求。

表 5-2　"高级结构"与 GB/T 29490 主要条款对比

序号	"高级结构"标准的主要条款	GB/T 29490—2013 标准条款
1	1 范围	1 范围
2	2 引用标准	2 引用标准
3	3 术语和定义	3 术语和定义
4	4 组织环境	
5	4.1 理解组织及其环境	5.3.3 法律和其他要求
6	4.2 理解相关方的需求和期望	
7	4.3 确定×××管理体系范围	
8	4.4 ×××管理体系	4.1 总体要求
9	5 领导作用	5 管理职责
10	5.1 领导作用和承诺	5.1 管理承诺
11	5.2 方针	5.2 方针
12	5.3 组织角色、职责和权限	5.4 职责、权限和沟通
13	6 策划（Planning）	
14	6.1 针对风险和机会所采取的措施	
15	6.2 ×××目标及针对实现×××目标所进行的策划	5.3.1 知识产权管理体系策划 5.3.2 知识产权目标
16	7 支持（Support）	
17	7.1 资源	6 资源管理（6.1、6.2、6.3、6.4）
18	7.2 能力	
19	7.3 意识	
20	7.4 沟通	5.4.3 内部沟通
21	7.5 文件化信息	4.2 文件要求
22	7.5.1 总则	4.2.1 总则
23	7.5.2 形成和更改	4.2.3 知识产权手册 4.2.4 外来文件和记录文件
24	7.5.3 文件化信息控制	4.2.2 文件控制
25	8 运行（Operation）	
26	8.1 运行策划和控制	7 基础管理 8 实施运行
27	9 绩效评价（Pelformance evaluation）	
28	9.1 监视、测量、分析和评价	9.1 总则 9.3 分析与改进

续表

序号	"高级结构"标准的主要条款	GB/T 29490—2013 标准条款
29	9.2 内部审核	9.2 内部审核
30	9.3 管理评审	5.5 管理评审
31	10 改进（Improvement）	9.3 分析与改进
32	10.1 不合格和纠正措施	
33	10.2 持续改进	

五、管理职责

（一）管理承诺

【标准条款 5.1】

> 最高管理者是企业知识产权管理的第一责任人，应通过以下活动实现知识产权管理体系的有效性：
>
> a）制定知识产权方针；
>
> b）制定知识产权目标；
>
> c）明确知识产权管理职责和权限，确保有效沟通；
>
> d）确保资源的配备；
>
> e）组织管理评审。

【理解要点】

最高管理者，是指在组织的最高管理层中指挥和控制组织的一个人（公司的一把手）。一个管理体系的最高管理者是指该体系覆盖范围内的最高级别的管理者、最高责任人和最终使用者，全面负责管理该体系的日常事务。根据企业的情况不同，知识产权管理体系的最高管理者可以是企业的董事长、总经理或者首席执行官。如果管理体系只覆盖集团公司的某个子公司或分公司，那么，最高管理者也可以由该子公司或分公司的总经理担任。

【实施要点】

组织最高管理者作为知识产权管理体系第一责任人应在体系文件中予

以明确，并在落实上述管理承诺的过程中保留应有的证据。

【本条款相关过程涉及的内容】

无。

（二）知识产权方针

【标准条款5.2】

最高管理者应批准、发布企业知识产权方针，并确保：

a）符合相关法律法规和政策的要求；

b）与企业的经营发展情况相适应；

c）在企业内部得到有效运行；

d）在持续适宜性方面得到评审；

e）形成文件，付诸实施，并予以保持；

f）得到全体员工的理解。

【理解要点】

最高管理者是企业的最高级别领导，对于公司的管理能够体现出深刻性、全面性和长远性。所以，企业知识产权方针的最终决定权应落在最高管理者肩上。本条款要求"最高管理者应批准、发布企业知识产权方针"，就是指最高管理者应审批木组织的知识产权方针，并在组织范围内发布。

"符合相关法律法规和政策的要求，与企业的经营发展情况相适应"是对知识产权方针内容的要求。首先，知识产权方针必须不能违背法律和政策的要求。其次，方针一定要体现战略导向原则，将知识产权与经营发展、科技创新三大战略高度统一，使三者互相支撑、互相促进。

"在企业内部得到有效运行"，"形成文件，付诸实施，并予以保持"，强调形成文件的方针不是一纸空文，要求对企业方针进行全面展开和有效管理，不仅要层层展开，设定各级目标，还需要制定层层落实的具体措施，保证方针得以实现。

"持续适宜性"，指的是建立的管理体系、策划形成的管理要求等符合、贴近企业运行实际，管理体系具备随内外部环境的改变而做相应的调整或改进的能力。符合性，指的是知识产权体系文件与各项活动符合标准要求、法律法规要求、客户要求等。充分性，指的是标准要求、法律法规要求、客户要求识别完整，没有遗漏，对组织全部知识产权活动过程覆盖和控制。有效性，指的是根据识别的要求，策划形成的内部管理要求有效实施；通过管理体系的运行，完成设定的知识产权方针和目标。有效性是组织建立知识产权管理体系的根本目的，适宜性、充分性和符合性是达到有效性的重要保证。

随着企业自身发展变化，外部竞争环境日新月异，知识产权方针不会永远与企业实际相适宜，所以要通过管理评审等途径，定期对知识产权方针的持续适宜性进行评审，保证管理体系的有效性。

方针管理要求对企业方针进行全面展开和管理，将抽象的知识产权方针具体化到每一项知识产权活动中，通过宣传培训，让每一名员工充分理解，发挥全体职工的主动精神，把完成个人目标与实现企业方针有机结合起来。

【实施要点】

最高管理者应结合实际情况，组织制定、批准和发布文件化的企业知识产权方针，对全体员工进行宣传与培训，使有关岗位的员工能够充分理解方针的含义，保证日常工作与企业发展方向相一致。此外，还要定期对方针的持续适宜性进行评审，保证方针与企业发展战略相适宜。

【案例解析】

江苏某公司针对公司的实际情况，制定的知识产权方针为"完善制度，推进协作，持续创新，塑造优势"，根据该方针的指引，该公司成为所在区域内第一家通过知识产权管理体系认证的公司，同时根据公司的需求建立了独立的知识产权部，并配备了专职的知识产权工作人员。通过知识产权管理体系的建立，该公司在参加相应的招投标活动或者其他业务的洽谈中，增加了自己的行业优势，由于该公司建立了知识产权管理体系，使客户对该公司的知识产权管理充满信心，同时也对该公司的其他管理和产品充满信心，增加了企业的行业竞争力。

知识产权管理体系主要为知识产权的管理正规化与系统化，通过正规化与系统化的管理使知识产权为企业的发展提供坚实的基础，同时也能为企业的发展提供动力。制定与企业的经营发展情况相适应的方针，并使方针在企业内部得到有效运行，能够引领知识产权管理体系更有效地运行，增加企业的行业竞争力。

【本条款相关过程涉及的内容】

5.2 条款对知识产权方针的内容和管控给出了明确要求，相关条款还包括 5.1（最高管理者制定）、5.3.3（方针要符合相关法律及相关要求）、5.5（管理评审要评审方针的适宜性）等。在体系建立与审核过程中，应从贯标组织整体上，协调统筹好上述条款涉及的知识产权管理活动。

（三）策划

1. 知识产权管理体系策划

【标准条款 5.3.1】

> 最高管理者应确保：
>
> a）对知识产权管理体系进行策划，以确保满足知识产权方针的要求；
>
> b）知识产权创造、运用、保护的管理活动得到有效运行和控制；
>
> c）知识产权管理体系得到持续改进。

【理解要点】

最高管理者是企业知识产权管理体系的第一责任人和总策划人，所以最高管理者应亲自策划或组织策划企业的知识产权管理体系，确保体系有效运行。

策划是指人们为了达成某种特定的目标，借助一定的科学方法和艺术，为决策、计划而构思、设计、制作策划方案的过程。对知识产权管理体系进行策划指的是策划知识产权管理体系的行为或工作。

策划的目的是满足知识产权方针的要求，但开始策划之前，首先要理解相关方的需求。根据 GB/T 19000—2016《质量管理体系　基础与术语》（ISO 9000：2015，IDT）的定义，相关方是指能够影响决策或活动、受决策或活动影响，或者感觉自身受到决策或活动影响的个人或组织，如顾客、所有者、组织内的人员、供方、银行、监督者、工会、合作伙伴以及可包括竞争对手或反压力集团的社会群体。相关方的需求可能针对体系某个过程、目标或者整个体系的架构等。在识别相关方需求后，结合企业的知识产权方针，对知识产权管理体系进行策划。

知识产权获取、维护、运用和保护活动是知识产权工作的重要实施过程，所以最高管理者要确保上述过程得到有效运行和控制。

持续改进指不断增强满足要求的能力的循环活动。制定改进目标和寻求改进机会的过程是一个持续过程，该过程使用审核发现和审核结论、数据分析、管理评审或其他方法，其结果通常导致纠正措施或预防措施。

【实施要点】

企业应识别利益相关方及其对于知识产权工作的需求，同时根据本企业所涉及的知识产权种类及其特点进行知识产权管理体系的策划，并保证满足知识产权方针的要求。一般企业涉及的知识产权种类包括专利权、商标权、著作权（含计算机软件著作权）、商业秘密、集成电路布图设计、植物新品种权、地理标志及商号权等。

企业应按标准的要求建立知识产权管理机构和相应的程序及制度，规范工作职责，实现对知识产权获取、维护、运用和保护的管理，使之形成文件加以实施和保持，并持续改进。

知识产权管理机构牵头，依据知识产权方针将知识产权目标分解为可以落实的具体目标，由相关部门负责实施，并加以考核。实施过程中相关记录的形成、保存等过程应规范，保证体系运行过程可追溯。

定期开展过程检查、内部审核、管理评审和分析，确保持续改进，对已出现和潜在的不符合知识产权管理要求的问题，采取纠正措施和预防措施，对体系进行及时调整、修订和完善，促进知识产权目标的实现。

【本条款相关过程涉及的内容】

5.3.1 条款对知识产权管理体系的策划给出了明确要求，相关条款还包括 5.2、5.3.2（与知识产权方针、目标相一致）等。在体系建立与审核过程中，应从贯标组织整体上，协调统筹好上述条款涉及的知识产权管理活动。

2. 知识产权目标

【标准条款5.3.2】

> 最高管理者应针对企业内部有关职能和层次，建立并保持知识产权目标，目标应确保：
>
> a）形成文件并且可考核；
>
> b）与知识产权方针保持一致，内容包括对持续改进的承诺。

【理解要点】

最高管理者应从不同角度制定知识产权目标，包括知识产权的数量与质量、知识产权保护、人力资源建设等方面。最高管理者确定组织目标后，必须对其进行有效分解，转变成各个职能部门以及每个人的分目标，而不仅仅是知识产权部门的目标。

管理者应建立考核制度，根据分目标的完成情况对下级进行考核、评价和奖惩。目标可以是定量也可以是定性的，但要具有可考核的性质。目标内容要与具体工作内容相区别，目标更强调工作的结果。目标内容要与知识产权方针相对应和一致，即能够保证方针得以实现。此外，目标还要包括对持续改进的承诺。

【实施要点】

由最高管理者组织制定企业各级知识产权目标，在企业的相关职能部门和各作业层次上建立知识产权分目标，并建立考核制度。知识产权目标应与知识产权方针保持一致，内容应包括对持续改进的承诺。知识产权目标应分解到各相关职能部门，部门指标应力求量化且可以测量、考核。对知识产权目标应实施动态管理，各职能部门定期对本部门目标实施情况进行检查、考核评价，并报知识产权管理部门。

【本条款相关过程涉及的内容】

5.3.2条款对目标的内容给出了明确要求，相关条款还包括5.4.2（知识产权目标与体系的绩效评价）、5.2（目标应与知识产权方针相一致）、7.1a（获取计划应与知识产权目标相一致）等。在体系建立与审核过程中，应从贯标组织整体上，协调统筹好上述条款涉及的知识产权管理活动。

3. 法律和其他要求

【标准条款 5.3.3】

> 最高管理者应批准建立、实施并保持形成文件的程序，以便：
>
> a）识别和获取适用的法律法规及其他要求，并建立获取渠道；
>
> b）及时更新有关法律法规及其他要求的信息，并传达给员工。

【理解要点】

这里的法律通常意义上仅指全国人人及其常委会制定的规范性文件。其他要求包括行政法规、地方性法规规章及其他规范性文件等能够控制或影响企业知识产权管理活动的所有相关要求。本条款讲的法律和其他要求与第四章的外来文件要区分开。

法律和其他要求是最高管理者策划实施知识产权管理体系的基本依据和准则，最高管理者应建立、批准、实施和保持程序文件，规定法律和其他要求的识别获取、更新和使用。"适用的"强调识别获取的法律和其他要求与企业的实际活动、有关知识产权种类等内容相对应。要关注法律和其他要求的更新情况，以保证企业依照有效版本的要求运行管理体系。此外，还要针对不同的岗位进行有针对性的、满足岗位需求的培训，保证将相关要求有效传达给员工。

【案例解析 1】

2019 年 4 月，广东某计算机软件公司开发了一款智慧农业软件系统，主营网络运营平台；审核过程中发现该公司没有"互联网资质服务许可证"的资质；造成该问题的原因是未收集法律法规《中华人民共和国电信条例》《互联网信息服务管理办法》，从而不知道需要有该资质才可以运营平台。研发了将近两年的系统，本来打算在审核结束后推出。该系统已经在多个地区试运营了一段时间，有同行已经在关注该平台的运营情况。若没有"互联网资质服务许可证",将无法正式在市场上推出,会造成公司两年的辛苦研发投入付诸流水。

国内很多新兴公司因为有好的想法而闷头投入研发,不关注相关法律法规的要求,造成无运营、生产、销售资质的情况屡屡发生。当研发有成果时,公司往往会给别人做嫁衣,导致自身无法正常运营,最终走向倒闭的深渊。

为了防止企业出现上述问题,企业应制定定期收集法律法规制度,规定专人定期更新相关行业法律法规,并依据相关规定完善企业资质。

【案例解析 2】

A 环保公司于 2016 年 11 月 2 日缴纳共 32 件专利的年费,其中有 10 件缴纳授权后第 5 年年费,20 件缴纳第 6 年的年费。国家知识产权局于 2016 年 7 月 12 日下发《专利收费减缴办法》(施行日期为 2016 年 9 月 1 日),其中第 2 条规定减缴专利年费为自授予专利权当年起 6 年内的年费,但因公司人员仍按照 2006 年 11 月 13 日施行的《专利费用减缓办法》缴纳年费,仅减缴自授予专利权当年起 3 年内的年费的规定缴纳年费,导致公司多缴纳了 54 400 元的年费。

A 环保公司未及时收集最新的《专利收费减缴办法》,工作人员仍以旧的办法缴纳年费,导致多缴纳年费;应多关注国家知识产权局网站,关注知识产权相关法律法规的发布及修订更新情况,并传递给相关人员,减少公司的损失。

【实施要点】

本条款要求,企业应建立法律和其他要求控制程序,规定识别获取、更新和传达的所有工作程序。值得注意的是,该程序文件的批准要由最高管理者来实施。

一般来讲,法律和其他要求的识别和获取由知识产权管理部门或法务部门负责,主要包括国家颁布的有关的知识产权法律法规(如《专利法》《商标法》等);涉及知识产权的相关法规(如《计算机软件保护条例》);我国签订的国际条约(如《专利合作条约》);各级地方人大、政府颁布的有关知识产权的法规政策；其他相关方所提出的要求。

信息获取渠道主要包括：通过订阅杂志报刊，关注政府（国家、省、市各级）、部门（如知识产权局）、行业（如本行业）等相关网站，及时有效地获得法律、法规和其他要求；对收集到的法律、法规及其他要求的相关内容应及时向相关部门及相关人员传达；建立法律、法规及其他要求的台账，对法律、法规及其他要求的变化、更新情况进行跟踪，获取最新信息，并及时向相关部门及相关人员传达。

【本条款相关过程涉及的内容】

5.3.3 条款对法律及相关要求的传达给出了明确要求，相关条款还包括 6.1.2（对相关人员开展与知识产权相关法律法规的教育与培训）等。在体系建立与审核过程中，应从贯标组织整体上，协调统筹好上述条款涉及的知识产权管理活动。

（四）职责、权限和沟通

1. 管理者代表

【标准条款 5.4.1】

最高管理者应在企业最高管理层中指定专人作为管理者代表，授权其承担以下职责：

　　a）确保知识产权管理体系的建立、实施和保持；

　　b）向最高管理者报告知识产权管理绩效和改进需求；

　　c）确保全体员工对知识产权方针和目标的理解；

　　d）落实知识产权管理体系运行和改进需要的各项资源；

　　e）确保知识产权外部沟通的有效性。

【理解要点】

管理者代表一定要由最高管理层的一员担任，除具有本标准所说明和要求的职责外，还要具有以下能力。

（1）具有较为全面的管理知识和相应管理能力，在组织管理及运营能力方面，至少要具有总经理助理、人力资源经理、行政管理主管的能力，有较强的组织、会议管理、文件编写和指导、上下级及部门沟通、对外合作谈判能力。

（2）管理者代表还要求掌握和了解一定的行业知识、管理体系知识，建议获得内部审核员资质。

【实施要点】

由谁担任管理者代表最合适？高层管理者无论是在何种职位上，往往被要求具有卓越的管理能力和运作能力。同样，管理者代表在企业的规范化管理、持续改进、全面的知识产权管理体系、人事等方面应具有较高的统一的管理运筹能力。建议考虑如下职位：常务副总经理、主管技术和知识产权的副总经理等。

【本条款相关过程涉及的内容】

无。

2. 机构

【标准条款5.4.2】

> 建立知识产权管理机构并配备专业的专职或兼职工作人员，或委托专业的服务机构代为管理，承担以下职责：
>
> a）制定企业知识产权发展规划；
>
> b）建立知识产权管理绩效评价体系；
>
> c）参与监督和考核其他相关管理机构；
>
> d）负责企业知识产权的日常管理工作；
>
> e）其他管理机构负责落实与本机构相关的知识产权工作。

【理解要点】

企业应根据知识产权管理活动的实际需要，配备专职或兼职的知识产权管理人员，但上述人员需要具备一定专业的知识产权工作经验和实务技能，并且具备一定体系管理技能，满足国家标准对于知识产权管理部门职责的要求。

企业知识产权发展规划是一种与企业经营发展、科技创新相结合的知识产权工作的整体战略部署，将知识产权作为战略资本服务于企业的长远发展。企业应高度重视知识产权发展规划的制定，应由企业的最高管理者和相关人员共同制定知识产权发展规划，内容包括规划的背景分析、工作原则、知识产权目标及其内容解读、工作步骤和保障措施等，并根据发展形势及时进行调整和修正。

绩效评价体系，是以实际的业绩效果为考核评价依据的价值衡量体系，是管理部门进行管理的重要工具，对其进行恰当的选择和正确的实施有助于价值创造活动的开展。企业实施知识产权管理的直接业绩效果难以用明确的指标来确定，可以用企业总体绩效的提升来表示企业实施知识产权管理的绩效。

其他管理机构是指管理体系覆盖范围内的其他部门，例如，人力资源部、技术中心、销售部等。上述部门应作为有关标准条款的主责部门，承担主要责任，例如，技术中心要承担研发过程中的知识产权管理，而不是由知识产权部门承担。

【实施要点】

企业知识产权管理机构的设置应遵循目标明确原则、权责对等原则、分工合作原则、命令统一原则、管理幅度与管理层次相适原则、适应环境原则等。

若是大型产业多元化集团企业，宜采取集权式管理模式，即在集团总部设置独立的知识产权管理委员会，领导各下属子公司、产业块的知识产权管理分部。由知识产权管理委员会负责制定本企业知识产权经营策略、方针及各项管理制度，而下属分部则负责公司各部门知识产权制度的实施以及人员的培训等。中型企业宜采用网络式管理模式，在总经理办公室成立知识产权部，由副总经理负责，下设多个联络员，负责联络企业各部门的知识产权工作。

【本条款相关过程涉及的内容】

5.4.2 条款对知识产权管理体系所辖机构的评价、监督和考核给出了明确要求，相关条款还包括 5.5（管理评审）、9.2（内部审核）等。在体系建立与审核过程中，应从贯标组织整体上，协调统筹好上述条款涉及的知识产权管理活动。

3. 内部沟通

【标准条款5.4.3】

> 建立沟通渠道，确保知识产权管理体系有效运行。

【理解要点】

最高管理者必须建立畅通的沟通渠道，组织内部人员的沟通包括管理者与被管理者之间的沟通，以及管理体系内部各部门之间的沟通。沟通的有效性包括速度、范围，以及沟通目的等。达成有效沟通须具备两个必要条件：首先，信息发送者清晰地表达信息的内涵，以便信息接收者能够确切理解；其次，信息发送者重视信息接收者的反应并根据其反应及时修正信息的传递。

【实施要点】

实现组织有效沟通有以下几种途径：（1）培训。培训是实现组织有效沟通的重要方法，基本可以使个体和组织对沟通过程产生有意识的控制，也能对沟通障碍中的个人因素和人际因素进行预防。（2）组织沟通环境的营造。组织沟通环境的营造越来越影响企业管理中的有效沟通，例如，公司例会制度、办公邮件制度等。（3）沟通渠道的建立。渠道的选择是指传播信息的媒介选择。如今，有非常多的信息沟通渠道都可以选择，企业管理要注重分析沟通目的和内容，以选择合适的渠道来达成有效沟通，例如，OA办公系统、电邮系统等。

【本条款相关过程涉及的内容】

无。

（五）管理评审

【标准条款5.5】

> 5.5.1 评审要求
> 最高管理者应定期对知识产权管理体系的适应性和有效性进行评审。

5.5.2 评审输入

评审输入应包括：

a）知识产权方针、目标；

b）企业经营目标、策略及新产品、新业务规划；

c）企业知识产权基本情况及风险评估信息；

d）技术、标准发展趋势；

e）前期审核结果。

5.5.3 评审输出

评审输出应包括：

a）知识产权方针、目标修改建议；

b）知识产权管理程序改进建议；

c）资源需求。

【理解要点】

最高管理者的重视是搞好管理评审的关键，根据标准规定，最高管理者应根据企业实际情况，考察体系的适宜性和有效性。

适宜性，是指企业所建立和运行的知识产权管理体系对企业内、外部环境变化的适应与适宜。外部环境变化可以包括知识产权管理政策法规的变化，相关方期望的变化，市场竞争的变化，产品和标准的变化及技术发展的变化、科技信息的发展等。内部变化可以是企业的规模、组织机构及职责的变化，企业的机制或所有制的变化，人员的变化，行业与产品的变化，工艺技术的变化、新设备、新生产线的变化等。知识产权管理体系的适宜性可以体现在以下方面：知识产权方针和目标对企业的知识产权管理活动现状及其变化的适宜性；知识产权管理体系过程的策划与企业的宗旨和知识产权管理活动特点的适宜性；企业建立、实施的知识产权管理体系与其原有管理制度的相容性；知识产权管理体系与其他管理体系的兼容性；知识产权目标与指标、知识产权价值实现的控制、风险控制和监测方法的适宜性；企业结构设置和职责分配的适宜性；知识产权管理体系文件与企业现状及其员工的能力的适宜性等诸多方面。对知识产权管理体系适宜性的评审和改进，有助于企业提高对面临的各种发展和变化的适应能力，保持知识产权管理体系的正常运行，以达到预期绩效，实现有效性。

有效性，是指知识产权管理体系实现知识产权方针和目标、持续满足企业经营宗旨和适用法律法规要求的能力，不断提升知识产权价值实现、风险防控和绩效的能力。知识产权管理体系的有效性可以体现在以下方面：知识产权方针、目标的实现程度；对知识产权管理体系过程及其相互关系实施有效控制的效果；专利质量的改善和提高程度、商标与品牌价值的提升效果；相关方满意的提高程度；员工的能力、知识产权意识的提高以及自觉遵守与本职工作有关的文件的实际状况及其效果；通过监视和检查、纠偏、防侵权与被侵权纠正措施和预防措施、内部审核、管理评审等活动的实施状况和效果，评价企业自我监控、自我改进和自我完善机制的运行效果等诸多方面。对知识产权管理体系有效性的评审，能帮助企业正确评价并不断改进和提高组织满足企业经营发展要求的能力，从而实现不断增强企业发展潜力的目的。

管理评审是企业知识产权管理体系中的一个重要过程，企业在进行知识产权管理体系策划时，就应考虑实施管理评审的时机、时间间隔、评审的内容、评审的方式等。最高管理者应按照策划的时间间隔实施管理评审。

管理评审的目的是确保知识产权管理体系持续的适宜性和有效性（包括管理体系的充分性），是对知识产权管理体系进行评价的一种方法，是企业知识产权管理三级监控的最高级别。

管理评审的对象是企业的知识产权管理体系及其过程，应由最高管理者亲自主持实施。管理评审的其他参与者可以是中层管理及以上的人员，这些人员应能够对评审内容和结果发表观点并参与决策。

管理评审输入是为管理评审提供的信息，是有效实施管理评审的前提条件，也是最高管理者评价质量管理体系持续适宜性、充分性和有效性的依据。

管理评审的输出是一次完整的"PDCA 循环"的终点，也是下一个

"PDCA 循环"的起点。评审的输出是管理评审活动的结果，是最高管理者对企业的知识产权管理体系乃至经营宗旨作出战略性决策的重要基础。

管理评审的输出应包括以下方面。

（1）改进知识产权管理体系有效性及其过程有效性的任何决定和措施。例如，对知识产权方针和知识产权目标的调整；对企业知识产权管理结构、职责、权限、管理体系、文件及具体的知识产权过程的改进等。

（2）与企业经营宗旨要求有关的知识产权的改进决定和措施。企业的最高管理者根据评审输入的信息，针对知识产权的现状和顾客要求的变化发展需求，提出对知识产权价值实现，风险规避等进行改进的决定和措施。

（3）有关资源需求的决定和措施。最高管理者针对企业当前的知识产权资源状况进行评审，并充分考虑内部、外部环境、条件和要求的变化发展而对资源的需求，包括实施改进措施时所需的资源，可能会提出调整、补充、改进资源需求方面的决定和措施，为知识产权管理体系持续的适宜性和有效性、充分性提供资源保证。

【实施要点】

企业最高管理者定期进行较高层次管理层参加的知识产权管理评审，宜采用会议形式进行，一般每年至少进行一次管理评审。组织的最高管理者应明确管理评审的目的，切忌评审仅停留在汇报、分析标准要素和内部审核问题的解释上，而应重点对组织的知识产权方针、目标及体系是否适应组织内部、外部的环境变化，在市场中所处的水平，是否适合本组织的实际情况进行充分的讨论和评审。最高管理者和参加管理评审的所有人员都必须明确管理评审的目的，围绕目的进行评审。

为使管理评审有计划、有步骤地进行并达到预期目的，在管理评审前，一般由知识产权管理部门在征求最高管理者意见的前提下，制订管理评审的计划，列出本次评审的主题、时间、地点及各部门需输入的信息资料，各部门接到任务后，准备管理评审输入文件，在召开管理评审会之前交由知识产权部门整理汇总。输入内容应包含知识产权方针、目标，企业经营目标、策略及新产品、新业务规划，企业知识产权基本情况及风险评估信息，技术、标准发展趋势，前期审核结果。

上述信息应由组织的各职能部门在汇总、分析日常管理资料的基础上编写，提供的信息资料不能就事论事，要抓住问题的关键和实质。

会议讨论时，要针对管理评审输入文件的信息，及对各种信息进行分析，找出知识产权方针、目标改进建议；知识产权管理程序改进建议；资源需求建议等，讨论出切实可行的纠正措施。对于那些长期存在的问题或系统性问题，有时不能急于求成，应分期采取纠正措施。对于纠正措施的效果也应分期验证，以便及时发现问题，予以调整。管理评审提出的纠正措施实施后应予以验证，并报下次管理评审会议。召开管理评审会议时，要注意保留会议记录、会议签到表等文件。评审结束后，要及时撰写、发布审核报告。

【本条款相关过程涉及的内容】

无。

（六）小结

本标准第五章"管理职责"从整体上对最高管理者在知识产权管理体系的建立、实施运行与持续改进过程提出了相关要求，还涉及制定方针，对体系进行策划，设立目标，识别、获取、传达和更新有关的法律和其他要求，明确相关部门、岗位的职责、权限与内部沟通机制，实施管理评审。本章节内容是知识产权管理体系建立的前提，以及实施运行与持续改进的基础，全面体现了"战略导向、领导重视、全员参与"原则。

在企业整体管理架构下，知识产权管理体系应沿着什么方向开展工作？要实现什么样的预期目标？如何确保实际效果满足上述的预期？如何评价体系的绩效？上述问题都应该在"管理职责"的实施过程中予以明确。可以说，第五章"统领"其他章节的内容。

对照"高级结构"（见表 5-3），"法律和其他要求"涉及体系策划前的"组织环境"中的"理解组织及其环境"，"管理职责"涉及"领导作用"中的"领导作用和承诺""方针""组织角色、职责和权限"，以及涉及"策划"和"管理评审"部分。

表 5-3　"高级结构"与 GB/T 29490 主要条款对比

序号	"高级结构"标准的主要条款	GB/T 29490—2013 标准条款
1	1 范围	1 范围
2	2 引用标准	2 引用标准
3	3 术语和定义	3 术语和定义
4	4 组织环境	
5	4.1 理解组织及其环境	5.3.3 法律和其他要求
6	4.2 理解相关方的需求和期望	
7	4.3 确定×××管理体系范围	
8	4.4 ×××管理体系	4.1 总体要求
9	5 领导作用	5 管理职责
10	5.1 领导作用和承诺	5.1 管理承诺
11	5.2 方针	5.2 方针
12	5.3 组织角色、职责和权限	5.4 职责、权限和沟通
13	6 策划（Planning）	
14	6.1 针对风险和机会所采取的措施	
15	6.2×××目标及针对实现×××目标所进行的策划	5.3.1 知识产权管理体系策划 5.3.2 知识产权目标
16	7 支持（Support）	
17	7.1 资源	6 资源管理（6.1、6.2、6.3、6.4）
18	7.2 能力	
19	7.3 意识	
20	7.4 沟通	5.4.3 内部沟通
21	7.5 文件化信息	4.2 文件要求
22	7.5.1 总则	4.2.1 总则
23	7.5.2 形成和更改	4.2.3 知识产权手册 4.2.4 外来文件和记录文件
24	7.5.3 文件化信息控制	4.2.2 文件控制
25	8 运行（Operation）	
26	8.1 运行策划和控制	7 基础管理 8 实施运行
27	9 绩效评价（Pelformance evaluation）	
28	9.1 监视、测量、分析和评价	9.1 总则 9.3 分析与改进

序号	"高级结构"标准的主要条款	GB/T 29490—2013 标准条款
29	9.2 内部审核	9.2 内部审核
30	9.3 管理评审	5.5 管理评审
31	10 改进（Improvement）	9.3 分析与改进
32	10.1 不合格和纠正措施	
33	10.2 持续改进	

六、资源管理

（一）人力资源

1. 知识产权工作人员

【标准条款 6.1.1】

明确知识产权工作人员的任职条件，并采取适当措施，确保从事知识产权工作的人员满足相应的条件。

【理解要点】

知识产权人力资源控制的目的是确保从事影响知识产权符合性工作的人员能够满足任职条件，胜任其职责，具备完成特定的知识产权职责所规定的工作任务的能力。

企业应根据知识产权管理体系各项活动的特点、各工作岗位规定的任务、要求、程序、作用、职责和权限，选择胜任的人员。人员的任职条件通常包括以下方面。

（1）道德与素养，即人员的品德与职业操守，对知识产权的尊重和敬业精神。

（2）教育，即与岗位职责和任务相适应的教育背景，如学历教育等；不同的岗位和职责对教育和学历的要求不同，重要的与知识产权密切相关技术岗位需要较高的学历。

（3）培训，即在专业工作中需要接受的专门知识或技能的培训，如专利知识培训，保密与信息安全培训、合同要求的知识培训、内审员培训等。

（4）技能，即从事岗位工作任务必要的技术、方法和技巧等。

（5）经验，即以前从事过的工作经历所积累的经验，一些重要的岗位，如处理知识产权纠纷的管理岗位、技术岗位等除了教育背景之外还需要丰富的实践经验。

知识产权工作人员作为组织人力资源的一部分，应服从组织的人力资源管理。因此，在人力资源规划阶段，应从教育程度、培训效果、技能水平、个人职务和岗位经历等方面对知识产权工作人员的任职条件予以明确，使其能力与岗位职责要求相适应。

同时，组织应采取适当措施，如加强培训等措施，确保从事知识产权工作的人员满足相应的条件。

【实施要点】

根据岗位职责要求明确规定知识产权工作人员的任职条件，使其能力与岗位职责要求相适应。

【本条款相关过程涉及的内容】

无。

2. 教育与培训

【标准条款6.1.2】

组织开展知识产权教育培训，包括下述内容：

a）确定知识产权工作人员的教育培训要求，制定计划并执行；

b）组织对全体员工按业务领域和岗位要求进行知识产权培训，并形成记录；

c）组织对中、高层管理人员进行知识产权培训，并形成记录；

d）组织对研究开发等与知识产权关系密切的岗位人员进行知识产权培训，并形成记录。

【理解要点】

在充分考虑不同类别、不同层级培训对象特点的基础上，着眼于提高知识产权人才的素质和能力，尽可能整体考虑培训对象的现有基础和未来发展需要，确定清晰明确的培训目标，组织内容丰富、针对性强、操作性强的培训内容，选择灵活多样的培训方式方法，建立既能满足学员普遍性需求，又能尊重学员个性化需要的知识产权培训体系。

企业应通过多种途径和方法，开展对人员的知识产权意识的教育，职业道德、遵纪守法的培养。知识产权意识教育的内容可以涉及企业的知识产权方针、知识产权目标和知识产权程序与制度，工作性质、特点及其要求和程序，与工作活动有关的规程和指导书，保密与信息安全制度等。通过知识产权意识教育，使员工认识到自己所从事的工作活动在整个知识产权管理体系中的重要性，知道各项知识产权活动和过程之间的关联性，明确本职工作的作用、职责、要求和程序，增强人员的责任感和工作自觉性，从而使人员能够各尽其职、各尽其能、相互协作，为实现组织的知识产权方针和目标尽职尽责。

【案例解析1】

2019年4月，深圳法院对A公司源代码泄露案作出一审判决，综合考虑犯罪情节以及自愿认罪、有悔罪表现，以侵犯商业秘密罪判处A公司前员工××有期徒刑6个月，并处罚金20万元人民币，这些泄露出去的代码，已用于该公司农业无人机产品，具有实用性，尽管A公司采取了合理的保密措施，但此次事件依然给公司造成经济损失116.4万元人民币。

2017年，安全研究员在A公司的网络安全方面发现了一个非常严重的漏洞，这个漏洞能让攻击者获取到SSL证书的私钥，并允许他们访问存储在A公司服务器上的客户敏感信息，这使得A公司的所有旧密钥毫无用处，从而可能导致该公司服务器上的用户信息、飞行日志等私密信息被下载。经过A公司的调查，这个漏洞是该公司的一名前员工通过一个计算机指令，将含有公司农业无人机的管理平台和农机喷洒系统两个模块的代码上传至网站的"公有仓库"，造成源代码泄露。

案发后，这位员工第一时间删除了相关代码，并积极配合调查，以防止事态扩大，他表示"无意泄露了某公司的商业秘密"，"我很后悔自己没有法律意识，我愿意承担相应的法律责任"。

一些员工缺乏法律意识，故在员工在职期间应进行相应的知识产权培训，在员工离职时应对其进行相应的知识产权事项提醒，防止员工无意识地泄露公司的商业机密，造成无法挽回的损失。

【实施要点】

经策划的、系统的培训过程能够帮助组织改进其能力并在满足其知识产权目标方面做出重要贡献。

【案例解析2】

浙江某技术股份有限公司是领先的监控产品供应商和解决方案服务商，面向全球提供领先的视频存储、前端、显示控制和智能交通等系列化产品，2014年IHS机构权威报告全球安防视频监控市场占有率位列第二，全球DVR市场占有率位列第二。每年近10%的销售收入投入研发确保技术创新所需，公司知识产权管理体系自初次认证起就连年得到中知认证公司的直接推荐。该公司的知识产权培训形式多样，包括：每月一次新员工知识产权培训；知识产权部专家负责每半年度面向公司各个国家和地区代表的知识产权培训；知识产权部半个月至一个月对各业务部门的培训；知识产权部外部培训；按需求专项问题培训；参加对外培训，及培训后内部转训；公司内部门户网站的Elearning学习平台上放置学习资料，每一个员工自选不定期学习。学习培训记录在该公司内部网站Elearning学习平台。公司每一个员工可设账号登录学习，不同员工等级不同权限不同，平台对每一个员工学习情况进行记录，并设有学习积分，作为考评要素。人力资源中心培训管理专员可以在学习平台中记录培训计划表，记录培训执行的详细情况，详尽到培训开始时间、结束时间以秒计。

该公司是国内企业知识产权管理高水平的佼佼者之一，对于知识产权培训，大多数企业可能做不到如此多层次、高频度，不少企业知识产权培训甚至流于形式，实效甚微。该公司的知识产权培训方式可以供其他企业参考、学习：（1）可利用学习软件对培训进行管理，方便知识产权培训主管人员管理；（2）每人的培训进行积分，积分纳入提薪升职的考评，使知识产权学习由被动转为主动。

【本条款相关过程涉及的内容】

无。

3. 人事合同

【标准条款6.1.3】

> 通过劳动合同、劳务合同等方式对员工进行管理，约定知识产权权属、保密条款；明确发明创造人员享有的权利和负有的义务；必要时应约定竞业限制和补偿条款。

【理解要点】

《中华人民共和国劳动合同法》

（2012年12月28日第十一届全国人民代表大会常务委员会第三十次会议通过，2012年12月28日中华人民共和国主席令第七十三号公布，自2013年7月1日起施行）

第二十三条　用人单位与劳动者可以在劳动合同中约定保守用人单位的商业秘密和与知识产权相关的保密事项。

对负有保密义务的劳动者，用人单位可以在劳动合同或者保密协议中与劳动者约定竞业限制条款，并约定在解除或者终止劳动合同后，在竞业限制期限内按月给予劳动者经济补偿。劳动者违反竞业限制约定的，应当按照约定向用人单位支付违约金。

第二十四条　竞业限制的人员限于用人单位的高级管理人员、高级技术人员和其他负有保密义务的人员。竞业限制的范围、地域、期限由用人单位与劳动者约定，竞业限制的约定不得违反法律、法规的规定。

在解除或者终止劳动合同后，前款规定的人员到与本单位生产或者经营同类产品、从事同类业务的有竞争关系的其他用人单位，或者自己开业生产或者经营同类产品、从事同类业务的竞业限制期限，不得超过二年。

关于竞业限制补偿金额的确定。

《中华人民共和国劳动合同法》（以下简称《劳动合同法》）规定，竞业限制协议的内容包括竞业限制的范围、地域、期限、补偿费的数额及支付办法、违约责任等内容。这些内容由用人单位与劳动者约定，竞业限制的约定不得违反法律、法规的规定。

《劳动合同法》没有规定具体竞业限制的补偿金额，但很多地方性法规中做了规定。摘录如下：

上海市规定，实践中一般按照在职期间工资的 20%～50% 来确定。

北京市《中关村科技园条例》第 44 条规定：知悉或者可能知悉商业秘密的员工应当履行竞业限制合同的约定，在离开企业一定期限内不得自营或者为他人经营与原企业有竞争的业务。企业应当依照竞业限制合同的约定，向负有竞业限制义务的原员工按年度支付一定的补偿费，补偿数额不得少于该员工在企业最后一年年收入的 1/2。

《江苏省劳动合同条例》第 17 条规定：用人单位与负有保守商业秘密义务的劳动者，可以在劳动合同或者保密协议中约定竞业限制条款，并应当同时约定在解除或者终止劳动合同后，给予劳动者经济补偿。其中，年经济补偿额不得低于该劳动者离开用人单位前 12 个月从该用人单位获得报酬总额的 1/3。用人单位未按照约定给予劳动者经济补偿的，约定的竞业限制条款对劳动者不具有约束力。

《浙江省技术秘密保护办法》第 15 条规定：竞业限制补偿费的标准由权利人与相关人员协商确定。没有确定的，年度补偿费按合同终止前最后一个年度该相关人员从权利人处所获得报酬总额的 2/3 计算。

《深圳经济特区企业技术秘密保护条例》第 17 条规定：竞业限制协议约定补偿费，按年计算不得少于该员工离开企业前最后一个年度从该企业获得报酬总额的 2/3。竞业限制协议中没有约定补偿费的，补偿费按照前款规定的最低标准计算。

《珠海市企业技术秘密保护条例》第 22 条规定：企业与员工约定竞业

限制的，在竞业限制期间应当按照竞业限制协议中的约定向该员工支付补偿费；没有约定的，年补偿费不得低于该员工离职前一年从该企业获得的年报酬总额的1/2。

《宁波市企业技术秘密保护条例》第17条规定：在竞业限制期间，企业应当按照竞业限制协议中的约定，向被竞业限制人员支付一定的补偿费。年补偿费不得低于该员工离职前一年从该企业获得年报酬总额的1/2。

【案例解析】

常州某密封科技有限公司（以下简称甲公司）设立于2011年10月27日，经营范围包括：密封件、模具的技术开发与咨询，橡胶密封件、机械零部件的生产及销售，液压件、机械设备、电气元件的销售。刘某于2013年9月18日进入甲公司工作，于2017年1月离职。刘某入职时签署的《员工入职登记表》记载，其入职时的岗位为技术科工程师，技术特长为密封件设计、开发、现场工艺、橡胶材料、APQP。任职期间，刘某为甲公司质量体系的管理者代表，同时承担产品设计开发工作，在多项图纸设计栏签字。

常州某密封设备有限公司（以下简称乙公司）成立于2017年1月23日，股东为王某和刘某，并由刘某担任法定代表人，经营范围包括：密封系统的技术开发及技术服务，旋转轴唇形密封圈、水封、Y型圈、O型圈、模压制品、橡胶软管技术的研发、制造、销售及技术服务。郭某系刘某之妻：大专专业为室内与家具设计，本科专业为会计学，曾任职于常州某建筑工程有限公司从事室内设计工作，并于2017年离职，未从事过机械领域工作。

郭某于2016年8月15日向国家知识产权局申请名称为"多唇口电机轴封"的专利等8项，均获得授权，后变更专利权人为乙公司。上述专利的附图为多唇口电机轴封的示意图，与甲公司"油封"图纸相比均基本相同，上述甲公司图纸均有刘某的签字及签字日期。

甲公司认为，上述8项涉案专利均是刘某在甲公司的职务发明，故将包括涉案专利在内的上述8项专利一并起诉至法院，请求法院判令专利权属归甲公司所有，均获得支持。

近两年，有关企业与员工之间的专利权权属纠纷不断增加，企业在录用员工时要通过劳动合同明确约定职务发明的权属；同时做好日常的过程管理，保管好记录文件、开发文件。在出现纠纷时，上述文件才可以相互印证，形成有效的证据链条，以保护自身权益。

【实施要点】

根据《专利法》《著作权法》《劳动法》《劳动合同法》等相关法律法规的规定，企业可以在劳动合同中对知识产权的权属、保密等相关事项进行约定，一般应包括以下内容。

（1）明确规定在劳动合同履行期间及劳动合同结束后的合理期间内，基于劳动关系产生的知识产权归属及合理保密义务。劳动者违反劳动合同约定的保守知识产权或商业秘密条款所应承担的责任，包括赔偿损失的数额和方式。

（2）劳动者应按照法律法规和企业的规章制度要求保护本企业的知识产权，并且应当承诺不在明知或应知的情况下因为个人的行为导致本企业侵犯第三人的知识产权。

（3）企业可根据劳动者就职岗位的重要程度决定是否与劳动者签署竞业禁止协议，以保障劳动者跳槽或解除、终止劳动合同后一定时间内，不会从事与本企业相竞争的业务；签署竞业限制协议的，还应明确应向劳动者支付的补偿金。

【本条款相关过程涉及的内容】

无。

4. 入职

【标准条款 6.1.4】

> 对新入职员工进行适当的知识产权背景调查，以避免侵犯他人知识产权；对于研究开发等与知识产权关系密切的岗位，应要求新入职员工签署知识产权声明文件。

【理解要点】

新员工在前单位有可能涉及职务发明创造，因此，为避免入职后侵犯他人知识产权，用工单位应在新员工入职时进行适当的知识产权背景调查。

对于研发等与知识产权关系密切的岗位，企业还可以要求新入职员工签订《入职知识产权声明》，应当包括入职前所从事职业简况、入职前与原服务单位有无知识产权纠纷、入职后遵守本单位知识产权管理规定和保密规定等内容。

【实施要点】

（1）为了避免可能发生的知识产权争议，用工单位可以在新员工入职时进行适当的背景调查，调查其在原公司所从事的技术工作的内容、所处的技术岗位，以及该公司关于知识产权管理方面的相关规定、职工是否与企业在签订的劳动合同中有关于知识产权的规定、离职时是否签订了竞业禁止协议等内容。必要时，企业知识产权部门还可以向新员工原服务单位发出正式的书面函件，通知原单位该员工目前或即将从事的工作岗位，这样既尊重了其他企业的知识产权保护，也避免了企业在不知情的情况下侵犯其他企业知识产权的可能，防止与原企业产生不必要的争议和纠纷。

（2）企业在招聘新员工进行面试时，可以采用答卷的形式，对其职业经历的知识产权背景进行简单的调查。

（3）对于研发、知识产权、产品生产线等与知识产权关系密切的岗位，有条件的企业还可以要求新入职员工签订《入职知识产权声明》。

【本条款相关过程涉及的内容】

无。

5. 离职

【标准条款 6.1.5】

对离职的员工进行相应的知识产权事项提醒；涉及核心知识产权的员工离职时，应签署离职知识产权协议或执行竞业限制协议。

【理解要点】

员工离职可能会带走原单位的专利技术、商业秘密等，所以应进行知识产权事项提醒。签署竞业禁止协议或离职知识产权协议是确保员工离职后，企业知识产权不随之流失的一种有效途径。

【实施要点】

（1）企业应对离职员工进行相应的知识产权义务提醒，并对涉及重要知识产权的离职人员签订保密协议和竞业限制协议。例如，对有机会接触企业商业秘密的员工，企业在其离职时应当要求其填写离职人员登记表，对其离职原因及离职后的去向等作详细了解，并要求离职人员退还其曾接触的企业重要文件，对在职期间获取的商业秘密负有保密义务，在离职后一段时间内不得从事与本企业相竞争的业务。

（2）签署竞业禁止协议或离职知识产权协议是确保员工离职后，企业知识产权不随之流失的一种有效途径。竞业限制条款一般应当包括竞业限制的具体范围、竞业限制的期限、补偿费的数额及支付方法、违约责任等内容。

【本条款相关过程涉及的内容】

无。

6. 激励

【标准条款6.1.6】

> 明确员工知识产权创造、保护和运用的奖励和报酬；明确员工造成知识产权损失的责任。

【理解要点】

企业应建立激励机制，制定知识产权奖励制度，奖励应形成奖励记录，归档备查。制度应明确给员工创造保护和运用知识产权时，给予相应的物质奖励和精神奖励；同时明确员工在造成知识产权损失时，应承担的责任。

【案例解析】

2006年3月19日，济南某数控机械有限公司（以下简称A公司）与甲某签订协议书，约定 2006 年 4 月 1 日甲某到 A 公司处工作，负责全面技术工作及技术人员管理，职务总工。乙某作为 A 公司法定代表人与甲某作为项目组负责人曾签订了《关于×××项目设计的协议》以及《补充协议》。该项目完成后申请专利，名称为"角钢开合角机"实用新型专利（专利号 ZL20092001××××.1），专利权人为 A 公司，申请日为 2009 年 1 月 9 日，发明人为甲某、乙某，授权公告日为 2010 年 2 月 17 日。该专利实施后，A 公司未对发明人甲某进行奖励和支付报酬，也未制定适用的奖励规章制度，发明人甲某对此提出诉讼，经过一审、二审，最终山东省济南市中级人民法院判决某公司支付 A 某职务发明报酬 59 091.18 元。

企业应当规范有关发明人奖酬的相关规定或者约定，避免因为违反立法遭受处罚；发明人应当借助法律法规对于自己的奖酬权利积极地予以行使，避免因为怠于行使权利而遭受损失。《职务发明条例》已经进入立法阶段，公开征求意见稿早已公布，其对于发明人奖酬问题予以了明确化和具体化，对于职务发明创造的保护必将更加规范和完整，发明人对于奖酬的权利必须重视起来。

《中华人民共和国专利法》第 16 条规定："被授予专利权的单位应当对职务发明创造的发明人或者设计人给予奖励；发明创造专利实施后，根据其推广应用的范围和取得的经济效益，对发明人或者设计人给予合理的报酬。"据此，A 公司应就实施涉案实用新型专利所获取的利润向甲某支付报酬。

从上述法律法规分析，职务发明创造的发明人从单位获得报酬应当符合以下几个方面的条件：（1）发明创造专利必须实施，没有实施则不能支付；（2）如被授予专利权的单位与发明人约定或者在其依法制定的规章制度中规定了《专利法》第 16 条规定的报酬的方式和数额，按照约定或者规章制度执行；（3）没有约定或者规章制度的，只要在专利权有效期限内实施的，可按照法定的比例支付。

【实施要点】

（1）公司应建立激励机制，制定知识产权奖励制度，奖励应形成奖励记录，归档备查。

（2）文件中应明确两方面的内容：

①明确对员工创造的知识产权给予相应的物质奖励和精神奖励。物质奖励标准不低于国家相关法律规定的标准。

②奖罚分明，同时明确员工在造成知识产权损失时应承担的责任。

【本条款相关过程涉及的内容】

6.1.6 条款对知识产权相关活动的激励作出了明确要求，相关条款还包括 6.3（涉及财务资源的激励活动实施）等。在体系建立与审核过程中，应从贯标组织整体上，协调统筹好上述条款涉及的知识产权管理活动。

（二）基础设施

【标准条款 6.2】

> 根据需要配套相关资源，以确保知识产权管理体系的顺利运行：
>
> a）软硬件设备，如知识产权管理软件、数据库、计算机和网络设施等；
>
> b）办公场所。

【理解要点】

根据企业需要，知识产权管理部门应配备办公场所及软硬件设备（知识产权管理软件、数据库、计算机和网络设施），保证管理体系的正常运行，并对设备定期进行检修、测试、保养。

【实施要点】

目前，已有的知识产权软件包括知识产权检索及分析软件、知识产权管理软件等，企业可以根据自身特点和需求配备相关的软件系统。

制定维护措施和维修保养制度，如计算机定期清理、安全升级，病毒库的更新等。

【本条款相关过程涉及的内容】

无。

（三）财务资源

【标准条款6.3】

> 应设立知识产权经常性预算科目，保障知识产权工作的正常进行，经费项目包括：
>
> a）用于知识产权申请、注册、登记、维持、检索、分析、评估、诉讼和培训等的费用；
>
> b）用于知识产权管理机构的运行费用；
>
> c）用于知识产权激励的费用；
>
> d）有条件的企业可设立知识产权风险准备金。

【理解要点】

企业应设立知识产权经常性预算科目，保障知识产权工作的正常进行。知识产权工作必须有经费的保障，才能顺利开展。申请商标注册、申请专利、著作权登记等都需要向国家有关部门缴纳相关费用，还要支付中介机构各种咨询费、检索费、代理费等，获得权利后，还要支付维持权利的费用。发生知识产权纠纷，还要支付高昂的律师代理费、诉讼费用等。尤其是申请外国专利和商标，费用更高。此外，收集知识产权信息、开展知识产权战略研究都需要较多的经费。因此，知识产权工作的开展和深入，每一步都离不开经费的支撑。

【案例解析】

"因为有了较为充足的预算，我们的创新成果才获得了中国专利金奖。"深圳某生物医疗电子股份有限公司产品规划部经理郭某表示。该公司每年拿出销售收入的10%投入研发，再将其中约3%的预算作为企业知识产权工作的经费，这些经费除了用于日常知识产权工作培训、专利申请、重点检索、专利维护等费用外，还用于对职务发明人的奖励。因为有了经费的保障，这些工作都得到及时有效的落实，极大地激发了企业技术研发人员发明创造的积极性，企业竞争力不断提升。

企业应根据不同发展阶段和规模水平等实际情况为知识产权工作提供相应的经费预算，一般是企业研发经费的1%~5%。企业知识产权工作关乎企业转型和经济发展大局，缺乏经费保障自然难以有所作为，有了经费保障才能打开企业知识产权工作的新局面，尽快提升企业市场竞争力。

【实施要点】

企业知识产权管理部门应每年向企业申请单独的财务预算，保证知识产权管理体系的运行，预算可用于知识产权申请、注册、登记、维持、检索、分析、评估、诉讼和培训等事项，知识产权管理机构的运行，知识产权激励，必要时的知识产权风险准备金等。

【本条款相关过程涉及的内容】

无。

（四）信息资源

【标准条款 6.4】

> 应编制形成文件的程序，以规定以下方面所需的控制：
>
> a）建立信息收集渠道，及时获取所属领域、竞争对手的知识产权信息；
>
> b）对信息进行分类筛选和分析加工，并加以有效利用；
>
> c）在对外信息发布之前进行相应审批；
>
> d）有条件的企业可建立知识产权信息数据库，并有效维护和及时更新。

【理解要点】

知识产权信息资源涉及专利信息资源、商标信息资源等，这些公开信息在企业战略制定、产品策划与开发、零部件采购与外协加工、产品销售与市场维护等过程中起着非常重要的作用。随着中国企业与世界经济交流越发频繁和紧密，知识产权的纠纷也此起彼伏，甚至让企业苦不堪言。因此，充分利用所属领域、竞争对手的知识产权信息开展知识产权调查研究、分析预警等工作十分重要。

知识产权信息搜集的范围包括：外国和相关国际组织的知识产权法律法规和发展战略；当今世界科技发展的趋势，对辐射和带动全球经济发展和可能重组全球利益格局的高新技术跟踪和预测，了解竞争对手是谁，规避技术冲突的技术开发路线；对这些高新技术的各国专利拥有情况和专利申请状况的分析；中外企业在企业发展相关领域的专利申请和授权的数据与对比；可能对未来企业发展形成威胁的知识产权纠纷事件进行分析；国内重大科技项目国内外的专利申请及授权状况统计；我国企业在各领域的申请态势和不足；等等。

分析与识别收集的信息。对已经获得的信息进行分析和识别，利用数理统计等工具进行统计、汇总，建立分析与识别模型，定性分析与定量分析相结合。如对专利信息可以进行定量分析，以专利件数为单位，按专利分类、专利权人、年度、国别等对相关专利信息进行统计并由此得出技术发展的趋势和潜在市场、技术产品的竞争对手、国外企业的技术开发情况和国际市场的占领情况、技术的生命周期以及产业生命周期等信息。

企业对外发布的信息如果含有不宜对外公开的技术信息或经营信息等商业秘密，将会对企业造成不小的损失。可能涉及的信息类型多样，如果缺少系统、科学、规范的管理，就极易发生管理漏洞。常见的技术信息公开发布形式有论文发表、专利申请、学术交流等，常见的经营信息公开发布形式有企业新闻、产品广告等。此外，如果企业发布的信息涉及他人著作权等，也应评估是否涉嫌侵权。

【案例解析 1】

上海某公司，在知识产权管理体系运行前，在其微信公众号上发布软文时，使用了从网络上找到的一张"东方明珠塔"照片。不久后，该公司收到照片拍摄者的律师函。经过公司法务搜查，该拍摄者对使用其照片的多家公司进行了照片版权的集体起诉。该公司为了避免麻烦，也省去应诉的时间成本、人力成本等，与照片拍摄者达成和解，向其支付 5000 元作为赔偿，并换掉微信公众号上所使用的该照片，不再使用。

企业多会在其官网、微信公众号上发布企业产品、新闻等信息。企业在信息发布之前，对发布的内容均需要审批。目前企业仅对产品信息的发布进行审批，对于一些软文、企业新闻等，认为不涉及知识产权，不需要进行审批。为了增加此类文章的趣味性，常从百度等平台搜索一些认为美观或幽默的图片，插入企业新闻中，最终因摄影作品侵权而赔偿。发生此类事情的企业，不只是该案例中这一家。因此，企业应拓宽对外信息发布的审批范围，不能将审批的范围仅局限在专利申请方面。

【案例解析2】

深圳某饮品科技有限公司成立于2015年11月，是致力于从事单杯咖啡及其他各类单杯饮品开发、生产的"互联网+"食品企业。该团队在研发之初，就利用"行业领域、竞争对手知识产权分析报告"对现有重点企业如雀巢等进行现有产品、现有专利及技术分析，规避设计新的单杯饮品及咖啡机，并形成自己的专利布局，2019年开展重点布局商标，目前已布局400余项商标，并利用知识产权进行了多轮融资。

企业应充分合理利用现有的信息资源，为产品、项目提供借鉴及新的契机，提高市场竞争力。

【案例解析3】

昆山一园林工具企业，产品90%用于出口。其设计灵感就来源于各类公开的文献、专利等。公司设计人员考虑到人的审美是循环的，30年前的东西，可能会在现在重新流行起来。设计人员经常查询收集国外几十年前甚至是100年前的专利，进行利用，尤其是外观设计专利，该种设计开发方式省却了大量的研发成本。该公司完全按照过期的专利外观进行设计，再将产品出口到欧美、澳大利亚等地，年销售额在2亿元左右，获利巨大。

善于收集利用知识产权信息，尤其是对竞争对手和所属领域的失效专利、过期专利，加以有效利用，可以极大地节省研发费用，取得出乎意料的成果。其中不乏有些专利是因为忘记缴纳年费导致失效的专利，其利用价值极高。若能加以利用，不失为一种借鉴手段。

【实施要点】

企业应形成信息资源控制程序，并在程序中对以下方面进行控制：

（1）建立信息收集渠道（如市场走访、知识产权信息服务机构、国内外知识产权信息公共网站、报刊、网站等），按照一定的频率和周期由相应的部门负责收集所属领域、竞争对手的知识产权信息。

（2）对收集的信息进行分类筛选和分析加工，形成对企业的战略布局、研究开发、生产等活动具有指导意义的信息，并有效利用。

（3）明确哪些信息在对外发布之前需要进行相应的审批，如宣传材料、论文、涉密信息等。

（4）企业可根据需要建立知识产权信息数据库，并有效维护和及时更新。知识产权信息数据库的形式可以是多样的，如 Excel 表格、专业的数据库等。

知识产权信息利用范例一：

全球××产品技术专利分析

一、背景介绍

介绍要分析产品的背景调查，以帮助理解。

二、知识产权检索分析

1. 专利发展趋势分析

2. 优先权国分布

3. 申请人分析

4. 核心专利分析

5. 热点研究主题分析

    5.1 ××的研究主题

    5.2 ××产业技术瓶颈

    5.3 主要国家和地区××技术产业资助情况

6. 研究前沿分析

三、结论和发展建议

【本条款相关过程涉及的内容】

无。

（五）小结

建立符合知识产权管理特殊性的企业知识产权管理体系，保证良好的运行状态，保障企业知识产权管理目标和职能的实现，需要企业配备相关资源。企业知识产权管理所需要的资源主要包括人力资源、基础设施资源、财务资源、信息资源，本章分别从以上四个方面阐述了企业知识产权管理涉及的资源管理。

对照"高级结构"（见表5-4），本章内容主要对应"支持"部分的"资源"内容，属于体系建立、实施运行、持续改进的重要保障。

表5-4　"高级结构"与GB/T 29490主要条款对比

序号	"高级结构"标准的主要条款	GB/T 29490—2013标准条款
1	1 范围	1 范围
2	2 引用标准	2 引用标准
3	3 术语和定义	3 术语和定义
4	4 组织环境	
5	4.1 理解组织及其环境	5.3.3 法律和其他要求
6	4.2 理解相关方的需求和期望	
7	4.3 确定×××管理体系范围	
8	4.4 ×××管理体系	4.1 总体要求
9	5 领导作用	5 管理职责
10	5.1 领导作用和承诺	5.1 管理承诺
11	5.2 方针	5.2 方针
12	5.3 组织角色、职责和权限	5.4 职责、权限和沟通
13	6 策划（Planning）	
14	6.1 针对风险和机会所采取的措施	
15	6.2 ×××目标及针对实现×××目标所进行的策划	5.3.1 知识产权管理体系策划 5.3.2 知识产权目标
16	7 支持（Support）	
17	7.1 资源	6 资源管理（6.1、6.2、6.3、6.4）

续表

序号	"高级结构"标准的主要条款	GB/T 29490—2013 标准条款
18	7.2 能力	
19	7.3 意识	
20	7.4 沟通	5.4.3 内部沟通
21	7.5 文件化信息	4.2 文件要求
22	7.5.1 总则	4.2.1 总则
23	7.5.2 形成和更改	4.2.3 知识产权手册 4.2.4 外来文件和记录文件
24	7.5.3 文件化信息控制	4.2.2 文件控制
25	8 运行（Operation）	
26	8.1 运行策划和控制	7 基础管理 8 实施运行
27	9 绩效评价（Pelformance evaluation）	
28	9.1 监视、测量、分析和评价	9.1 总则 9.3 分析与改进
29	9.2 内部审核	9.2 内部审核
30	9.3 管理评审	5.5 管理评审
31	10 改进（Improvement）	9.3 分析与改进
32	10.1 不合格和纠正措施	
33	10.2 持续改进	

七、基础管理

（一）获取

【标准条款 7.1】

> 应编制形成文件的程序，以规定以下方面所需的控制：
>
> a) 根据知识产权目标，制订知识产权获取的工作计划，明确获取的方式和途径；
>
> b) 在获取知识产权前进行必要的检索和分析；
>
> c) 保持知识产权获取记录；
>
> d) 保障职务发明创造研究开发人员的署名权。

【理解要点】

根据《知识产权文献与信息 基本词汇》（GB/T 21374—2008）"术语和定义 3.1.1"，知识产权是指"在科学技术、文学艺术等领域中，发明者、创造者等对自己的创造性劳动成果依法享有的专有权，其范围包括专利、商标、著作权及相关权、集成电路布图设计、地理标志、植物新品种、商业秘密、传统知识、遗传资源以及民间文艺等"。

企业应编制程序文件，根据知识产权目标，制订知识产权获取的工作计划，在该工作计划中，明确知识产权获取的方式。除了专利的获取，还需要注意商标、著作权等知识产权的获取。这里的获取方式，主要是指申请，当然也包括受让和被许可。

在获取前，应该对所获取的知识产权进行必要的检索与分析。对企业发展经营较为重要的知识产权，在获取过程中，应该进行详细的检索与专业的分析，将检索与分析结果作为后续活动的决策依据。专利检索包括可专利性检索、侵权检索、技术主题检索、专利法律状态检索和同族专利检索等。在获取阶段所进行的检索即为可专利性检索。

知识产权的获取记录，就专利申请而言，包括发明创造人员的技术交底书、发明人与专利代理人的交流文件、企业内部的知识产权工程师或知识产权代理机构的专利代理人的检索与分析文件、知识产权管理机构与知识产权代理机构以及国家知识产权局的文件往来等，应由企业专人保管，以利于追溯。在发生知识产权权属纠纷时，上述材料都可以作为证据。

【案例解析 1】

青岛某有限公司（甲方），某外地专利代理所代理人（乙方），甲方委托乙方办理专利申请，该公司将产品技术信息、详细结构图纸、电路图等材料发送给乙方代理人准备申请专利，后期甲方接收到另一人（丙方）的起诉函说是甲方侵犯了丙方的专利权，据甲方陈述，甲方将产品信息发送给乙方后，乙方以丙方的名义申请的专利。

企业获取知识产权过程中保持的获取记录，涉及研发记录、交底书记录、发送给专利代理公司的记录等，可形成证据链。

《专利法》规定，"发明人或者设计人有权在专利文件中写明自己是发明人或者设计人"；并规定，"侵夺发明人或者设计人的非职务发明创造专利申请权和本法规定的其他权益的，由所在单位或者上级主管机关给予行政处分"。发明创造人员的署名权应依法予以保护。

【案例解析 2】

2019 年 1 月 Z 企业接受审核，审核员查看专利台账，发现所有的专利发明人署名都是公司总经理一人，询问管理者代表 L 某，L 某表示自己也很无奈，其实公司主要技术都是 L 某为主研发完成，但是公司总经理坚持发明人署名总经理。

当前一些新创的民营企业，包括一些国有企业，都有一些不成文的规定，专利的发明人（有些是第一发明人）要求必须是公司领导，这种做法既违反法律的规定，为今后与员工产生专利相关的纠纷埋下了隐患，又不利于发挥员工的创造积极性。

《专利法》规定，发明人或者设计人有权在专利文件中写明自己是发明人或者设计人。署名权是一种精神权利，属于人身权的一种，同其他权利相比，它具有以下特征。

（1）专有性，也称排他性，是指署名权只能由发明人或者设计人享有，其他任何人都不能享有。

（2）不可让与性，即署名权是与发明人或者设计人本身不可分离的，与专利申请权和专利权归属的变化无关，即使专利申请权和专利权转让了，受让人也不享有署名权。另外，署名权也是不能继承的。

署名权是发明人或者设计人的一项重要的人身权利。通过行使署名权，可以让社会了解谁是该项发明创造的发明人、设计人，这体现了对发明人或者设计人智力劳动成果的肯定和尊重。对于职务发明创造，虽然申请专利的权利和专利权并不属于发明人或者设计人，但专利法仍然赋予发明人或者设计人在专利文件中署名的权利，以表明其对该发明创造作出了实质性贡献，对发明人或者设计人智力劳动的成果予以肯定，可以激发发明人或者设计人进行发明创造的积极性，同时也是被授予专利权的单位在执行

《专利法》第 16 条的规定时，确定给予奖励和给付报酬的对象的依据。

【实施要点】

企业编制知识产权获取程序文件，程序文件应该对知识产权获取的工作计划、在获取前如何检索和分析、如何保持知识产权获取记录、如何保障发明创造人员的署名权进行规定。在实际执行过程中，企业还应保留相关记录。

知识产权获取工作计划应以知识产权目标为基础，明确知识产权获取的方式。如 2008 年 4 月 14 日，科技部、财政部、国家税务总局联合发布的《高新技术企业认定管理办法》所示，知识产权获取的方式主要有自主研发、受让、受赠、并购，或 5 年以上的独占许可等方式。

获取知识产权前进行必要的检索和分析。例如，企业作为受让方，在转让专利前，应对目标专利进行检索和分析，明确目标专利的新颖性、创造性和实用性，明确该专利在行业、领域中的地位，以作为后续决策的依据。应注意，知识产权获取过程中的检索，与项目研究开发阶段和产品上市前以及销售过程中的检索的要求均不相同。

在自主研发的发明创造申报过程中，应注意采取措施保护发明创造人员的署名权，以避免带来后续争议。《专利法实施细则（2010）》第 13 条规定，"专利法所称发明人或者设计人，是指对发明创造的实质性特点作出创造性贡献的人。在完成发明创造过程中，只负责组织工作的人、为物质技术条件的利用提供方便的人或者从事其他辅助工作的人，不是发明人或者设计人"。对于目前部分企业将企业法人代表、董事长或总经理等与发明创造无实质性关联的部分人员列入发明创造人员的现象，应予以纠正。

【本条款相关过程涉及的内容】

7.1 条款对知识产权获取的计划和获取过程给出了明确要求，相关条款还包括 5.3.2（根据知识产权目标，制订知识产权获取的工作计划）、6.4c（创新成果采用专利、商标等"用公开换保护"的方式保护前，要经过科学、规范的审批）等。在体系建立与审核过程中，应从贯标组织整体上，协调统筹好上述条款涉及的知识产权管理活动。

（二）维护

【标准条款7.2】

> 应编制形成文件的程序，以规定以下方面所需的控制：
>
> a）建立知识产权分类管理档案，进行日常维护；
>
> b）知识产权评估；
>
> c）知识产权权属变更程序；
>
> d）知识产权权属放弃程序；
>
> e）有条件的企业可对知识产权进行分级管理；

【理解要点】

企业获取知识产权后，应加强对这些知识产权的日常维护、分类管理；建立知识产权台账，以电子或纸质的方式保管案卷。

知识产权的分类方式可以有多种，例如，按照知识产权类别分为专利（发明、实用新型、外观设计）、商标（国际商标、国内商标）、著作权（作品、计算机软件著作权、著作权质权）等，还可以按申请年度、法律状态等分类。

知识产权评估，包括对知识产权的技术价值和经济价值两方面的评估。在不同情况下，对知识产权评估的要求不一样。例如，在与知识产权有关的法律和其他要求发生变化时，就需要对自有知识产权进行评估。比如，《专利审查指南（2010年）》修改稿发布后，又于2013年9月16日和2014年3月12日分别发布国家知识产权局令第六十七号和第六十八号对其进行修改，分别涉及实用新型、外观设计非正常申请和动态图案的外观设计申请等方面，若企业存在这方面的知识产权需求，则需要根据最新规定，对企业内部的专利审及申请文件撰写等重新进行安排，以最大化地保护企业的利益。

知识产权权属的变更和放弃需要得到控制，可以执行企业的评审程序，对确认后的知识产权履行变更和放弃手续，以实现企业利益最大化。

【实施要点】

企业编制知识产权维护程序文件，程序文件中应对知识产权的分类方式、分级方法，知识产权案卷的保存方式、方法及日常维护，知识产权评估时机及方法，知识产权权属变更、放弃需履行的程序等方面进行规定。在实际执行过程中，企业还应保留相关记录。

知识产权管理台账应涵盖企业目前拥有的所有知识产权（含专利、商标、著作权等），对前述知识产权的案卷以电子或纸质的方式进行保存，还需对台账和案卷进行日常维护。

知识产权评估可以按照多种方法分类，按评估主体可分为自行评估和委托评估，按照评估对象可分为整体评估和特定评估，按评估时机可分为定期评估和不定期评估。例如，知识产权变更、放弃、维持需要定期进行，企业需要对其所拥有的知识产权定期进行评估以便为知识产权的变更、放弃、维持提供决策依据，此时的评估可以采用自行评估、整体评估的方式。

【案例解析1】

2019年5月审核员审核某食品行业B公司，在审核知识产权日常维护时，通过检索发现，有5件授权不久的专利（包括发明专利）已失效，而该公司一共只有12件有效专利，询问知识产权管理主管，开始说是没有实际价值，主动放弃了，后来追踪询问放弃专利的具体情况时，该主管承认是由于错过了续缴年费的日期，而被专利局视为放弃的。

目前审核的很多企业，专利的维护管理工作都委托给专利代理机构，自己很少过问，而且委托代理合同中也并没有关于续费维护以及因为失误造成的后果承担的约定。标准规定建立知识产权分类管理档案，进行日常维护，企业不但要建立知识产权台账，还应该进行维护管理，如果全部委托外部单位代为管理，则需要在合同条款中明确约定，企业自身也要及时检查维护情况，防止因维护不力造成的知识产权损失。

【案例解析2】

广州某科技有限公司成立于2006年，目前拥有有效专利430余件，其知识专利保护内容主要针对PCB板的生产工艺，从申请专利开始至今，未进行过专利放弃，均进行维护，实际上该企业的生产工艺在不断地更新换代，但对应的专利技术并未进行评估放弃，每年专利维护费用为知识产权费用的主要支出部分，目前企业已经认识到其弊端，正在积极地进行专利价值评估。

企业在发展壮大过程中，注重知识产权积累的同时，更要注重知识产权价值评估，合理利用资源，优化投入产出比。

【案例解析3】

成都某药业集团股份有限公司（以下简称"集团"）成立于1996年，是一家致力于生物制品、中成药及化学药研发、生产、销售及售后服务的大型医药集团，总部位于四川省成都市，现有员工4000余人，拥有生物制品、中成药和化学药等多个生产基地，营销网络遍布全国。

集团已建立对知识产权进行分级管理制度，主要包括专利及商标，专利分为核心专利、外围专利、次外围专利、防卫性专利、迷惑性专利5个类别，且制定了内部分级管理要求，其分级依据为专利布局的整体结构和战略需求。在专利管理制度中对各级别专利进行了明确，例如，国内发明专利第一类，属产品核心专利，是指独创性非常高的发明，它具有广泛应用的可能性和获取重大经济效益的前景，很难通过一些规避手段绕开。专利分级管理工作为集团专利申请布局、日常维护、高价值专利评定、人员奖励等提供了重要参考价值。

专利价值等级清晰地区分出来后，管理者就能够制定有针对性的管理和运营策略；从风险管理的角度看，专利的价值区分也能够让专利管理者准确识别技术的市场前景和专利的经济价值。分级管理是提高企业专利竞争力的一种手段，需要通过作用于创造、运用和保护环节才能真正发挥作用，转化为市场竞争力。因此，企业的知识产权工作体系需要具备一定的基础，才能使分级管理发挥作用。

企业开展专利分类分级管理，是企业从粗放式向精细化的转型，是从简单的流程和文档管理向以价值为基础的科学管理升级的必由之路。

【本条款相关过程涉及的内容】

7.2条款对知识产权的评估管理提出了明确要求，相关条款还包括7.3.1（知识产权实施、许可、转让前应进行调查评估）、7.3.2（投融资前应开展尽职调查，进行评估）、7.3.3（企业重组前应开展尽职调查，进行评估）等。在体系建立与审核过程中，应从贯标组织整体上，协调统筹好上述条款涉及的知识产权管理活动。

（三）运用

1. 实施、许可和转让

【标准条款 7.3.1】

> 应编制形成文件的程序，以规定以下方面所需的控制：
>
> a）促进和监控知识产权的实施，有条件的企业可评估知识产权对产品销售的贡献；
>
> b）知识产权实施、许可或转让前，应分别制定调查方案，并进行评估。

【理解要点】

企业知识产权运用模式包括自主实施、转让、许可、作价入股、质押贷款、受让后再经营、联盟、标准化等多种形态。而其中，自主实施、许可和转让是企业运用知识产权的最重要的几种模式。

企业获取知识产权后，还需要采取措施来促进知识产权实施，否则知识产权只是档案室中的几张证书。企业运营包括对人财物、量本利、产供销诸多方面的控制，而知识产权的实施则有赖于对企业人财物的调配，通过对企业人才、资金、设备和设施等进行调整，能够促进企业知识产权的科技成果转化。

在实施过程中，企业需要对所拥有的知识产权的实施情况进行监控。只有随时监测、统计与核算各项知识产权在企业的实施情况，才能够随时知道是否已将所拥有的知识产权的价值充分发挥出来，以利于在条件成熟时，进一步采取措施促进尚未充分实施的知识产权进一步实施，例如扩大产能等，也可以考虑对一些未来几年不大可能会实施的知识产权进行许可甚至转让，以实现知识产权成果转化利益的最大化。

在实施过程中，对于已经生产并销售的产品，可建立知识产权—产品—销售额的映射关系，企业技术、财务、市场、销售等各部门可分别统计其中知识产权对企业的贡献。

【实施要点】

企业应编制《知识产权实施、许可和转让控制程序》，规定合理的促进措施以有利于知识产权的实施，还需对其知识产权实施过程予以监控；此外，还可评估实施该知识产权对企业有何贡献并形成记录。

企业在实施、许可和转让知识产权前，应该分别制定调查方案，考察专利/商标等知识产权的市场前景、法律状态、许可/转让方式、许可/转让价格等，在知识产权许可之前，还需要考察被许可企业的实施能力、（专利）产品和技术的市场需求、技术的先进程度、许可策略和许可价格等，综合考虑以上各因素后进行评估。

【案例解析】

东莞市一家从事脉衡变压器、滤波器、直流转换器、PCB 或贴片零件装配、电感、电容类产品的企业，在导入投资机构/人员时同意投资人以知识产权/技术投资入股，洽谈中有 1 位投资人计划以其个人名下 15 件专利打包，作价 500 万元投资入股，占股 35%，即将要签订合同时，公司导入了知识产权管理体系，了解了知识产权相关知识以及基本评估，遂即对该投资人的入股专利进行查询评估，发现其中有 9 件专利因未缴纳年费已经失效，还有 3 件专利与该公司的主营产品不相关，真正有效力作用的只有 3 件专利，该 3 件专利的权利即将到期。经过评估，该公司觉得打包的 15 件专利对公司无利，遂放弃了该投资人的技术入股。

知识产权的运用，无论是实施、许可、转让还是受让，在运用之前制定调查方案，评估其价值以及利益、风险，是非常必要的，可以规避不必要的支出以及提高谈判砝码、增加收益。

【本条款相关过程涉及的内容】

无。

2. 投融资

【标准条款 7.3.2】

> 　投融资活动前，应对相关知识产权开展尽职调查，进行风险和价值评估。在境外投资前，应针对目的地的知识产权法律、政策及其执行情况，进行风险分析。

【理解要点】

知识产权不仅是企业的无形资产，也是可以盘活的资产。

企业可用知识产权作价入股。2005 年 10 月 27 日公布的《公司法》第 27 条第 3 款规定："股东可以用货币出资，也可以用实物、知识产权、土地使用权等可以用货币估价并可以依法转让的非货币财产作价出资；但是，法律、行政法规规定不得作为出资的财产除外。对作为出资的非货币财产应当评估作价核实财产，不得高估或者低估作价。法律、行政法规对评估作价有规定的，从其规定。全体股东的货币出资金额不得低于有限责任公司注册资本的百分之三十。"

2013 年 12 月 28 日修正的《公司法》第 27 条则删除了上述第 3 款的规定。

由此至少带来两方面的好处，自行设立公司时知识产权出资金额可以不受限制；合资设立公司时知识产权持有者可以享有更大的股权比例。

此外，2013 年 12 月 28 日修正的《公司法》删除了 2005 年 10 月 27 日公布的《公司法》第 29 条关于验资的规定，即对于知识产权等无形资产作价设立公司时，之前为"评估-转移-验资-登记"四个步骤，现在简化为"评估-转移-登记"三个步骤，更方便知识产权持有者以知识产权作价设立公司。

知识产权在企业资产中所占比重越来越大，包括专利权、商标权、著作权、商业秘密等知识产权不仅可以用来投资，也可以进行融资。

2006 年国务院印发实施《国家中长期科学和技术发展规划纲要（2006~2020 年）》，其中提出政策性银行、商业银行和其他金融机构开展知识产权权利质押业务试点。上海市浦东新区在 2006 年率先启动知识产权质押融资试点工作。国家知识产权局于 2009 年确定首批全国知识产权质押融资试点单位，获得首批试点资质的单位分别是北京市海淀区知识产权局、吉林省长春市知识产权局、湖南省湘潭市知识产权局、广东省佛山市南海区知识产权局、宁夏回族自治区知识产权局和江西省南昌市知识产权局。据统计，2013 年专利、商标、版权分别实现质押融资 254 亿元、401.8 亿元、31.73 亿元，总额同比增长 79.46%❶。2014 年专利、商标、版权分别实现质押融资 489 亿元、519 亿元、25.25 亿元，总额同比增长 50.28%。❷

因各国知识产权法律、政策及其执行情况均有较大差别，在境外投资前，企业需要就上述事项进行风险分析，以规避投资风险。

在企业进行投融资活动前和境外投资前，应考虑知识产权对投融资活动的影响，还应当充分了解其自身及目标企业的知识产权资产状况，开展尽职调查，并进行风险识别和价值评估。知识产权尽职调查是指对企业的知识产权资产进行摸底，了解其全貌。

【实施要点】

如果企业在发展过程中有资金需要，可以考虑知识产权投融资。

企业应建立对投融资过程中的知识产权进行管理的制度，对相关知识产权开展尽职调查，进行风险评估和价值评估；还应该在境外投资前，针对目的地的知识产权法律、政策和执行情况进行风险分析。

知识产权的价值评估比较流行的方法有成本法、市场法和收益法等，上述三种方法各有其优劣势，后续又有人提出各种综合考虑各种因素的价值评估方法。企业可以采用其中一种方法对本企业的知识产权进行价值评估。

境外知识产权发展比较复杂，知识产权法律和政策比较丰富，且相关执行情况复杂，因此，在境外投资前，应了解知识产权法律、政策及其执

---

❶ 2013 年中国知识产权发展状况新闻发布会在京召开 [EB/OL]. (2014-04-22) [2020-04-26].http：//www.gov.cn/xinwen/2014-04/22/content_ 2664089.htm.

❷ 位置：第一段"总额同比国新办举行 2014 年中国知识产权发展状况发布会 [EB/OL]. (2015-04-16) [2020-04-26].http：//www.ncac.gov.cn/chinacopyright/contents/518/248969.html.

行情况，进行风险分析。

【案例解析】

北京某汽车厂在与外商进行合资谈判过程中，外方提出技术入股方式的具体方案，以其中的 97 件专利技术，折合 1600 万美元入股，由于该汽车厂不懂专利法，没有了解这些专利技术的法律状态就草草签约。直到后来才得知，97 件专利技术中的 23 件专利是过期的，还有 29 件专利已临近到期，13 件则刚刚递交申请，尚未获得授权，真正有效的专利只有 32 件，占总专利数的 33%，也就是说其实 2/3 的专利是不能折算股金投资入股的。

投融资活动前，应对相关知识产权开展尽职调查，进行风险和价值评估，避免出现以上不必要的损失。

【本条款相关过程涉及的内容】

无。

3. 企业重组

【标准条款 7.3.3】

企业重组工作应满足以下要求：

a）企业合并或并购前，应开展知识产权尽职调查，根据合并或并购的目的设定对目标企业知识产权状况的调查内容；有条件的企业可进行知识产权评估。

b）企业出售或剥离资产前，应对相关知识产权开展调查和评估，分析出售或剥离的知识产权对本企业未来竞争力的影响。

【理解要点】

应注意区别合并、并购、出售和剥离等形式的企业重组。

企业合并是指两个或者两个以上单独的企业订立合并协议，依照公司法的规定，不经过清算程序，直接合并为一个公司的法律行为。

企业并购即兼并和收购，是企业法人在平等自愿、等价有偿基础上，以一定的经济方式取得其他法人产权的行为，主要包括公司合并、资产收购、股权收购三种形式。

资产出售是指企业资产整体转让，引起企业资产所有权发生变化。

资产剥离有狭义和广义之分：狭义的资产剥离是指企业将其所拥有的某些经营或非经营性资产如产品线、子公司或部门出售给第三方，以获取回报的一种商业行为；广义的资产剥离是指企业在改变经营机制时，把改制前企业的一部分资产、负债和相应的所有者权益以及相关的收入、费用等从拟设立的股份有限公司中分离出去的行为。

企业合并或并购前，应对对方企业的知识产权状况进行调查，如有条件，还可进行评估；企业出售或剥离资产前，应对自身的知识产权状况进行调查和评估。

【实施要点】

企业重组期间，应针对是合并、并购还是出售、剥离，分别设定不同调查对象和调查内容，并进行评估，分析合并并购或出售剥离中的知识产权的影响。

在企业合并、并购其他企业时，应对该企业的知识产权进行调查，并在条件满足的情况下进行风险分析和价值评估。

在企业出售或剥离资产时，应对自身的知识产权进行调查，同时还需要进行风险分析和价值评估。

【案例解析】

某集团公司并购飞利浦公司，该集团公司收购飞利浦公司 CDMA 移动芯片技术研发部门，飞利浦公司与美国高通公司签订了 CDMA 芯片技术的交叉许可协议，由于双方承诺不对第三方公开，这种承诺不因为飞利浦研发部门的转让而改变。该集团公司开发和销售 CDMA 芯片和终端设备，仍需要向高通公司支付技术许可费。

当今世界，越来越多的公司通过并购获得并购公司的技术、知识产权及掌握这些技术和知识产权的研发、技术人员。同时在对一些知识创新型企业、高新科技企业及掌握特殊制造工艺的制造公司进行收购时，知识产权往往作为被收购企业极其重要的资产受到重视。上述案例中，该集团公司未做详尽的技术情报的尽职调查，未调查出飞利浦公司与高通公司之间关于 CDMA 芯片有一系列交叉协议和授权协议，导致无法间接获得飞利浦公司拥有的高通公司 CDMA 专利技术。

对企业并购或收购活动重点关注企业知识产权以下方面：是否制定整体知识产权战略规划、是否将知识产权价值评估作为成功并购的基础、是否充分发挥知识产权调查中中介机构的作用、是否调查收购企业存在的知识产权纠纷和潜在知识产权风险等内容。

【本条款相关过程涉及的内容】

无。

4. 标准化

【标准条款 7.3.4】

> 参与标准化工作应满足下述要求：
>
> a）参与标准组织前，了解标准组织的知识产权政策，在将包含专利和专利申请的技术方案向标准组织提案时，应按照知识产权政策要求披露并做出许可承诺；
>
> b）牵头制定标准时，组织形成标准工作组的知识产权政策和工作程序。

【理解要点】

标准化组织有多种，按不同标准划分有不同的类别。

国际标准化组织包括国际标准化组织（ISO）、国际电工委员会（IEC）和国际电信联盟（ITU）等。

区域标准化组织有欧洲标准化委员会（CEN）、欧洲电工标准化委员会（CENELEC）、欧洲电信标准学会（ETSI）、太平洋地区标准大会（PASC）、泛美技术标准委员会（COPANT）和非洲地区标准化组织（AR-SO）等。

国家标准化组织，如 ANSI（美国）、BSI（英国）、DIN（德国）、

AFNOR（法国）、JISC（日本）、CAS（中国）。

行业标准化组织，如美国电子工业协会（EIA）、美国通信工业协会（TIA）、国家军用标准（GJB）、安全标准（AQ）、包装标准（BB）和档案标准（DA）等。

做标准的企业就是行业的标杆和领头羊，负责制定游戏规则，所以做标准的企业就是一流的企业，具有绝对的领先优势，通过提高门槛、提高标准中的各项技术参数来限制其他企业的准入，削弱对手的优势（如欧洲的汽车排放标准等），反过来，当自身已经作为行业龙头并且因为各种因素保持这个地位不可动摇时，又可以通过保持标准参数较低而使自身的利润最大化。

二流企业做技术，在该行业的标准之下，通过自身特有的技术特点生产产品，在此过程中形成自身特有的核心竞争力，在某些场合也有可能与一流企业形成竞争的均势。

三流企业做产品，通过加强产品质量，获得产品的竞争优势，但由于受到业内核心企业以及其他大型企业的打压和制约，因而保持这种优势比较困难。

因此，企业要尽一切可能参与到标准化工作中来。

【实施要点】

企业在参与标准化工作前，要充分了解该组织的知识产权政策，在将包含专利和专利申请的技术方案向标准化组织提案时，应结合本企业实际情况，按照该政策要求披露所包含的知识产权并作出许可承诺。

根据国家标准化管理委员会和国家知识产权局 2013 年 12 月 19 日发布、2014 年 1 月 1 日施行的《国家标准涉及专利的管理规定（暂行）》，其第 9 条规定：

国家标准在制修订过程中涉及专利的，全国专业标准化技术委员会或者归口单位应当及时要求专利权人或者专利申请人作出专利实施许可声明。该声明应当由专利权人或者专利申请人在以下三项内容中选择一项：

（1）专利权人或者专利申请人同意在公平、合理、无歧视基础上，免费许可任何组织或者个人在实施该国家标准时实施其专利；

（2）专利权人或者专利申请人同意在公平、合理、无歧视基础上，收费许可任何组织或者个人在实施该国家标准时实施其专利；

（3）专利权人或者专利申请人不同意按照以上两种方式进行专利实施许可。

也就是说，国家标准涉及的专利包括 FRAND 免费许可、FRAND 收费许可和不同意按照前述两种方式进行许可三种形式。

在已经成为标准工作组成员牵头制定标准时，企业应结合自身特点，建立该标准工作组的知识产权政策和工作程序，尽可能将本企业的知识产权结合到该标准中，以实现本企业利益最大化。

【案例解析】

浙江某技术股份有限公司是中国自动化与信息化技术、产品与解决方案的业界领先者，致力于为全球用户提供一流的整体解决方案，并为用户提供专项定制服务和持续合作模式。

EPA 技术标准是由该公司牵头，正式被 IEC 批准为国际标准，也是我国第一个拥有自主知识产权的现场总线国际标准。

该公司在 EPA 技术攻关时期共申请 20 多项发明专利，在 EPA 技术标准成为国家标准和国际标准后又取得 12 项发明专利，至此，EPA 的系列标准中融合了浙江某技术股份有限公司及合作者的 30 多项专利，既保障了企业的核心利益，也为后续标准的申请赢得了主动权。

2005 年 12 月，EPA 技术标准最终被 IEC 接受并发布为 IEC/PAS 62409 标准文件，列入实时以太网国际标准 IEC 61784-2，自此，工业自动化国际标准一直被欧美发达国家垄断的局面得以打破，该公司走上了主导国家和国际标准制定的道路。

【本条款相关过程涉及的内容】

无。

5. 联盟及相关组织

【标准条款 7.3.5】

> 参与或组建知识产权联盟及相关组织应满足下述要求：
>
> a）参与知识产权联盟或其他组织前，应了解其知识产权政策，评估参与利弊；
>
> b）组建知识产权联盟时，可围绕核心技术建立专利池，开展专利合作，但应遵守公平、合理且无歧视的原则。

【理解要点】

企业参与知识产权联盟或其他组织前，应充分了解其知识产权政策，评估参与利弊；在组建知识产权联盟时，应以知识产权为基础，与联盟企业共同推动技术标准，增加企业的行业话语权，在主要涉及专利合作的联盟内将自有知识产权作为交易筹码与联盟企业互换使用，可构建专利池，开展专利合作。

以专利联盟为例，在组建专利联盟前，需要了解专利丛林（patent thicket）和"反公地悲剧"（tragedy of anticommons）。

当代技术发展迅速，每项产品都集合了大量专利。以手机为例，据 Chetan Sharma Consulting 于 2015 年 4 月 2 日发布的《全球移动专利报告》《*Mobile Patents Landscape* 2015》显示，2014 年 USPTO 每授权 4 件专利，其中至少有 1 件是与手机相关的专利，而 10 年前，每授权 10 件专利，只有不到 1 件是与手机相关的专利；1997～2015 年，在 USPTO 和 EPO 授权的与手机相关的专利中，三星 2.5 万余件、IBM 2.1 万余件、微软 1.7 万余件、索尼 1.6 万余件、爱立信 1.6 万余件、高通 1.5 万余件，其余如 Apple 6000 余件、华为 6000 余件、中兴 3000 余件、HTC 2000 余件。

如此多的专利组合形成互补性专利和牵制性专利，某一企业如果想推出一款新产品或新服务，不可避免地落入这些专利的保护范围，从而面临侵权诉讼，这就是所谓的"专利丛林"现象。而授权的众多专利得到保护后，与传统的"公地悲剧"（tragedy of commons）恰恰相反，会无法充分利用这些专利资源，从而成为后续发明与创新的障碍，这就形成"反公地悲剧"。

而组建专利联盟或专利群联盟，对外是为了结成一个整体，避免或降低面临侵权诉讼的风险，避免陷入专利丛林；对内是为了充分运用联盟企业已有的发明创新，在最大限度范围内充分地避免"反公地悲剧"。

专利池（Patent Pool）是专利的集合，最初是两个或两个以上的专利所有者通过协议将一个或多个专利许可给对方或者第三方，后来发展成为把作为交叉许可标的的多个专利权放入一揽子许可中所形成的专利集合体。专利池的成员可以使用"池"中的全部专利从事研究和商业活动，且彼此不需要支付许可费；池外的企业则可以付费使用池中的全部专利，而不需要就每个专利寻求单独的许可。

【实施要点】

在参与知识产权联盟或其他组织前，应先了解其已经制定的知识产权政策，评估其是否符合自身企业的利益。如果其知识产权政策中专利相关的政策为《国家标准涉及专利的管理规定（暂行）》的 FRAND 免费许可或 FRAND 收费许可，企业应针对自身知识产权的特性，分别评估采取该方式对企业核心竞争力的影响，还需要评估该知识产权联盟或其他组织已有知识产权对自身的作用。

在组建知识产权联盟时，应遵循公平、合理且无歧视的原则，制定联盟知识产权政策，对于其中涉及的知识产权中的专利，可以选择《国家标准涉及专利的管理规定（暂行）》的 FRAND 免费许可或 FRAND 收费许可，以便于知识产权联盟或其他组织的各个成员能够充分利用知识产权联盟所拥有的知识产权对抗外部第三方对知识产权联盟或其他组织成员的侵权指控，同时能够尽快运用知识产权联盟或其他成员所拥有的知识产权而在此基础上研发出更多创新的产品或服务。主要涉及专利合作的联盟可围绕核心技术建立专利池。

【案例解析】

在九牧、惠达、东鹏、马可波罗、蒙娜丽莎、恒洁、箭牌、浪鲸卫浴等知名企业的牵头下，建陶企业知识产权维权联盟成立。该联盟通过招投标方式引入专业的调查公司和律师事务所，共同解决维权难题。我国陶瓷卫浴行业的知名品牌都曾遭遇被"山寨产品"围追堵截的问题，部分集中区域假冒问题突出，互联网侵权问题较为严重，调查取证难。维权联盟建立了知名品牌共同维权、分担和分享的运营机制。面对涉及多个品牌的同一假冒案件，权利人可以资源互补、费用分担，能有效降低单个企业的维权成本，解决个别企业在维权上的资源短板。

参与或建立知识产权联盟，能够降低侵权风险，提高维权效率。但在加入知识产权联盟时，需要充分了解联盟知识产权政策，避免损害自身利益。

【本条款相关过程涉及的内容】

无。

（四）保护

1. 风险管理

【标准条款7.4.1】

> 应加强知识产权风险的识别、评测和防范：
>
> a）采取措施，避免或降低办公、生产等设备及软件侵犯他人知识产权的风险；
>
> b）定期监控产品可能涉及的他人知识产权的状况，分析可能发生的纠纷及其对企业的损害程度，并提出防范预案；
>
> c）有条件的企业可将知识产权纳入企业风险管理体系，对知识产权风险进行识别和评测，并采取相应风险控制措施。

【理解要点】

（1）关键词"避免或降低"，要求企业在制定程序文件和按照程序文件进行风险管理时，要考虑以下两种情况：如果风险能够避免，就要建立避免风险措施（工作方案）的程序文件；如果不能完全避免，就要建立降低风险的管理活动过程的措施（工作方案）程序。

（2）标准要求采取措施的范围，至少包括生产、办公设备及软件。

（3）要求"定期"监控，需要明确"定期"的时间间隔或周期。根据产品所属领域、知识产权争议活跃程度、技术发展速度等方面综合考虑"定期"的时间间隔或周期的合理性。

（4）监控产品可能涉及他人知识产权的状况，当监控有涉及他人知识产权的情况时，要分析可能会发生什么样的纠纷，分析这些纠纷会给企业造成什么样的损害程度，并提出防范预案。

（5）如果企业建立企业风险管理体系，则可以对企业知识产权风险进行识别和评测，纳入企业已有的风险管理体系，并采取与相应风险对应的风险控制措施，以控制企业的知识产权风险。

以专利权为例，《专利法》第11条规定："发明和实用新型专利权被授予后，除本法另有规定的以外，任何单位或者个人未经专利权人许可，都不得实施其专利，即不得为生产经营目的制造、使用、许诺销售、销售、进口其专利产品，或者使用其专利方法以及使用、许诺销售、销售、进口依照该专利方法直接获得的产品。外观设计专利权被授予后，任何单位或者个人未经专利权人许可，都不得实施其专利，即不得为生产经营目的制造、许诺销售、销售、进口其外观设计专利产品。"其中发明和实用新型专利权，未经权利人许可的以生产经营目的的"使用"也是侵权行为；虽然《专利法》第70条规定"为生产经营目的使用、许诺销售或者销售不知道是未经专利权人许可而制造并售出的专利侵权产品，能证明该产品合法来源的，不承担赔偿责任"，但是，对于该专利侵权产品的合法来源需要能够予以证明，且不能再实施，再实施就需要赔偿。因此，使用侵犯发明和实用新型专利权的生产、办公设备及软件，在不能证明合法来源的情况下是需要承担赔偿责任的，即使能证明合法来源也要停止使用，这样会给企业的正常生产与经营活动造成极大的影响。对生产、办公设备及其软件的侵权风险进行控制非常必要。

以专利为例，专利文献的公开是需要周期的（例如，发明专利自申请之日起18个月公开，实用新型专利和外观设计专利在授权公告之日起公开等），且其法律状态是变化的（我国的发明专利实行的是先公开后审查制，专利权需要每年进行维护，专利授权后还有无效程序等），且产品中用到的技术较多，所有技术的专利权不可能垄断在一家企业或一个组织手中，技术的交融性越来越大，因此需要对产品涉及他人的知识产权状况进行监控，分析可能发生哪些纠纷以及纠纷对企业的损害程度有哪些、有多大，并且根据分析结果提出防范预案。

【实施要点】

（1）梳理企业在生产、办公设备及软件上存在哪些类型的知识产权侵权风险，对不同类型的知识产权侵权风险分析其来源和原因，针对不同的来源和原因策划可采取的措施，其中措施要做到能够尽量避免侵犯他人知识产权的程度，如果不能避免，至少也要尽量降低这种风险；综合评价在避免或降低风险上的措施的完整性。在程序文件中，要对上述措施的工作方案予以确定并对职责要求明确。

（2）综合考虑企业的产品类型、行业技术及知识产权特点、企业所处行业中的地位等因素，策划定期监控的周期和时间间隔以满足监控产品涉及他人知识产权风险的要求，关键是要分析可能会发生的纠纷有哪些，以及纠纷对企业的损害程度有哪些、有多大，同时根据分析情况提出防范预案。在程序文件中，对于监控的周期、过程、渠道和方法要求，提出进行分析的要求，以及职责部门明确。

（3）如果企业建立有风险管理体系，可以将知识产权纳入企业风险管理体系，可以按照上述两方面的要求，对企业的知识产权风险进行识别和评测，并且采取相应的风险控制措施。

【案例解析1】

广州市某互联网软件公司，主要开发智能交通、智能停车场等软件以及部分软件与常规 App 的融合对接，由于在正常活动过程中涉及布局的设计，需要使用 autocad 软件。该公司在 2017 年收到 autodesk 公司的侵权警告律师函，在详细研究该律师函的基础上采取了 3 项措施：（1）购买了 3 套 autocad 正版软件用于核心工作处理。（2）电脑采取租赁方式，并且与电脑公司签订租赁协议，对于常规使用的软件由电脑租赁公司负责安装维护，责任承担归租赁公司。（3）对于日常使用的编程软件、画图软件等专业性软件则采取租赁阿里云服务的方式规避软件侵权风险。该公司通过上述方式有效地避免了办公设备和办公软件的侵权风险，并且在现有共享经济盛行的前提下，不失为一种合适的做法。

对于办公软件的侵权风险是目前大多数企业面临的一种风险，虽然有的企业通过排查表示侵权风险在可控范围之内，但仍然是一种潜在的风险因素。如果产生诉讼，不仅会使企业产生不良声誉，而且可能会因为牵扯太多精力，影响公司正常业务的经营。采用租赁的方式将侵权风险转嫁给有风险承担能力的大公司则成为一种可行的方式，且现在云服务集合了较多的功能强大的软件，很可能对自有业务的增长呈现良性的促进效果。

【案例解析2】

广东某实业股份有限公司主要产品有日用玻璃制品、日用陶瓷制品（高级保温瓶、玻璃器皿、餐具、陶瓷、塑料、冲茶器、五金配件等）。其中保温瓶系列和玻璃餐具在我国已经成为家喻户晓的知名品牌。2015年该公司被诉侵犯东莞市某节能科技有限公司实用新型专利（ZL 20082004××××.1）一案，判决该公司应于判决发生法律效力之日，立即停止制造、销售、许诺销售侵害专利权的产品，销毁库存侵权产品、半成品，赔偿专利权人经济损失及为制止侵权行为支付的合理费用30万元，并承担大部分案件受理费用。

2019年3月25日在对该公司进行现场审核时发现，该公司能够监控到自己的产品有侵权风险，但是未分析可能发生的纠纷及其对企业的损害程度，也并未提出防范预案，任由风险扩大。后经检索发现，该公司被诉侵犯某公司商标一案于2019年6月28日开庭。

该公司作为国内设计、生产、销售日用玻璃制品的大型企业，接二连三被起诉侵犯他人知识产权，甚至在意识到产品的侵犯风险之后，仍未能提出有效的防范预案，导致侵权诉讼持续发生。这说明企业的知识产权风险规避意识不强，未能进行知识产权风险评估，未能调整研究开发策略，避免或降低知识产权侵权风险，甚至在产品销售前这个最后一道防线也做得不好，没有对产品所涉及的知识产权状况进行全面审查。可以说，如果上述环节，有一个做到位，也就不会接二连三地出现侵犯他人知识产权的情况。

【本条款相关过程涉及的内容】

7.4.1 条款对知识产权风险管理（尤其是涉及办公用软件使用侵权、产品涉及他人专利权）给出了明确要求，相关条款还包括 6.2（软件安装后的使用、更新等日常维护活动）、8.3（正版软件的采购管理）、8.2（研发设计过程中的涉及他人专利权的风险管理）、8.5（销售前、销售后的涉及他人专利权、商标权等的风险管理）等。在体系建立与审核过程中，应从贯标组织整体上，协调统筹好上述条款涉及的知识产权管理活动。

2. 争议处理

【标准条款 7.4.2】

> 应编制形成文件的程序，以规定以下方面所需的控制：
>
> a）及时发现和监控知识产权被侵犯的情况，适时运用行政和司法途径保护知识产权；
>
> b）在处理知识产权纠纷时，评估司法诉讼、行政调处、仲裁、和解等不同处理方式对企业的影响，选取适宜的争议解决方式。

【理解要点】

在知识经济时代，随着科学技术的发展，我国个人和企业的知识产权知识的增加和保护意识的增强，职务与非职务发明创造成果的争议、由人才流动造成的所属权的争议以及常见的知识产权侵权纠纷等，产生知识产权的争议成为必然。企业应建立知识产权纠纷处理机制，以防止和减轻知识产权纠纷对企业造成的损害，并保证最高管理者做出纠纷处理决策时得到充足的信息支持和协助。

（1）应在程序文件中明确规定及时发现企业知识产权被侵犯的情况的工作程序：在程序文件中规定如何监控企业知识产权被侵犯的情况，即发现和监控的途径、方法和过程，以及主责部门，如何满足"及时发现"的要求；在程序文件中明确规定在什么时候运用行政和司法途径保护企业的知识产权（选择的依据）。

（2）在程序文件中，必须明确规定在处理知识产权纠纷时，评估（评估的组织/人、过程和要求）采用不同争议处理方式对企业的影响来决定企业在诉讼、仲裁、和解等不同方式中的选择。

【案例解析】

柳州某机械股份有限公司 2019 年 4 月颁布实施《知识产权管理手册》以来，将《企业知识产权管理规范》有效地融入企业管理，在知识产权保护方面得到有效运用，近期，公司发现另一竞争对手的产品标称的耐磨刀板进行对外销售，该产品使用类似本公司的专利技术，在同行业内开展类似的本公司专利技术的产品销售业务，极易混淆客户对本公司产品和市场经营活动的认知，随后公司向竞争对手发出律师函，使用法律的武器捍卫了公司权益。

案例中，该公司通过运行《企业知识产权管理规范》，很好地运用了标准 7.4.2a 条款"及时发现和监控知识产权被侵犯的情况，适时运用行政和司法途径保护知识产权"来维护自身的权益。

【本条款相关过程涉及的内容】

7.4.2 条款对知识产权被侵犯情况的监控管理给出了明确要求，相关条款还包括 8.5c（开展产品销售市场监控，及时跟踪和调查相关知识产权被侵权情况，建立和保持相关记录）等。在体系建立与审核过程中，应从贯标组织整体上，协调统筹好上述条款涉及的知识产权管理活动。

3. 涉外贸易

【标准条款 7.4.3】

涉外贸易过程中的知识产权工作包括：

a）向境外销售产品前，应调查目的地的知识产权法律、政策及其执行情况，了解行业相关诉讼，分析可能涉及的知识产权风险；

b）向境外销售产品前，应适时在目的地进行知识产权申请、注册和登记；

c）对向境外销售的涉及知识产权的产品可采取相应的边境保护措施。

【理解要点】

（1）可能涉及的知识产权风险：法律方面存在哪些方面/类型知识产权风险，从法律和司法环境上评估风险。

（2）应适时："应"，即必须；"适时"综合考虑目的的法律体系，知识产权申请、注册、登记程序、时限等因素，在适当的时候进行知识产权的申请、注册和登记。

（3）边境保护措施：是对产品采取边境保护措施，不是对知识产权采取边境保护措施。

【案例解析1】

广州某科技股份有限公司（以下简称某科技公司）是中国电子科技集团下属的上市公司，主要从事电子和通信领域的产品生产、服务，年营收约60亿元。当时某科技公司在马来西亚承接了一批4G基站建设工作，合同约定基站需要使用"理士"牌电池，某科技公司计划在国内采购一批"理士"牌电池，出口到马来西亚进行交付使用。某科技公司在出口前对目的地的知识产权状况进行调查，发现"理士"商标在马来西亚被抢注了，抢注人还向"理士"电池厂商发起诉讼，双方正在马来西亚就"理士"商标的归属发生纠纷。发现此状况后，某科技公司及时停止"理士"牌电池的采购和出口，并与马来西亚运营商沟通，取得对方的同意，变更合同中电池品牌的要求，并选择另外没有风险的电池采购并出口。

某科技公司在涉外贸易的过程中，参照知识产权管理体系的要求，进行了目标市场知识产权状况的调查，从而能够及时发现风险，规避风险，挽回可能的损失。涉外贸易知识产权风险是"走出去"企业都需要面对的问题，但是由于涉外的知识产权检索、分析难度大，以及很多企业对知识产权风险的意识不够强，往往等到发生纠纷，才着手处理，无论是处理的难度，还是成本，都非常高，也容易造成巨大的损失。

【案例解析2】

北京某智能卡股份有限公司主要从事专业非接触IC卡、接触式IC卡、RFID电子标签、CPU卡、双界面卡、异IC卡、电信SIM卡、刮刮卡等各种智能卡的设计生产。其产品不仅为国内电信、交通、税务、医疗、教育等领域提供服务，还为美国、韩国、印度尼西亚、以色列、俄罗斯、伊拉克、伊朗、孟加拉国、土耳其、英国、法国、越南等公交、电信运营商制作了大量卡片。

2019 年 2 月 21 日进行现场审核时发现，该公司自主设计了一款产品——数卡器，能够实现快速数卡功能，既解放了人力，又快速精确，并且公司于 2014 年 8 月 14 日就该项技术申请了发明专利（CN 201410399476.7），2018 年 3 月 2 日获得授权。由于该款产品在国内销售很好，随着国外地铁等基础建设的扩大，数卡器的国外销售市场也随之扩大，目前正在与数个国家洽谈数卡器业务，并打算申请 PCT 专利，但经检索发现，该专利 12 个月的优先权时效早已过去，已经无法就该项发明专利为在先申请基础申请 PCT 专利申请了。

该公司作为设计制造各种智能卡的大型企业，产品不仅在国内占据很大市场，还远销海外。其在产品有国外市场后才意识到申请 PCT 专利，然而为时晚矣。这说明其专利申请要先于产品生产、更要先于销售市场的认识。在境外销售产品前，及时在目的地进行专利申请很有必要。

【本条款相关过程涉及的内容】

7.4.3 条款对涉外销售前，对目的地市场涉及知识产权风险的调查、知识产权提前海外布局给出了明确要求，相关条款还包括 6.4（对所属领域、竞争对手的知识产权信息收集）、7.1（制订专利、商标的获取计划，做好布局）等。在体系建立与审核过程中，应从贯标组织整体上，协调统筹好上述条款涉及的知识产权管理活动。

（五）合同管理

【标准条款 7.5】

> 加强合同中知识产权管理：
>
> a）应对合同中有关知识产权的条款进行审查，并形成记录；

b）对检索与分析、预警、申请、诉讼、侵权调查与鉴定、管理咨询等知识产权对外委托业务应签订书面合同，并约定知识产权权属、保密等内容；

c）在进行委托开发或合作开发时，应签订书面合同，约定知识产权权属、许可及利益分配、后续改进的权属和使用等；

d）承担涉及国家重大专项等政府类科技项目时，应了解项目相关的知识产权管理规定，并按照要求进行项目中的知识产权管理。

【理解要点】

在市场经济条件下，企业管理的一项核心内容就是企业合同管理。随着国内国际市场活跃程度的增加以及竞争的加剧、企业业务的迅速增加、市场环境的变化等因素的影响，涉及知识产权保护方面的合同纠纷发生频率相应增加，因此，如何加强合同中知识产权条款从而加强知识产权保护已成为合同管理的重要内容。相关部门制定了关于国家科研计划项目研究成果知识产权管理的规定。

《关于国家科研计划项目研究成果知识产权管理的若干规定》

（一）除涉及国家安全、国家利益和重大社会公共利益的以外，科研项目研究成果形成的知识产权，国家授予项目承担单位；承担单位可以依法自主决定实施、许可他人实施、转让、作价入股等，并取得相应的收益。

（二）为了确保科研项目成果切实发挥应有的经济、社会效益，国家根据需要，保留对科研项目研究成果无偿使用、开发、使之有效利用和获取收益的权利。对涉及国家安全、国家利益和重大社会公共利益的项目，科技计划归口管理部门应当在立项或验收时予以确认，明确知识产权管理方式，拟定转化和应用方案。

（三）政府资助科学研究的基本目的，是促进科技成果的产生和充分利用，以保持国家科技和产业竞争力，提高人民生活质量。承担单位作为科研项目成果的知识产权权利人，在其无正当理由不实施转化项目成果、影响公众对成果的应用时，政府有权予以干预。国务院有关主管部门和省、自治区、直辖市人民政府可以根据需要，报请国务院批准，决定科研项目研究成果在一定的范围内推广应用，允许指定的单位实施，并区别不同情况，决定实施单位或无偿使用，或由实施单位按照国家有关规定向项目承担单位支付知识产权使用费。

（四）为了激励科技人员技术创新和成果转化的积极性，文件继续强调要贯彻落实国家关于对成果完成人给予奖励和报酬的政策，并进一步规定，项目承担单位转让科研项目研究成果知识产权时，成果完成人享有同等条件下优先受让的权利。

【案例解析】

某生物公司通过基因筛选技术制备细胞抗体，销售给客户 B 使用（该使用包括基因序列等说明），后发现 B 公司以该制备方法申请了一件发明专利并已公布，该生物公司与 B 公司交涉后发现，与 B 公司签订的《销售合同》中写明该技术归 B 客户所有。由于对知识产权合同管理缺失，致使该生物公司丧失了该权利，由此可见合同审批的重要性。

【本条款相关过程涉及的内容】

7.5 条款对合同涉及知识产权事项的管理给出了明确要求，相关条款还包括 6.1.3（人事合同）、8.3c（采购合同）、8.4b（委托加工、来料加工、贴牌生产等对外协作活动涉及的生产合同）等。在体系建立与审核过程中，应从贯标组织整体上，协调统筹好上述条款涉及的知识产权管理活动。

（六）保密

【标准条款 7.6】

应编制形成文件的程序，以规定以下方面所需的控制：

a）明确涉密人员，设定保密等级和接触权限；

b）明确可能造成知识产权流失的设备，规定使用目的、人员和方式；

c）明确涉密信息，规定保密等级、期限和传递、保存及销毁的要求；

d）明确涉密区域，规定客户及参访人员活动范围等。

【理解要点】

依据我国《反不正当竞争法》第 10 条第 3 款的规定，商业秘密是指不为公众所知悉、能为权利人带来经济利益、具有实用性并经权利人采取保密措施的技术信息和商业信息。

商业秘密是企业重要的无形资产，由于商业秘密的特殊性，企业管理对于保密管理也就有特殊的要求。企业首先要明确商业秘密信息的种类与范围，明确保护对象。其次还要规定保密等级、期限和传递、保存及销毁的要求。

从企业管理角度看，企业应采取切实有效的措施，以确保企业商业秘密的完整性与保密性。在商业秘密侵权诉讼中，企业采取了保密措施是认定商业秘密必不可少的因素。因此，为了切实保护企业的知识产权，必须采取保密措施。

企业管理人员应制定完善的保密控制程序文件，策划满足保密需要的技术措施，加强对商业秘密管理。常见的保密措施主要包括：与企业员工以及企业以外的相关人员签订书面的保密协议，设定保密等级和接触权限等；明确可能造成知识产权流失的设备的使用目的、操作人员和使用方式；明确涉密区域，规定客户及参访人员活动范围等。

【案例解析】

××香料公司是集研发、生产、销售于一体的现代化香精香料生产企业，该企业曾发生过几起商业秘密泄露事件，均造成了重大不利影响，此事件无疑给该企业敲响了商业秘密保护的警钟，使其意识到企业商业秘密保护的急切需求和潜在风险。该公司领导经过与知识产权机构合作，紧急梳理公司的整体情况。知识产权机构经过调查发现该企业存在两大问题：（1）企业有多项设备，但其中部分设备未申请专利保护；（2）商业秘密管理方面，仅与员工签订了一份保密协议。

知识产权机构对该公司提出进行商业秘密管理建设的建议：在建立体系制度的同时增加了电脑软件监控及保密等信息管理监控的技术，在公司的保密区域安装摄像头、进出指纹门禁等，形成初步完善的商业秘密管理体系，避免因泄密可能造成的更大损失。

公司商业秘密只有通过完善的知识产权制度管理体系进行保护，才能实现真正意义上避免企业知识产权随同员工离职或在职泄密而受到侵害。常见的保密措施主要包括确定企业的知识产权和商业秘密的保密范围并加以分类、分级，划定保密区域、加强保卫措施，制定保密规章制度并严格措施，加强对知识产权和商业秘密的文件管理，及与企业员工以及企业外的相关人员签订保密协议等。

【本条款相关过程涉及的内容】

7.6 条款对商业秘密管理给出了明确要求，相关条款还包括 6.1.3（人事合同中保密条款）、8.3b（采购过程中的保密管理）等。在体系建立与审核过程中，应从贯标组织整体上，协调统筹好上述条款涉及的知识产权管理活动。

（七）小结

本部分内容在企业知识产权管理中的基础管理，对知识产权获取、维护、运用和保护等多个管理过程的相关要求进行了详细描述，以及合同管理和保密管理两个重要的管理过程，基本涵盖企业知识产权管理的核心工作。此外，除所述的获取、维护、运用、保护、合同管理、保密管理外，还涉及知识产权检索、分析、调查、评估等过程的管理，对于知识产权领域的相关知识和技能要求较高。

"高级结构"（见表 5-5）对管理体系标准的编制给出了通用结构，但对于具体领域并未给出有针对性的要求，需要由标准起草人制定。标准 7 基础管理与标准 8 实施和运行的内容均属于企业知识产权管理运行的核心工作，可对应于"高级结构"的"运行"部分。

表 5-5　"高级结构"与 GB/T 29490 主要条款对比

序号	"高级结构"标准的主要条款	GB/T 29490—2013 标准条款
1	1 范围	1 范围
2	2 引用标准	2 引用标准

续表

序号	"高级结构"标准的主要条款	GB/T 29490—2013 标准条款
3	3 术语和定义	3 术语和定义
4	4 组织环境	
5	4.1 理解组织及其环境	5.3.3 法律和其他要求
6	4.2 理解相关方的需求和期望	
7	4.3 确定×××管理体系范围	
8	4.4 ×××管理体系	4.1 总体要求
9	5 领导作用	5 管理职责
10	5.1 领导作用和承诺	5.1 管理承诺
11	5.2 方针	5.2 方针
12	5.3 组织角色、职责和权限	5.4 职责、权限和沟通
13	6 策划（Planning）	
14	6.1 针对风险和机会所采取的措施	
15	6.2 ×××目标及针对实现×××目标所进行的策划	5.3.1 知识产权管理体系策划 5.3.2 知识产权目标
16	7 支持（Support）	
17	7.1 资源	6 资源管理（6.1、6.2、6.3、6.4）
18	7.2 能力	
19	7.3 意识	
20	7.4 沟通	5.4.3 内部沟通
21	7.5 文件化信息	4.2 文件要求
22	7.5.1 总则	4.2.1 总则
23	7.5.2 形成和更改	4.2.3 知识产权手册 4.2.4 外来文件和记录文件
24	7.5.3 文件化信息控制	4.2.2 文件控制
25	8 运行（Operation）	
26	8.1 运行策划和控制	7 基础管理 8 实施运行
27	9 绩效评价（Pelformance evaluation）	
28	9.1 监视、测量、分析和评价	9.1 总则 9.3 分析与改进
29	9.2 内部审核	9.2 内部审核
30	9.3 管理评审	5.5 管理评审

续表

序号	"高级结构"标准的主要条款	GB/T 29490—2013 标准条款
31	10 改进（Improvement）	9.3 分析与改进
32	10.1 不合格和纠正措施	
33	10.2 持续改进	

八、实施和运行

（一）立项

【标准条款 8.1】

> 立项阶段的知识产权管理包括：
>
> a）分析该项目所涉及的知识产权信息，包括各关键技术的专利数量、地域分布和专利权人信息等；
>
> b）通过知识产权分析及市场调研相结合，明确该产品潜在的合作伙伴和竞争对手；
>
> c）进行知识产权风险评估，并将评估结果、防范预案作为项目立项与整体预算的依据。

【理解要点】

了解科研项目的知识产权信息和市场情况，有利于明确合作伙伴、竞争对手，确定研究项目的风险以及根据风险制定的防范预案，都是决定是否继续研究该项目的关键因素。因此，对立项阶段的知识产权管理，更多的是充分利用现有的知识产权信息为科研项目是否立项服务。

项目的立项阶段要注重知识产权的信息检索分析工作。企业在项目研发立项前一般都进行可行性研究，在立项阶段制定的知识产权相关工作即相当于在可行性研究报告中增加有关知识产权方面的可行性分析。立项前分析该项目所属领域的知识产权信息，特别是该领域关键技术的专利数量、地域分布、专利权利人的信息等。对该项目进行科学的检索，通过对专利检索分析，了解该项目关键技术的专利数量和地域分布、各专利权人的专利排名、主要竞争对手的专利数量和地域分布，包括专利引证分析、同族专利引证分析、专利功效矩阵分析等，同时，做好该研究内容（含产品和技术等）的市场调研，充分了解发明人及其技术的实施或拥有的状态，明确该项目潜在的合作伙伴和竞争对手。由于知识产权风险会影响项目的预算，因此应在制定项目预算时考虑该项目的知识产权风险评估的结果，并根据风险的大小制定相应的防范预案，作为项目立项的依据。

【实施要点】

企业在实施该条款时，应对项目研究中最关注的几个关键点深入检索，保存检索记录，同时对这些检索信息进行分析，分析的内容包括该研究内容的各关键技术的专利数量、地域分布和专利权人分布，还应包括无效专利的专利权过期时间、专利无效及侵权诉讼进展等相关信息。

在检索分析基础上，通过与市场调研相结合，明确研究项目潜在的合作伙伴和竞争对手。最后，在立项报告中涉及该项目的立项依据，应纳入知识产权风险评估，以及根据评估的结果制定防范预案。

在具体实施过程中，还要注意公司内部制定的相关管理制度，也要充分得到执行，比如需要申请、签字等流程的实施。

【案例解析】

威海某传感器厂承担了国家"863"项目，研发一款传感器，该传感器在国内没有类似产品，在全球只有美国和法国的两个公司有类似的传感器。

经过识别明确的竞争对手，该厂有针对性地收集相关的专利信息，并对美、法这两家公司的技术方案进行剖析，得出的结论认为，这两家公司的传感器的技术方案完全不同。

在分析的基础上，经过项目组讨论，该厂制定了一套技术方案，该技术方案的制定在其中美国专利的基础上，对其进行改进和优化，并制定了相应的工艺方案，经过大约1年的结构设计和工艺试验，研究出一种特殊的腐蚀工艺，制造出独特的六边形传感器芯片结构，达到了预期的性能指标。

以上项目的实施，在识别竞争对手的基础上，对收集的专利信息进行剖析，在此基础上制定可行的技术方案，并进行优化，既节省了研发周期、成本，又规避了专利侵权风险，形成自己的专利布局，达到了项目研发的预期目的。

（二）研究开发

【标准条款8.2】

研究开发阶段的知识产权管理包括：

a）对该领域的知识产权信息、相关文献及其他公开信息进行检索，对项目的技术发展状况、知识产权状况和竞争对手状况等进行分析；

b）在检索分析的基础上，制定知识产权规划；

c）跟踪与监控研究开发活动中的知识产权，适时调整研究开发策略和内容，避免或降低知识产权侵权风险；

d）督促研究人员及时报告研究开发成果；

e）及时对研究开发成果进行评估和确认，明确保护方式和权益归属，适时形成知识产权；

f）保留研究开发活动中形成的记录，并实施有效的管理。

【理解要点】

研究开发过程中的知识产权管理主要有三个目的：一是充分利用现有技术，缩短研发周期、降低研发成本、借用现有技术方案，为项目的顺利实施奠定良好的基础；二是根据项目规划，及时掌握研究成果，并给予评估，适当规避风险，以确定保护方式；三是研究开发的记录保持完整并有效管理。

研究开发过程中的知识产权管理主要包括以下几个方面：

（1）在研究开发活动之前，对该研究项目要进行技术检索，检索范围比项目立项时的检索范围要扩大，主要检索该研究领域的知识产权信息、相关文献及其他公开信息，以方便对项目的技术发展状况、知识产权状况和竞争对手状况等进行分析。检索范围的扩大，可以全面了解项目的研究技术发展现状、现有技术的知识产权现状以及现有技术产品的竞争对手现状，对以后研究中的技术是否有借鉴或创新的地方，突破竞争对手的地方。

（2）在充分了解、全面检索并分析的基础之上，对该项目的技术研究及其知识产权预期的产出和布局，特别是对知识产权申请的技术方向、申请国家和地区、申请时机、申请类型、申请方式等进行规划、布局。

（3）进行知识产权跟踪分析，明确跟踪内容、跟踪频次等，研发团队成员间共享跟踪信息，发现不利于本研究技术的知识产权时，应适时调整开发策略和内容，通过规避或购买或共享专利等方式，来避免或降低知识产权侵权风险及资源浪费。

（4）要求研究人员应定期报告研究开发成果。

（5）研发成果产出后进行最终文献检索，经过评估确认，明确取得知识产权的可能性、知识产权类型、保护建议及新成果的知识产权权利归属等。这里要注意两个词，"及时"对研发成果进行评估和确认，"适时"形成知识产权。

（6）对研究和开发活动中形成的档案和记录进行有效管理，相关文件按规定程序进行审批、保存，使研发活动可追溯。

【实施要点】

实施该条款时有三点需要关注：

（1）按规范要求对研究开发过程进行管理控制。在研发阶段的检索分析基础上，应制定知识产权规划。企业知识产权管理人员和研究开发人员应树立一个理念，知识产权在研究开发阶段是可以规划的，而不是研发结束后由研发工程师或者项目主管自主决定是否申请专利。这种规划有广义和狭义之分。广义的规划包含项目的知识产权工作机制的设计、项目的知识产权的预期产出和分布、项目中知识产权风险控制以及项目所涉及的知识产权的借鉴等。狭义的规划主要是不同权利形态的知识产权的预期产出和布局，对知识产权申请的技术方向、申请国家和地区、申请时机、申请类型、申请方式等进行规划。

（2）对研究开发成果应及时评估和确认，明确保护方式和权益归属，对于何时形成知识产权是企业根据自己的规划和评估后"适时"形成的。

（3）要保留研发过程中形成的记录，对研发过程实施有效的管理。这些记录包括项目派遣单、研发讨论会议的会议记录，甚至包括重要的创新点的邮件往来沟通等，这些完整的过程记录往往是发生知识产权纠纷时重要的诉讼证据来源。

【案例解析1】

广西某公司实施《企业知识产权管理体系规范》并在研发中有效运用，该公司研发中心在项目研发过程中严格按照标准8.2研究开发条款执行，2018年5月通过立项审批的"合成二氢月桂烯醇工艺研究"项目，研发周期为1年（2018年6月至2019年5月），研发开始以后，项目组人员按照标准要求对合成二氢月桂烯醇相关知识产权信息、相关文献信息进行检索，了解到一些对项目有帮助的技术信息，能够很好地在别人成果的基础上继续开发研究，也查到了竞争对手厦门某公司的一些专利情况，并对竞争对手现有的专利技术进行分析研究；通过对竞争对手专利的研究，研发中心初步制定了研究方案，包括溶剂、催化剂、温度、时间、配比等工艺技术，在研究过程中也定期进行检索跟踪。在2019年1月10日对项目进行的一次跟踪检索时，搜索关键词"二氢月桂烯醇"，发现杭州某公司在2018年9月28日申请的两项发明专利，公开日分别为2018年12月21日和28日，已经公开的发明专利的内容与项目组研发的内容有重叠之处，比如温度、溶剂、时间、配比，而且该专利的保护范围较广，已经含括项目组实际的反应工艺条件，项目组在2019年1月13日内部开会商议项目研究方向，对二氢月桂烯醇项目研发的内容进行微调，对溶剂和催化剂的筛选方面进行重新布局，避免知识产权侵权风险；该公司通过《企业知识产权管理规范》的实施，有效地降低或避免了研发过程中的侵权风险，为公司的研发团队保驾护航。

在如今大数据时代，很多信息都是公开透明的，很多公司的研发项目周期较长，基本是同时进行的，大家就是在比时间、比速度，及时地跟踪检索研发中的知识产权情况就尤为重要，本案例很好地诠释了GB/T 29490

标准 8.2c 跟踪与监控研究开发活动中的知识产权，适时调整研究开发策略和内容，避免或降低知识产权侵权风险。

【案例解析 2】

知识产权机构现场审核时发现武汉某公司项目启动时间和专利申请时间很接近，通过仔细询问，企业有 4 名专职专利管理人员，其中主管具备专利代理资格，并有多年企业专利工作经验，研发人员也对专利申请流程比较了解。该企业在项目正式研发时，就在检索分析的基础上，提前做好专利申请的布局，因为该企业所在的电子行业，技术更新迭代很快，竞争十分激烈。因此及时对成果进行保护，就十分重要。

标准 8.2d "督促研究人员及时报告研究开发成果"，就是为了对成果及时进行保护。在审核过程中，发现大多数企业的专利申请是在项目快完成，甚至产品都将要投放市场，才进行成果鉴定，然后申请专利保护。往往因为成果鉴定，产品试验、试制，技术交流等造成技术泄露，被其他竞争对手抢先申请专利，然后再去进行权属争夺，但因为举证难度非常大而失去专利权，还因为被对手公开而成为现有技术失去新颖性。因此，督促研究人员及时报告研究开发成果，进行评估后采取合适的保护方式就十分必要。如果申请专利，可以充分利用专利优先权制度，先对初步的技术方案申请专利，待研发开展进行到有更完善的方案时，再去申请，要求前一个申请的优先权。

【案例解析 3】

A 公司是一家集研发、生产、销售铝电解电容器于一体的高新技术企业，经过多年的不断发展，公司生产规模、产品质量和研发设计能力均跻身同行业前列。在与其竞争对手 B 公司参与竞标过程中，客户 C 公司提出了一项适配某新型集成电路的电解电容器结构需求，A、B 两公司都积极投入进行研发攻关，改造铝电解电容器的结构，再次实物竞标时，A、B 两公司都带了各自产品，其结构相似，最终因 B 公司提前申请了实用新型专利而成功竞标，取得 C 公司定单，A 公司失去与 C 公司的合作机会。

目前，相当数量的公司研发人员相对重视技术开发，知识产权意识和能力相对较弱，在研发过程中应及时规划评估研发成果，适时形成知识产权；

同时，公司的销售人员重视销售业绩，对市场调研获得的新产品相关需求信息缺少提炼和加工，不能及时反馈给公司知识产权工作人员采取有效措施及时进行知识产权保护。A公司随后通过建立知识产权管理体系对企业知识产权进行规范化管理，提高了全体员工的知识产权意识，取得了明显成效。

【本条款相关过程涉及的内容】

8.1、8.2条款对立项、研发过程中的知识产权管理给出了明确要求，相关条款还包括6.4（对所属领域、竞争对手的专利信息收集）、8.5d（产品升级或市场环境发生变化时的创新与知识产权管理）、7.1（创新成果与形成知识产权相关过程的管理）等。在体系建立与审核过程中，应从贯标组织整体上，协调统筹好上述条款涉及的知识产权管理活动。

（三）采购

【标准条款8.3】

> 采购阶段的知识产权管理包括：
>
> a）在采购涉及知识产权的产品过程中，收集相关知识产权信息，必要时应要求供方提供权属证明；
>
> b）做好供方信息、进货渠道、进价策略等信息资料的管理和保密工作；
>
> c）在采购合同中应明确知识产权权属、许可使用范围、侵权责任承担等。

【理解要点】

采购是制造型企业重要的业务流程之一，也是多数企业重要的日常业务。采购一般包括供应商选择、供应商管理、招标、采购、合同履行、追责等管理过程，其中应关注的知识产权事项主要包括涉及知识产权产品的选择以及采购合同知识产权条款的审核与确定等，最终目的是预防和降低采购环节的知识产权风险。

采购涉及知识产权的产品过程中，应收集相关知识产权信息，避免采购侵权产品，否则会影响到采购方之后的生产经营的其他环节，给采购方造成经济及商誉损失。关于"涉及知识产权的产品",应首先识别该产品是否涉及知识产权,如产品的标识是否涉及注册商标权、版权,该产品是否使用了第三方的专利技术等。企业在采购生产资料、办公设备及软件的过程中,均应重视知识产权风险的控制,权属证明的提供也是为了在一定程度上降低此风险。商标注册证、著作权登记的证明、授权经销商的证明文件等均属于权属证明。

供方信息、进货渠道、进价策略等信息资料为企业的重要商业秘密,应妥善管理,避免竞争对手获悉或以某种方式公开。除保密工作外,有意识地收集供应商的知识产权诉讼历史等信息,也是对其进行有效管理的体现。

在采购合同中,应通过相关条款的约定,最大限度地降低采购方的知识产权侵权风险,免除相关责任。定制开发采购中,应在相关合同中明确知识产权权属、许可使用范围、侵权责任承担,特别要避免由于在定制开发合同中没有约定或约定不明,导致本应由采购方享有的知识产权被开发方获得或者无偿使用或以其他方式流失。

【实施要点】

采购涉及知识产权的产品,企业的常见做法是询问供方该产品是否涉及知识产权,如涉及则进一步要求供方提供相关的商标注册证、专利证书、软件著作权证书等。还有一种方式是,企业在合格供方的基础上,针对经常采购的大宗产品进行预先的知识产权信息收集工作(收集内容同上),以提高工作效率。上述两种知识产权信息的收集方式适用于不同规模的企业,采购方应从自己的管理实际出发来进行选择。关于"供方提供权属证明",需要注意的是如果供方不是厂商,而是经销商或代理商,应要求对方提供授权经销商的证明。

建议对所有采购信息根据实际情况区分为纸件与电子文档,由专人妥善保管。负责采购业务的人员要与企业签订保密协议。建议将采购信息区分密级,实施有效管理。实际工作中,有的企业将相关的采购信息设定密级,放置于文件袋中(纸件),文件袋封面注明密级或者在文件上加盖密级章。此外，对于供应商的管理，也应加强知识产权信息收集工作。通过调查该供应商的知识产权诉讼历史，大体上可以了解该供应商的知识产权风险概况。在调查时，并非仅仅以该供应商为单一调查对象，而是要对行业内与该供应商有关的竞争对手一起调查，通过这一调查，也可以摸清在该行业中，谁是知识产权强者，谁是弱者，谁将来有可能发动知识产权诉讼，将这些易于发动知识产权诉讼的经营主体列入"高知识产权风险制造者"名单中。

在采购合同中，目前普遍采用供应商责任最重的条款，例如，凡采购产品在将来发生的一切知识产权纠纷皆由供应商承担责任。这种条款是供应商要为其产品提供完全的、毫无保留的知识产权保证。还有一种方式是不在合同中订立条款，而是与每个供应商签订一个知识产权免责声明，声明的内容与前述方式相同。这种情况下签订的采购合同应强调该声明为合同的附件。定制开发采购中，除了上述由供方承担侵权责任的条款外，应特别明确知识产权权属、许可使用范围。此外，对于该供应商提供产品的外包装上的标识的合规性也应在合同中予以强调。如注册商标、版权标识的使用等。在有的案例中，虽然供应商与权利人签署了商标许可协议，但该供应商在使用这枚商标时，没有按照权利人提供的样例使用，篡改了商标的图形，权利人后来诉该供应商违约，这样的风险也一样会传导到该供应商的客户身上。因此，如果涉及类似的情况，建议在采购合同中强调供方对相关标识的合规使用，并要求供方承担非合规使用的责任。

【案例解析】

企业 A 采购了企业 B 的零部件，用于电器产品的制造，在采购过程中企业 B 声称该零部件为其最先开发，并有知识产权。企业 A 未进行进一步的知识产权调查，大量向企业 B 采购该零部件，并用于电器产品的制造。后企业 C 声称拥有该零部件方案专利，企业 A 产品侵犯了其专利权，要求企业 A 停止销售并进行赔偿，严重威胁到其产品市场，企业 A 遂找企业 B 进行确认，但企业 B 无法提供其为该技术开发人的相关资料，以及相应的知识产权证明材料。

企业 A 在产品采购时，虽然向零部件供应商企业 B 询问过零部件相关知识产权情况，但知识产权背景调查工作不到位，未进一步核实情况的真实性，未进一步要求提供知识产权权属的证明材料，导致产品被诉侵权。企业在知识产权背景调查时，应进一步核实对方提供信息的真实性，对于专利证书等权属证据进行收集。

【本条款相关过程涉及的内容】

无。

（四）生产

【标准条款8.4】

> 生产阶段的知识产权管理包括：
>
> a）及时评估、确认生产过程中涉及产品与工艺方法的技术改进与创新，明确保护方式，适时形成知识产权；
>
> b）在委托加工、来料加工、贴牌生产等对外协作的过程中，应在生产合同中明确知识产权权属、许可使用范围、侵权责任承担等，必要时，应要求供方提供知识产权许可证明；
>
> c）保留生产活动中形成的记录，并实施有效的管理。

【理解要点】

在生产过程中经常会产生一些有价值的技术成果，比如研发过程中的设计方案在生产过程中被发现设计不合理，需要对方案进行改进，或者在生产过程中，工作人员为提高生产效率、降低成本而进行的创造性的技术革新，均属于值得关注的技术成果。此种生产过程中的创新成果是企业获取知识产权的重要来源之一，因此适当评估乃至适时形成知识产权成为必要的环节。对于涉及委托加工等对外协作的生产模式的企业，应注重合同中知识产权条款的相关约定，目的是避免和降低相关的风险。此外，企业应保留生产过程的记录，所有这些与生产过程相关的材料和记录，在未来发生知识产权纠纷时都可以用于作为知识产权来源的有力证据。因此，企业应该建立起文档和资料的归档机制，将生产任务的分配、生产过程记录、与生产相关的合同以及与生产有关的会议纪要等材料作好存档和管理。

在传统的生产制造型企业中，常会有对生产工艺进行革新或对设备进行改进的活动产生，革新与改进的程度有大有小。一旦这种活动产生，企业应有相应的机制对其进行知识产权评估，以确认改进的技术方案或者工艺创新是否能形成新的知识产权，并考虑采取何种方式进行保护。

生产过程的记录应完整保留，无论记录的形式是纸件还是电子文档均要进行有效管理，以实现生产活动的可追溯性。对外协作的生产模式同样要保留生产活动的相关记录。

在对外协作的生产模式下，企业既有可能是委托方，也有可能是受托方。即生产活动的发生地点有可能在其他企业，也有可能在本企业。无论上述哪种方式（委托加工、受托加工、OEM、ODM 等），都应该重视合同中知识产权条款的确定。比如在生产合同中，应明确各方的知识产权权利和责任。以委托加工为例，双方应在合同中约定委托加工产品的知识产权权属，以及后续改进设计的知识产权权属及利益，同时应明确各自所承担的知识产权风险。而对于贴牌生产，重点要明确贴牌生产的产品的知识产权状况，避免还未生产就已经侵犯第三方的知识产权等事件的发生。

【实施要点】

很多企业都有对生产过程中技术相关的"小改革"进行记录并对有关的技术人员予以表彰嘉奖的管理实践。在此基础上，企业可以将原有的对于技术革新的管理与知识产权评估相结合，评估的对象包括但不限于新的技术方案、小改小革、合理化建议等，通过组织专业力量对上述内容进行评估，以确定是否可以形成知识产权，并根据企业的经营策略，选择适当的时机与方式予以实现。

工艺步骤、参数等记录在多数企业均有完整保留、有效管理的要求。

在此基础上，还应强调与知识产权形成、实施有关的记录的规范管理。

外协生产合同中知识产权条款的确定，应明确相关的技术方案由谁提供，以确定委托加工产品的知识产权权属及后续改进设计的知识产权权属及利益。同时，合同中也应明确双方各自所承担的知识产权风险。企业作为受托方，如果涉及委托方商标标识的使用，也应主动了解委托方对于商标使用的相关要求，避免不规范使用而产生知识产权纠纷。

【案例解析】

深圳某印刷包装公司属于印刷行业的龙头企业，其在纸质包装盒、纸手袋等产品设计方面具有庞大的设计团队和生产车间，但是其部分生产加工工艺采用外发的方式进行加工，以降低生产成本，外发的工艺有丝印、印刷、覆膜、膜切等工艺。在外发加工过程中，容易造成公司的设计方案和客户委托设计的方案被被委托加工企业泄露，造成企业信息的泄露，给公司带来不必要的损失。2019年，公司领导高度重视，并在公司内部建立了知识产权体系，该体系于2019年2月26日开始实施，实施后，各部门积极参加公司组织的各项知识产权管理规范和企业知识产权管理相关的知识产权培训，提高了公司员工的知识产权意识和对企业知识产权管理规范的理解与认识，从而更好地将企业知识产权管理规范在公司的采购、研发、生产、销售各个环境进行实施，降低了知识产权风险。

企业知识产权管理体系在公司内实施后，各部门对签订的合同进行审批，其中，生产系统就委托加工过程中的知识产权权属、知识产权许可使用范围以及侵权责任承担等内容与委托的第三方进行沟通，并起草了《委托加工合同》与第三方进行签订，约定了知识产权权属、许可使用范围、侵权责任承担等内容，从而有效地保护自身的权益，降低了委托加工过程中的知识产权风险。

国内很多企业都发生过委托第三方进行生产加工时，加工图纸和加工产品信息等泄露的问题，严重时，加工图纸和加工产品信息被竞争对手获取并进行研发，开发出更具有市场竞争力的产品，从而给公司带来严重的损失，并在市场竞争中处于不利地位。这说明企业的委托加工的知识产权保护意识不强。为了防止类似的事情重演，应该在委托加工前，对委托企业的信誉进行调查，企业之前是否存在类似的知识产权或合同纠纷等，避免委托加工时出现类似问题，同时还需要在与委托加工企业签订的委托加工合同中增加知识产权权属、许可使用范围、侵权责任承担和保密责任等内容，对自身权利进行保障，一方面可以通过合同约束委托企业在接受被委托加工业务时对企业进行规范管理，另一方面可以保障后期加工过程中发生知识产权问题或纠纷时，能够得到有效的法律支持和保障，降低委托加工的风险和损失，提高企业的知识产权保护意识。

【本条款相关过程涉及的内容】

8.4 条款对装配、加工、制造等过程中涉及产品与工艺方法的技术改进与创新的相关管理给出了明确要求，相关条款还包括 7.1（创新成果与形成知识产权相关过程的管理）等。在体系建立与审核过程中，应从贯标组织整体上，协调统筹好上述条款涉及的知识产权管理活动。

（五）销售和售后

【标准条款 8.5】

销售和售后阶段的知识产权管理包括：

a）产品销售前，对产品所涉及的知识产权状况进行全面审查和分析，制定知识产权保护和风险规避方案；

b）在产品宣传、销售、会展等商业活动前制定知识产权保护或风险规避方案；

c）建立产品销售市场监控程序，采取保护措施，及时跟踪和调查相关知识产权被侵权情况，建立和保持相关记录；

d）产品升级或市场环境发生变化时，及时进行跟踪调查，调整知识产权保护和风险规避方案，适时形成新的知识产权。

【理解要点】

销售环节往往是知识产权风险爆发的首环节，在产品销售前，风险通常是潜在的，隐藏在企业内部的，而产品一旦面市，将直接面对风险的爆发。当然，与销售相关的宣传活动也在一定程度上面临风险，这一点也应引起足够的重视。销售环节的知识产权管理工作既包括风险预防，又包括针对风险的及时反应，尤其是危机处理和危机公关，这与企业的经济利益、商誉乃至生存空间密切相关。

如前所述，销售处于知识产权风险爆发的首环节，因此，在销售前的准备工作中，知识产权状况的全面审查和分析非常重要。制定的方案既要保护自己的利益不被侵犯，又要降低涉及他人知识产权的风险。产品出口，应对产品所涉及的知识产权进行全面分析，结合目的地的知识产权法律、政策及其执行情况，制定知识产权保护和风险规避方案。对于老产品新渠道，也应特别注重上述分析工作。产品在研发后要历经较长时间才能上市，企业面对瞬息万变的市场环境，在产品销售前制定知识产权保护和风险规避方案更为重要。

广告、产品推介会、展示会、投标等商业活动既有泄露产品技术关键点的风险，也有产品在展示时被发现涉及他人知识产权的风险，因此需要提前制定知识产权保护或风险规避方案。需要强调的是，会展中经常有权利人有针对性地维权。因为会展时有具体的产品展示，无论是取证还是初步判断侵权都比较容易，而且会给参展者带来较大的负面品牌效应，容易逼迫参展人屈服。例如，在德国汉诺威电子展览会上，多家专利池组织（例如，sisvel、wiLan 等运营 MP3、通信技术等的专利池组织）就曾多次查扣多家厂家的产品，一度使我国的 MP3 产品遭遇出口危机。这类风险是会展中最突出的，也是最难处理的风险。近年来，国内举办的会展也越来越重视知识产权维权工作，与会各方知识产权保护意识不断增强，仅以 2014 年第 116 届中国进出口商品交易会（广交会）为例，会议的投诉接待站就受理了知识产权投诉 526 宗，有 626 家参展企业被投诉，330 家企业涉嫌侵权。

产品一旦进入市场，即面临被他人侵犯知识产权的风险。企业应采取适当措施，建立市场监控机制，及时跟踪和调查商标、专利、软件著作权等知识产权被侵权的情况。随着产品销售至终端客户，知识产权保护的触角也要随之延伸。涉外贸易中，若企业在出口地进行了知识产权的申请、注册或登记，市场监控机制也要相应建立并予以实施。

企业对产品进行升级、客户对产品提出新的需求、市场对产品提出新的需求等，都涉及产品的重新立项研发并重新安排生产和销售，新的循环由此开始。此过程应注意对原有的知识产权策略和风险规避方案进行调整，适时形成新的知识产权。

【实施要点】

实践中，很多企业的风险意识很强，将产品的知识产权保护和风险规避贯穿产品从立项研发一直到销售的全流程。因此，对于产品销售这个节点之前要做的知识产权工作，一般不会完全交给销售部门来独立完成，而往往是由企业的其他部门协同销售部门进行工作。比如有的企业，在研发阶段，就进行了规避设计，降低了风险，及至销售前，再次由研发部门或者知识产权主管部门联合销售部进行检索与分析，制定相关的方案。根据产品的性质及应用的领域，有的采取直销、自行安装产品的方式，有的采取与经销商签订保密协议的方式作为保护方案之一。

广告设计中，应避免侵犯他人的知识产权，也应遵守相关的法律（如广告法）中知识产权的相关规定。如果企业自行制作广告，应对于广告的内容（文字、图案、影像、音乐）进行审核，避免侵犯他人知识产权。如果广告内容由专业的广告公司制作，应通过合同中的条款要求制作方承担相关责任，规避侵权风险。对于广告中的文字、图案、影像、音乐应明确知识产权权属及使用范围，避免日后产生纠纷。参与会展前，应进行充分的知识产权检索和分析，了解会展主办方处理知识产权纠纷的机构及相关管理办法。此外，投标也是一种重要的销售前的商务活动，答标人员要有充分的知识产权保护意识，应侧重对竞争对手知识产权的充分了解和己方知识产权优势的宣传。无论产品宣传、会展还是投标，都应注意不要轻易泄露己方产品的技术要点。

企业可以通过网络检索、参与会展、销售及售后人员拜访客户、代理及经销商拜访客户等多种方式结合起来对市场进行监控，及时跟踪和调查知识产权被侵权情况。涉外贸易中的市场监控，可以委托境外代理商进行。一旦发现被侵权的情况，应及时完整地保留相关证据。

企业对产品进行升级时，应参照产品立项、研发的过程对其进行知识产权管理。在充分检索、全面分析的基础上防范知识产权风险，同时，应注意挖掘、保护新形成的知识产权。

【案例解析】

深圳某手机扬声器导线制造公司主要生产各种型号的手机扬声器导线，各种导线之间的区别主要是导线股数、导线的缠绕方式等。这类导线由于体积小、缠绕方式大体相同，产品之间的主要区别通过文字很难描述清楚，如果能观察到实物，技术人员可以轻松地找出区别特征和关键问题所在。该公司计划新上一条生产线，该生产线是为了应对新型号手机的上市而提前做的准备，根据生产的导线股数和缠绕方式，公司技术人员认为预备生产的产品是独一无二的，可放心投资新的生产线。当产品特征发放给销售部门时，销售部门负责人提出了异议，并提供了其在调查市场上同类产品时所采集的实物样品和书面报告，发现本公司准备生产的新产品，实际上市场上一个月前已经有同类产品出现，如果此时投资新的生产线，损失是巨大的。据此，公司及时调整研发方向，对生产工艺和设备做了改动，并通知设备生产厂家按要求调整生产设备的结构。

该公司销售部负责人的尽职工作，对产品所涉及的知识产权状况进行全面审查和分析：不但有书面的分析报告，还有实物样品的采集，有效地纠正了研发部门的错误方向，使公司避免了错误投资而造成的巨大损失。

在产品特征很难用文字表述清楚，分析产品所涉及的知识产权状况时，能够采集同类产品样品，及时准确地提供信息，说明销售部对产品知识产权状况分析的工作，不是简单地建立在网络检索上，还实际地接触、采集样品，使得企业有效地规避了风险。

【本条款相关过程涉及的内容】

无。

（六）小结

立项、研究开发、生产、采购、销售与售后等过程属于一个企业日常生产经营活动的核心过程，这些过程在实施中会涉及专利、商标、商业秘密等知识产权的获取、维护、保护。本部分内容就是从产品的策划、产生到出售的全流程出发，使知识产权与企业的经营流程融为一体，提升企业核心竞争力。

在立项阶段及研究开发和生产流程中嵌入知识产权检索分析、知识产权布局规划、知识产权评估等，将知识产权全面融入企业原有的相关流程；在采购环节以知识产权风险管理为主线，以知识产权资产管理为辅助，大大提高企业的知识产权风险管控能力；在销售环节，知识产权管理的要点仍然是风险的防控，是在销售流程中嵌入知识产权管理点。

"高级结构"（见表5-6）对管理体系标准的编制给出了通用结构，但对于具体领域并未给出有针对性的要求，需要由相应标准的起草人制定。本部分标准7基础管理的内容均属于企业知识产权管理运行的核心工作，可对应于"高级结构"的"运行"部分。

表5-6 "高级结构"与 GB/T 29490 主要条款对比

序号	"高级结构"标准的主要条款	GB/T 29490—2013 标准条款
1	1 范围	1 范围
2	2 引用标准	2 引用标准
3	3 术语和定义	3 术语和定义
4	4 组织环境	
5	4.1 理解组织及其环境	5.3.3 法律和其他要求
6	4.2 理解相关方的需求和期望	
7	4.3 确定×××管理体系范围	
8	4.4 ×××管理体系	4.1 总体要求
9	5 领导作用	5 管理职责
10	5.1 领导作用和承诺	5.1 管理承诺
11	5.2 方针	5.2 方针
12	5.3 组织角色、职责和权限	5.4 职责、权限和沟通
13	6 策划（Planning）	

序号	"高级结构"标准的主要条款	GB/T 29490—2013 标准条款
14	6.1 针对风险和机会所采取的措施	
15	6.2 ×××目标及针对实现×××目标所进行的策划	5.3.1 知识产权管理体系策划 5.3.2 知识产权目标
16	7 支持（Support）	
17	7.1 资源	6 资源管理（6.1、6.2、6.3、6.4）
18	7.2 能力	
19	7.3 意识	
20	7.4 沟通	5.4.3 内部沟通
21	7.5 文件化信息	4.2 文件要求
22	7.5.1 总则	4.2.1 总则
23	7.5.2 形成和更改	4.2.3 知识产权手册 4.2.4 外来文件和记录文件
24	7.5.3 文件化信息控制	4.2.2 文件控制
25	8 运行（Operation）	
26	8.1 运行策划和控制	7 基础管理 8 实施运行
27	9 绩效评价（Pelformance evaluation）	
28	9.1 监视、测量、分析和评价	9.1 总则 9.3 分析与改进
29	9.2 内部审核	9.2 内部审核
30	9.3 管理评审	5.5 管理评审
31	10 改进（Improvement）	9.3 分析与改进
32	10.1 不合格和纠正措施	
33	10.2 持续改进	

九、审核与改进

（一）总则

【标准条款 9.1】

策划并实施下列方面所需的监控、审查和改进过程：

a）确保业务过程中产品、软硬件设施设备符合知识产权有关要求；

b）确保知识产权管理体系的符合性；

c）持续改进知识产权管理体系的有效性。

【理解要点】

该条款是对内部审核在总的原则上规定了控制，实质也是对"9 审核和改进"设置目的的一个说明。

通过对企业知识产权管理体系的持续审核和改进提出要求，建立定期检查制度，持续发现自身知识产权管理体系中的问题并予以改进，不断提升其有效性、适用性与科学性，确保企业的动态完善，与生产经营活动实现契合。

"策划并实施"是要按照 9.2 的要求"编制形成文件的程序"，程序中要规定对 9.1 的监控、审查和改进控制。

"确保"实质上是证实或者验证，确保的对象是"产品、软硬件设施设备符合知识产权有关要求""知识产权管理体系的适宜性"以及在持续改进的基础上"知识产权管理体系的有效性"。"有关要求"是指本标准的要求、法律法规的要求和相关方的要求。

"下列方面所需的监控、审查和改进"，是指对知识产权管理体系的制定以及运行实施情况要有监控，要开展审查工作，并通过这一工作，发现问题、分析原因、制定改进措施。

"产品、软硬件设施设备"，是保障知识产权管理体系运行的资产，在标准条款中不止一次提到，如 6.2 基础设施——"确保知识产权管理体系的运行"，7.4.1a——"避免或降低生产、办公设备及软件侵犯他人知识产权的风险"，都是对知识产权提出的有关要求。只有符合知识产权有关要求，才具备符合标准的基础。

"适宜性"是指知识产权管理体系与生产经营体系以及企业的规模是相匹配的，能够满足企业发展对知识产权管理体系提出的要求，确保体系对企业整体发展产生积极有效的影响。

"有效性"是指体系能够长期保持有效，通过持续不断地分析与改进达到螺旋式的发展，确保体系的稳定性。

【实施要点】

编制文件化的程序，策划监视和改进的具体手段。

【本条款相关过程涉及的内容】

无。

（二）内部审核

【标准条款 9.2】

> 应建立形成文件化的程序，并定期进行内部审核，以确保知识产权管理体系符合本标准的要求。

【理解要点】

内部审核，顾名思义，是企业自己发起的对自己知识产权管理体系运行和实施情况进行的审核；是由内部审核员通过内部审核现场实施，获取审核证据并形成文字记录，将审核证据与审核准则比较后对其进行的客观评价。它是系统的、独立的并形成文件的过程。系统的是指内部审核活动与受审核部门必须是有机的结合，独立的是指审核意见必须是内部审核员在不受干扰的情况下独立形成的，同时内部审核员不得审核自己所在的部门。内部审核一般用于管理评审和其他内部目的，可也作为企业自我合格声明的基础。

要求企业在内部审核工作时建立文件化的程序，保证定期的频次，并原则性地规定了审核的内容和范围，即满足本标准的要求。

编制文件化的程序，程序中要有目的、适用范围、术语定义、职责、工作程序和产生的记录。

（1）目的：是实施内部审核要达到的目的，一般是规定某公司知识产权管理体系内部审核的要求与程序，检查和评价知识产权管理体系的符合性、有效性和适宜性，确保知识产权管理体系持续改进。

（2）适用范围：是该程序适用于哪个过程，一般是适用于公司知识产权管理体系内部审核活动的管理和控制。

（3）术语定义：是对程序中的术语进行定义，术语一般包括内部审核、审核准则、不符合等。

（4）职责：是实施内部审核的部门或者岗位应当承担的职责，部门或者岗位一般包括知识产权管理机构、管理层（包括最高管理者和管理者代表）、其他部门等。

（5）工作程序：是实施内部审核的具体控制流程，可以以流程图体现，但必须配以说明，也可以直接以说明性文字体现。"定期"要在工作程序中有所体现。工作程序的具体内容在实施要点中重点说明。

（6）产生的记录：是内部审核实施过程中产生了哪些记录，要对记录的名称进行列举，一般包括"会议签到表""内部审核计划""内部审核检查表""内部审核记录表""内部审核不符合报告""内部审核报告"。记录的范围可以根据企业策划的工作程序有所不同。

"满足本标准的要求"具体含义包括下列方面。

"本标准"指的是 GB/T 29490—2013 标准，"本标准的要求"是 GB/T 29490—2013 标准里所有标准条款的要求。判断是否满足，必须同时对以下两个方面进行内部审核。

（1）体系覆盖的所有部门。体系覆盖的所有部门在知识产权管理体系结构框架以及职责分配表中都有体现，每个部门根据职责都会承担一部分 GB/T 29490—2013 条款的要求，只有对体系所覆盖的每个部门均进行内部审核，才能判断每个部门在知识产权管理体系实施运行上是否符合 GB/T 29490—2013 所有标准条款的要求。当职责分配表中对于某一部门，没有主要承担的条款时，可能会发生某一部门没有纳入内部审核中的情况。

（2）GB/T 29490—2013 的所有条款。通常在对体系覆盖的所有部门知识产权职责清晰明确的情况下，对体系覆盖的所有部门均进行内部审核时，GB/T 29490—2013 的所有条款自然就会全部审核到。当职责分配表中对于某一条款，不能确定主责部门时，可能会发生条款的遗漏。

当有部门没有纳入内部审核中或者当有条款遗漏时，则不能确定此次进行的内部审核是"满足本标准的要求"的。

【实施要点】

1. 职责

企业在规定职责时，要明确知识产权管理机构、管理层（包括最高管理者和管理者代表)、内部审核组（包括内部审核组组长和内部审核员）的权限和职责，这几个部门和岗位必然会参与实施内部审核，所以对于其在内部审核实施过程中的权限和职责要明确规定。

一般来讲，知识产权管理机构负责编制"年度内部审核方案"、归档保管内部审核档案，并根据授权行使协调、组织、管理职责。管理层负责批准"年度内部审核方案""内部审核计划"和"内部审核报告"，指定内部审核组组长及内部审核员，协调纠正和改进措施中的有关问题。内部审核组长负责领导和组织内部审核的具体实施，编制"内部审核计划"和"内部审核报告"。内部审核组负责现场内部审核的具体实施。除了以上部门和岗位，其他体系内的部门也是内部审核实施不可缺少的，配合公司知识产权内部审核实施，落实内部审核纠正措施。

有些企业设立了专门负责体系管理的部门，具体实施内部审核，负责编制"年度内部审核方案"和"内部审核计划"，内部审核结束后还负责编写"内部审核报告"，甚至还从该部门成员中选任审核组组长。这些都无可厚非，但是要注意，这些部门在编制和实施的过程中，知识产权管理机构的充分参与是非常必要和重要的。知识产权管理机构要把握内部审核实施的专业性方向，确保内部审核的有效性。

2. 工作程序

企业可以为内部审核编制流程图，将各岗位的权限与内部审核的过程按照节点对应起来。仅有流程图还不能达到"编制形成文件的程序"的要求，还需对流程图配以描述性的说明文字，即内部审核实施的详细流程规定。当然，企业也可以不采用流程图配以文字说明，直接以文字描述形式对内部审核实施流程加以规定。无论以何种形式，以下几个步骤建议都包含在内。

（1）建立审核方案。

"年度内部审核方案"是针对特定时间段所策划，并具有特定目的的一组（一次或多次）审核安排，包括策划、组织和实施审核的所有必要的活动。

企业根据知识产权工作规划和计划，建立每年的"年度内部审核方案"。首先要明确该方案的编制、审批权限，其次该方案的主要内容要包括年度内部审核的要求和总体安排：内部审核的目标、范围、频次、准则；参与内部审核的人员及职责；内部审核所需的资源；对内部审核的监视、评价和改进的安排；年度内部审核的时间安排。

在该步骤中产生的记录是"年度内部审核方案"，关键岗位的关键事项要成为审核方案的重点。

这里需要注意的是，企业根据情况可以安排每年一次以上的内部审核实施，也可以安排一次内部审核实施。若安排多次内部审核实施，需要确定每次内部审核的策划目的、范围、方法、依据和所需的各项资源。

（2）建立审核组。

管理层根据确定的"年度内部审核方案"，任命具有资格的内部审核组长和内部审核员，组成内部审核组。内部审核组的职责就是实施内部审核。当然在管理层充分授权的情况下，也可由知识产权管理机构任命以上人员。在该步骤中产生的记录是"任命审核组名单"。

（3）内部审核前的准备。

内部审核过程是非常紧张的，所以内部审核前需要做好充足的准备。内部审核前的准备是内部审核实施非常重要的步骤，只有做好充足的准备，内部审核的实施才能具备达到9.1"确保"目的的基础。

内部审核前的准备包括以下方面。

①编制"内部审核计划"。内部审核组组长根据确定的"年度内部审核方案"编制"内部审核计划"，内容包括：内部审核目的、范围、准则、涉及时期、审核分组、内部审核活动日期安排，计划报管理层审批后，由知识产权管理机构向企业发布。编制计划的过程是控制此次内部审核是否"满足本标准的要求"的过程，所以内部审核活动日期安排中应包括体系覆盖的所有部门名称，每个部门承担的标准条款号，以及审核每个部门的时间，以确保万无一失。

②内部审核组准备会议。内部审核组组长在内部审核前，主持召开准

备会议，介绍"内部审核计划"的内容，对内部审核的每个小组分配任务，要求每个内部审核小组对所负责受审核部门的文件进行审核，策划内部审核的检查思路，同时该准备会议要解决内部审核实施可能会产生的不明确问题。

③文件审核。内部审核的每个小组对所负责的受审核部门进行文件审核，熟悉并掌握该部门的职责和体系文件。

④编制知识产权管理体系"内部审核检查表"。内部审核组组长和每个内部审核小组根据"内部审核计划"对所负责的受审核部门策划内部审核的检查思路，分工编制检查表。

⑤准备审核所用工作文件。内部审核组成员根据分工准备使用的文件，包括"内部审核计划""首末次会议签到表"、编制完成的"内部审核检查表""不符合项报告""内部审核报告"、受审核部门的体系文件、相关的法律法规和其他要求。

在该步骤中产生的记录包括"内部审核计划""准备会议记录""文件审核意见""内部审核检查表"及各种审核用工作文件。

（4）内部审核现场实施。

所有的准备工作都为了内部审核现场实施，现场实施包括以下方面。

①召开首次会议。首次会议是拉开内部审核现场实施的序幕，一般由内部审核组组长主持，受审核部门主要负责人或经办人员参加，所有参会人员签到，时间控制在30分钟以内。内容主要包括：确认本次内部审核的目的、范围、准则；介绍本次内部审核分组情况，说明审核活动的时间安排；介绍本次内部审核方法；确认向管理层汇报的时间和召开末次会议的时间、地点。

②收集审核证据。首次会议结束后，内部审核组根据计划安排立刻进行现场审核，在现场审核实施过程中收集审核证据。现场审核的指导性文件是编制完成的"内部审核检查表"，根据检查表的审核思路，由审核员抽取样本，通过面谈、查阅文件和记录、现场观察，将审核证据收集核实后记录在"内部审核记录表"中。在现场审核过程中，若发现不符合的事

实，应就该事实与受审核部门负责人充分交流意见，并得到受审核部门负责人对该不符合事实的当场确认。该阶段交流的只是不符合的事实，内部审核员注意不要发表主观意见。

③内部交流。内部审核组组长根据"内部审核计划"安排召集内部审核员内部交流，交流的内容可包括：审核中跨部门的审核线索；评价各内部审核小组的审核发现；协调内部审核进度，根据需要调整分工；检查各内部审核小组的"内部审核记录表"，认为必要时，安排补充审核。

④形成审核结果。内部审核现场实施全部完成后，内部审核组组长召开总结会，内容可包括：内部审核员将"内部审核记录表"的审核证据与审核准则比较，发现问题点进行标注；内部审核员向组长汇报审核发现的问题点，进行讨论确定，根据审核准则判定不符合项；内部审核员对组长确定的不符合项，从"内部审核记录表"中归纳不符合项事实，判定性质及不符合的准则条款号，编制"不符合项报告"，连同"内部审核记录表"一同交给内部审核组组长；内部审核组组长根据各内部审核小组上交的"内部审核记录表"以及汇总的"不符合项报告"，编制"内部审核报告"，内容包括：审核的目的、范围、准则、涉及时期、抽样的客观性和局限性、审核综述、对知识产权管理体系有效性评价、审核结论、纠正措施及验证要求。

该步骤可能会有《不合格控制程序》作为支持性文件。

这里要注意开具"不符合项报告"时对不符合部门的确定。不符合的事实在哪个部门发现的，虽然该不符合的原因可能不在这个部门，但是不符合项报告中的不符合部门仍然是在发现不符合事实的部门。

⑤向管理层汇报。内部审核组组长在末次会议前，向管理层汇报内部审核整体情况、"不符合项报告"和"内部审核报告"，征求领导意见和指示。同时请领导确认不符合报告的事实，一并请受审核部门负责人确认不符合的事实。注意这里只是由他们确认不符合的事实，是否对该不符合事实开具"不符合项报告"由管理层决定。

⑥召开末次会议。根据首次会议内部审核组组长汇报的末次会议时间，

依然由内部审核组组长主持，受审核部门主要负责人或经办人员参加，所有参会人员签到。内容主要包括：感谢各受审核部门的支持、配合；宣读"不符合项报告"和"内部审核报告"；解答各受审核部门的疑问；请管理层讲话；宣布内部审核现场结束。

在该步骤中产生的记录包括"首末次会议签到表""内部审核记录表""内部交流会议记录""不符合项报告""内部审核报告"。

步骤 3 和步骤 4 中产生的"内部审核检查表"和"内部审核记录表"可以合二为一。

（5）内部审核报告。

内部审核组组长将形成的"内部审核报告"，上报管理层审批，并由知识产权管理机构将审批后的"内部审核报告"连同"不符合项报告"提交给受审核部门。

在该步骤中产生的记录包括"内部审核报告"。

（6）不符合项的整改与验证。

①不符合项的整改。受审核部门收到"不符合项报告"后，根据"内部审核报告"中要求的期限，进行原因分析，制订纠正措施和实施计划，经受审核部门负责人审批后实施。若开具不符合的部门，出现该不符合的原因不是在本部门，那就需要本部门与原因发生的部门进行沟通，所以对于不符合项的整改，在这种情况下并不是一个部门的事情。

②对不符合项的验证与关闭。内部审核组组长在"内部审核报告"要求的期限到期前，对纠正措施的实施效果进行跟踪验证，并在必要时，要求受审核部门采取补充措施或进一步整改措施，实施后二次验证。验证的内部审核员填写"不符合项报告"中的验证栏，并给予关闭，签字确认后，交由知识产权管理机构上报管理层审批。

在该步骤中可能产生的记录包括"纠正措施和实施计划""纠正措施效果验证记录"。

该步骤可能会有《纠正措施控制程序》作为支持性文件。若企业并未策划和编制《纠正措施控制程序》，则该步骤产生的记录可能只会在"不符合项报告"中的验证一栏体现。

（7）内部审核的评审和归档。

知识产权管理机构收集保管内部审核实施过程中形成的所有记录并归档，并在知识产权管理评审实施中提交该内部审核现场实施的相关信息。必要时形成综合报告，包括内部审核报告和内部审核后纠正措施的报告。

在该步骤中可能产生的记录包括《归档资料清单》。

该步骤可能会有《档案管理制度》作为支持性文件。

【本条款相关过程涉及的内容】

无。

（三）分析与改进

【标准条款 9.3】

> 根据知识产权方针、目标以及检查、分析的结果，对存在的问题制定和落实改进措施。

【理解要点】

知识产权方针是知识产权工作的宗旨和方向，知识产权目标是企业根据知识产权方针制定的所期望实现的知识产权成果。知识产权方针和目标是知识产权管理体系的纲领性文件，所有的知识产权管理活动都要围绕知识产权方针和目标，包括知识产权内部审核。因此，对于内部审核发现的不符合项和其他体系运行实施的问题，要根据知识产权方针和目标以及内部审核对知识产权管理体系检查，对问题分析的结果，制定和落实改进措施。

【实施要点】

企业内被开具"不符合项报告"的部门，一定要对"不符合项报告"进行深入理解，检查和分析该项不符合事实与知识产权方针、目标是否有不一致之处，同时根据不符合事实对应 GB/T 29490—2013 的标准条款进行深入分析。首先分析发生该不符合项的原因，原因可能包括：对该不符合项涉及标准条款的理解不准确；某些工作人员工作疏忽；自以为不符合的事实已经达到了应有的效果等。其次根据分析的不符合项原因，制订纠正措施并落实或者纠正措施计划。原因分析中涉及对标准理解要点不准确的，纠正措施中一定要有对该标准条款培训学习的计划或者记录。但需要注意的是，对于开具的严重不符合项，是必须要落实纠正措施的，不能只制订纠正措施计划。对于整改的不符合项要有足够的整改材料予以支持，要有开具该项"不符合项报告"的内部审核员验证关闭的确认签字。

【本条款相关过程涉及的内容】

无。

（四）小结

本部分结合案例重点讲解了本标准对持续改进工作的总体要求，详细介绍了持续改进工作中审核和改进措施等环节的内容。

企业知识产权管理体系的持续改进可以依据知识产权管理方针、管理目标，通过实施知识产权工作审核、相关资料分析、改正与预防、管理绩效评审等措施，使知识产权管理体系本身及其运行、实施得到持续的自我完善，不断提高有效性。企业知识产权管理体系的持续改进包括审核和改进方面的内容。总则部分主要对企业知识产权管理体系的持续改进提出原则性要求，体现了持续改进工作的规范性、全面性、定期性和科学性。内部审核部分主要介绍持续改进环节分析工作的目的、方法和效果，并对分析工作提出全面、客观、及时反馈的要求。改进部分则重点阐述改进工作需要有计划、有步骤地实施，并且应当得到企业最高管理者或者有决策权的管理者的认可与授权，改进工作是实现持续改进的重要环节。

总之，审核和改进是企业知识产权管理体系持续改进工作的重点，而持续改进工作是企业为确保知识产权管理体系有效运行而进行的具体管理活动，它将指导企业通过持续的、科学的、全面的检查、发现、分析，不断查找出本企业知识产权管理体系所存在的问题和不足，并通过制订和实施改进措施与计划，不断对这些问题和不足加以改进、完善，形成一种良好的自我监督、自我评价、自我完善的闭环，从而保障企业知识产权管理体系的有效运行，实现企业知识产权管理体系对企业整体生产经营活动的支持与促进。

"高级结构"（见表5-7）分别从"绩效评价"与"改进"两章来阐述PDCA循环中的检查与改进，对应于本标准9.2内部审核、9.3分析与改进等内容。

表5-7　"高级结构"与GB/T 29490主要条款对比

序号	"高级结构"标准的主要条款	GB/T 29490—2013标准条款
1	1 范围	1 范围
2	2 引用标准	2 引用标准
3	3 术语和定义	3 术语和定义
4	4 组织环境	
5	4.1 理解组织及其环境	5.3.3 法律和其他要求
6	4.2 理解相关方的需求和期望	
7	4.3 确定×××管理体系范围	
8	4.4 ×××管理体系	4.1 总体要求
9	5 领导作用	5 管理职责
10	5.1 领导作用和承诺	5.1 管理承诺
11	5.2 方针	5.2 方针
12	5.3 组织角色、职责和权限	5.4 职责、权限和沟通
13	6 策划（Planning）	
14	6.1 针对风险和机会所采取的措施	
15	6.2 ×××目标及针对实现×××目标所进行的策划	5.3.1 知识产权管理体系策划 5.3.2 知识产权目标
16	7 支持（Support）	
17	7.1 资源	6 资源管理（6.1、6.2、6.3、6.4）
18	7.2 能力	
19	7.3 意识	
20	7.4 沟通	5.4.3 内部沟通
21	7.5 文件化信息	4.2 文件要求
22	7.5.1 总则	4.2.1 总则
23	7.5.2 形成和更改	4.2.3 知识产权手册 4.2.4 外来文件和记录文件
24	7.5.3 文件化信息控制	4.2.2 文件控制

续表

序号	"高级结构"标准的主要条款	GB/T 29490—2013 标准条款
25	8 运行（Operation）	
26	8.1 运行策划和控制	7 基础管理 8 实施运行
27	9 绩效评价（Pelformance evaluation）	
28	9.1 监视、测量、分析和评价	9.1 总则 9.3 分析与改进
29	9.2 内部审核	9.2 内部审核
30	9.3 管理评审	5.5 管理评审
31	10 改进（Improvement）	9.3 分析与改进
32	10.1 不合格和纠正措施	
33	10.2 持续改进	

中篇 · 体系搭建

第六章 贯标筹备

第一节 管理层统一思想

企业知识产权贯标工作能否顺利推进，离不开最高管理者的重视。最高管理者应做到：制定知识产权方针和目标，为企业知识产权工作提供指引方向；明确知识产权管理职责和权限，确保有效沟通；保障资源配备，确保有序进行。最高管理者应任命管理者代表，管理者代表应确保全体员工理解知识产权方针和目标，确保知识产权管理体系的建立、实施和保持，协调、落实各项资源，确保外部沟通的有效性。管理者代表还要确定主要负责的部门和人员，调动各部门负责人和联络员的积极性，确保知识产权管理体系全面落实。主要负责的部门和人员应牵头组织召开启动会、诊断会、编写文件及后面一系列工作，以形成统一合力。

第二节 确定管理机构

为了使贯标工作能够顺利推进，企业可根据现有的组织架构，建立由最高管理者、管理者代表、IP 部门及体系部门人员、主要职能部门负责人及联络员组成的贯标筹备小组，明确组织组成及职责，确保体系推进能按预期达成。

企业知识产权管理体系是制定实施知识产权制度的框架，而企业的知识产权组织机构和管理职责是企业要实现知识产权有效管理的基础，知识产权制度稳步推行的关键在于管理职责的明确。

对于现代企业，尤其是集团企业、高新技术企业而言，最主要的资产已并非厂房和设备，而是研究开发成果（如产品设计、生产方法、工艺过程、材料配方、计算机软件等）以及知名的商标、商誉等知识财产。一个企业知识产权含量的多少，决定着企业日后的发展规模与潜力。而企业面对如此众多的知识产权，必须有一个科学的管理体系，才能切实保证企业知识产权工作落到实处。最高管理者是企业知识产权管理的第一责任人，知识产权制度的推行实施有赖于最高管理者的大力支持，在此基础上，企业通过制定知识产权方针和目标，成立组织机构，明确管理职责，有效执行，才能使知识产权管理体系落到实处。企业还应该定期对知识产权管理体系的适宜性和有效性进行评审，改进不足以不断完善知识产权制度，这也是现代企业制度对企业管理的要求。

中小型企业既可单独设立知识产权管理机构负责企业的知识产权日常管理工作，也可将知识产权管理机构隶属于某一部门设立。

根据企业知识产权工作的定位和工作阶段，知识产权日常管理部门的隶属有四种设计。

1. 设在研发部门

这是很多技术导向型企业的做法，因为对这些公司来讲，开发专利技术和申请专利是主要的工作，所以将知识产权日常管理部门下设到研发部最为方便，这样既有利于实施与研发密切相关的专利管理，也有利于及时掌握专业技术的动向。这样做的缺点是远离市场和公司决策层，影响知识产权整体管理和布局。

2. 设在法务部门

很多国内企业是这样做的，因为在不少企业管理层的心目中，知识产权就是一项法律事务，应该由法律部门负责。这样做的好处是有利于企业订立契约、规避侵权风险，以及知识产权纠纷的处理等，因为这些是法务部门的职责所在，同时律师也可以很容易地进行尽职调查、收集有关的证据等。但是，这种设置不利于知识产权的整体运营：一方面，知识产权管理机构与技术部门隔开，失去了专利源头的支持——一般法务人员对技术是不感兴趣的；另一方面，知识产权管理机构也远离了市场信息，很容易演变成一个被动应诉的附属机构。

3. 设在总经理办公室

这种方式对知识产权拥有量较少的中小企业来说比较合适，总经理易于指挥控制，成本低、效率高。同时，对正处于知识产权纠纷边缘的企业来说，这也是一种不错的选择，因为每一场可能发生的知识产权纠纷都关系到企业的生死，这是总经理的职责所在，不能委托给任何一个部门决定。这种机构设置方法的缺点是与研发部门和市场部门信息沟通成本较高，随着专利申请、授权等事务的增加，总经理会手忙脚乱，影响到其对其他事务的处理。

4. 设在体系部门

近年来，随着知识产权管理体系的运行推广，部分企业将知识产权管理部门设在体系部门，由体系部门全权负责知识产权管理体系的运行和推广工作。这种机构设置的优点是体系部门对于管理体系的运作模式比较熟悉，方便管理体系的搭建推广、落地实施。缺点是由于体系部门的工作人员对知识产权知识的积累较少，容易导致知识产权工作浮于表面，很难深入。最好的解决办法是将体系部门的工作人员与知识产权工作人员一起形成知识产权管理体系贯标小组，这样既有利于体系的搭建推广，又有利于知识产权工作的落地实施。

知识产权日常管理机构设在哪个部门，要根据企业的具体情况而定，既要考虑现实的需要，又要考虑历史和现状。如果企业现阶段知识产权战略的主要工作在于维权，则该执行机构可以设在法务部门；如果专利创造是知识产权战略的重点，则要将知识产权执行部门设在技术研发部；如果企业的专利战略已经成型，知识产权创造、管理、运用、保护都需要平衡和协调，则设立单独的知识产权管理委员会更为合适。

第三节　确定和配备管理资源

企业的知识产权管理工作要想顺利开展，必须保证充足的资源配备。企业开展知识产权管理工作的保障性资源主要包括四个方面：人力资源、基础设施、财务资源和信息资源。

企业开展知识产权管理工作的人力资源包括从事知识产权管理的工作人员以及与企业知识产权管理活动有关的人员，几乎与企业生产经营活动的全部人员有关。

在知识产权管理部门人员选派方面，大中型企业均应配备知识产权专业管理人才。管理人员专业化是现代企业管理的大趋势，许多跨国公司对此均十分重视。如美国IBM公司有关专利的专门事务由专利律师及专利代理人来处理，其在美国本部就有一百多名专利律师，其他地区则有一百多名专利代理人。现在国内多数企业暂无如此雄厚的人力资源。因此，一方面，企业需加强与外部各类知识产权行政管理机构及服务机构的联系，以及时获得各类知识产权信息和咨询，了解政府政策、行业要求。另一方面，从企业长远发展需求角度看，企业需有意识地培养自己的知识产权专业管理人员，可把企业现有的技术成果、专利方面的管理人员和技术合同的法务人员集中起来，进行系统的知识产权法律培训，努力造就一批既熟悉知识产权法律业务，懂得企业管理知识，又懂得本行业专业技术的高级复合型人才。

知识产权管理工作的顺利开展离不开良好的办公环境及计算机、网络设备、数据库、管理软件等软硬件设备。

企业应为知识产权管理活动的开展提供有效的经费支撑和知识产权价值管理体系。企业各项知识产权工作的开展需要经费支持，才能落到实处，见到成效。

知识产权信息资源是指企业开展知识产权管理活动的一切有用信息，包括国家产业发展的方针政策信息、知识产权法律法规政策信息、产品市场需求信息、人才供需信息、专利文献和科技文献信息等与企业开展知识产权管理活动相关的信息。企业对知识产权信息的利用，贯穿于企业技术研究与开发立项、新产品开发、产品生产制造、市场销售、对外贸易、知识产权侵权诉讼等各个环节，与企业的人力资源、财务资源、基础设施共同构成企业开展知识产权管理活动不可或缺的基础资源。

第四节　其他准备工作

一、制订工作计划

计划是对未来工作方案的一种统筹设计。科学地制订知识产权管理体系贯标工作计划是每个企业贯标工作的起点，也是保证贯标工作顺利进行的重要文件。因此，在确定贯标之初，应首先制订科学合理的贯标工作计划。

在制订工作计划时，首先要确定工作内容，即做什么——工作目标、任务。计划应规定出在一定时间内所完成的目标、任务和应达到的要求。任务和要求应该具体明确，有的还要定出数量、质量和时间要求。

其次要确定工作方法，即怎么做——采取的措施、策略。要明确何时实现目标和完成任务，就必须制定出相应的措施和办法，这是实现计划的保证。措施和方法主要指达到既定目标需要采取什么手段，动员哪些力量与资源，创造什么条件，排除哪些困难等。总之，要根据客观条件，统筹安排，将"怎么做"写得明确具体，切实可行。特别是针对工作总结中存在问题的分析，拟定解决问题的方法。

再次要确定工作分工，即谁来做——工作职责。这是指执行计划的工作程序和时间安排。每项任务在完成过程中都有阶段性，而每个阶段又有许多环节，它们之间常常是互相交错的。因此，制订计划必须胸有全局，妥善安排，哪些先干，哪些后干，应合理安排。而在实施中，又有轻重缓急之分，哪是重点，哪是一般，也应该明确。在时间安排上，既要有总的时限，又要有每个阶段的时间要求，以及人力、物力的安排。这样，使有关单位和人员知道在一定的时间内、一定的条件下，把工作做到什么程度，以便争取主动，有条不紊地协调进行。

最后是要确定工作进度，即什么时间完成——完成期限。

二、贯标启动会

贯标启动会的召开标志着企业知识产权管理体系建设工作正式开始，既是规范企业内部知识产权管理的基础，也是企业重视知识产权的体现。启动会作为知识产权贯标的第一环节，企业应做好知识产权贯标第一课，形成战略导向、领导重视、全员参与的意识。在启动会上，最高管理者要向全体员工传达知识产权贯标的重要性，以及贯标的决心，明确各部门的职责，并对知识产权贯标的工作计划与相关任务进行安排，以便使知识产权贯标工作能够顺利进行。

在启动会的前期策划阶段应确定会议的时间、地点、内容、参会人员，以及需要准备的相关文件。启动会的参会人员一般包括企业最高管理者、管理者代表、各部门负责人、体系编写人员等，还可以包括知识产权行政主管部门人员及其他特邀嘉宾、知识产权贯标服务机构辅导人员等。如条件允许，还可号召全员参与。启动会需要准备的文件材料包括管理者代表任命书、成立贯标领导小组、培训课件等文件。

贯标启动会时间可以不用太长，但是意义非同寻常，尤其对贯标工作能否得到企业所有人员的重视至关重要。因此，只要没有特殊情况，启动会必须召开。启动会上，应向企业最高管理者及全体参会人员传递出重视知识产权对企业的意义、贯标工作的重要性、国家和地方对贯标工作的政策支持和资金扶持情况、贯标工作的几个阶段、每阶段的工作内容、各部门如何配合等内容。最后是最高管理者的总结发言，应强调知识产权工作对企业经营发展的重要性及意义。该环节至关重要，体现了企业决策层对该项工作的支持和要求，同时也是一次鼓舞士气的动员和号召。

三、贯标培训

培训是一种有组织的知识传递、技能传递、标准传递、信息传递、信念传递、管理训诫行为。通过培训可以提高员工的知识、技能的开发，调动员工的积极性，增强组织凝聚力，为企业未来发展阶段合理配置人力资源提供基础支撑作用。

《企业知识产权管理规范》作为一个新生的事物，很多人对它还知之甚少，因此在贯标启动会之后可以从知识产权管理体系背景及意义、企业贯标的必要性和作用、贯标流程、《企业知识产权管理规范》解读等方面开展宣贯培训，从管理者到基层员工，从企业现状到未来规划，提出标准化的要求，科学、全面地指导企业开展知识产权的策划、实施与检查等环节的工作。

第七章　调查诊断

　　企业知识产权管理体系是一套自上而下的规范知识产权的管理活动，涉及企业方方面面的管理问题。因此，在开展知识产权管理体系的搭建工作前，首先要对企业的知识产权管理现状对照《企业知识产权管理规范》进行摸底调查，以便发现问题，制订体系搭建方案。

　　诊断的方式一般包括书面诊断和现场诊断。书面诊断主要以书面的形式了解企业的知识产权管理现状。而现场诊断则是通过面对面的访谈方式进一步了解企业的知识产权管理现状，访谈主要包括高层访谈和员工访谈。通过书面诊断与现场诊断相结合的方式，能够更加全面地了解企业的知识产权管理现状，深层次地挖掘企业知识产权管理过程中存在的问题，并给出有针对性的解决方案。❶

第一节　书面诊断

　　书面诊断可以通过设计调查问卷的形式实现，调查问卷主要以选择题为主，发放对象为体系覆盖所有部门的相关人员，针对不同的对象可以设计不同的调查问卷。调查问卷的内容主要包括以下几个方面。

　　（1）企业组织架构：首先需要了解企业的组织架构，确认知识产权管理体系覆盖的部门。如果是集团公司，还需要确认是否要将分公司、子公司纳入其中，为后续的策划环节确定机构设置、人员配备及部门职责奠定

---

❶ 成胤，杨丽萍．企业知识产权贯标三部曲［M］．北京：知识产权出版社，2018.

基础。

（2）知识产权管理现状：包括知识产权管理机构、管理人员的数量及构成，知识产权管理相关制度，企业现有的知识产权类型、数量及其法律状态。

（3）企业知识产权工作发展阶段：了解企业的知识产权发展阶段，明确企业知识产权工作的重点，以指导知识产权战略的制定。企业的知识产权发展可以划分为四个阶段，即初始阶段、初级阶段、中级发展阶段、高级发展阶段。

①初始阶段：企业知识产权工作的第一个阶段，企业知识产权工作刚刚起步，尚没有知识产权意识，只是有字号和偶然形成的知识产权，并未主动性地拥有其他的知识产权。

②初级阶段：企业开始创立知识产权管理制度，开展知识产权人才教育培训，形成初步的知识产权意识，专利申请和商标注册工作开始起步。

③中级发展阶段：初步建立知识产权管理制度体系，申请专利和商标成为工作主题，知识产权保护提上议事日程，但保护方式以被动保护为主，知识产权意识有所提高。

④高级发展阶段：知识产权管理制度比较完备，知识产权工作稳步发展，专利、商标的申请数量达到相当规模，知识产权应用转化成工作重点，并形成企业的利润增长点，保护方式以主动保护为主，构建完备的立体保护体系，知识产权文化建设成为重要内容。

企业所处的发展阶段不同，其工作内容也大相径庭，但其各阶段工作具有很好的延续性。在初始阶段主要的工作内容是加强知识产权相关的培训，提高企业管理层及员工的知识产权意识，开展基本的制度建设，并开始有意识地形成知识产权。在初级阶段最主要的工作内容就是加大知识产权创造和保护力度，形成大量的知识产权。在中级阶段则要强调知识产权的立体化保护及运用，为企业创造更多的利润，其标志应当是通过知识产权为企业营利，知识产权管理部门也从企业的"花钱部门"变为"挣钱部门"。高级阶段应当在前一阶段工作的基础上，进一步完善相关的管理机制和制度建设，大力加强企业的知识产权文化建设，形成健康的知识产权文化氛围。

（4）企业内部的管理过程及流程：包括企业的研发、采购、生产、销售及人力资源等方面的管理流程及过程，以便将知识产权管理的要点嵌入上述过程。

（5）企业现有的各种体系的运行情况：很多企业的管理比较成熟，建立了质量、环境、职业健康与安全等多种体系。因此，需要了解各体系的运行情况，有利于策划、资源配置、确定互补的目标以及评价组织的整体有效性。

本书给出企业贯标调查问卷示例，供读者参考。

企业贯标调查问卷示例

一、企业基本情况

［1］单位性质：

A. 国有企业 B. 民营企业 C. 股份制企业

D. 中外合资企业 E. 独资企业 F. 事业单位

［2］所处行业：

A. 教育、体育、文化和娱乐业 B. 科研

C. 能源 D. 家电 E. 医药卫生

F. 汽车 G. 信息、计算机和软件业

H. 建筑和建材 I. 食品 J. 机械制造

K. 交通运输和仓储 L. 商业和流通业

M. 金融保险 N. 其他_____

［3］贵单位在行业中所处的位置：

A. 小型规模 B. 中等规模

C. 大型规模 D. 领军企业

---

[4] 所在行业的竞争形势：

A. 市场竞争不明显　　　　B. 市场竞争激烈　　　　C. 垄断行业

[5] 单位持续经营能力与知识产权工作的关系：

A. 关系密切　　　　　　　B. 有一定关系　　　　　C. 没有直接关系

[6] 企业中层以上管理人员对知识产权的熟悉程度（可多选）：

A. 知识产权是公司对中层以上管理人员的基本要求

B. 负责技术、法务的中层以上管理人员精通知识产权

C. 多数中层以上管理人员具有知识产权基础知识并一般性了解工作

D. 普遍不具有知识产权基础知识和不了解相关工作

E. 其他_____

[7] 贵单位是否已经通过其他体系的认证（可多选）：

A. 没有　　　　　　　　　　　B. ISO 9001：2015

C. OHSAS18001：2007　　　　　D. ISO 14001：2004

E. 其他_____

[8] 贵单位申报贯标工作的动因是什么？

A. 政府推荐　　　　　　　　　B. 增加资质

C. 企业发展需要　　　　　　　D. 其他

二、知识产权概况

[9] 商标权

（单位：件）

		2019 年	2018 年	2017 年	2016 年及以前	总计
商标申请量						
注册商标量	国内注册					
	国际注册					
驰名商标件数	司法认定					
	工商认定					
省著名商标						
中国名牌						

［10］专利权

（单位：件）

		发明专利	实用新型	外观设计
申请专利数	国内专利			
	国外专利			
授权专利数	国内专利			
	国外专利			
实施专利数	自有专利			
	引进专利			
转让专利数				

［11］著作权

（单位：件）

	2019 年	2018 年	2017 年	2016 年及以前	总计
著作权登记					
计算机软件著作权登记					

［12］商业秘密

（单位：件）

	2019 年	2018 年	2017 年	2016 年及以前	总计
商业秘密					
技术秘密					

［13］其他知识产权

（单位：件）

	总计
集成电路布图设计权	
植物新品种权	
地理标志使用权	
其他_____	

三、知识产权工作现状

[14] 贵单位有无制定知识产权战略规划：

A. 有（请转［14. a］）　　　　　　B. 无（请转［15］）

[14. a] 目前战略规划的起止时间是什么？战略目标是什么？

_____

[15] 贵单位有无专门的知识产权管理部门？

A. 有（请转［15. a］～［15. b］）　B. 无（请转［16］）

[15. a] 知识产权管理部门有多少人？

A. 1~2 人　　　　　　　　　　B. 3~6 人

C. 7~10 人　　　　　　　　　　D. 大于 10 人

[15. b] 知识产权管理的岗位名称和职责分别是什么？

_____

[16] 贵单位有无知识产权专职管理人员？

A. 有（请转［16. a］～［16. c］）　B. 无（请转［17］）

[16. a] 知识产权专职管理人员有多少人？

A. 1~3 人　　　　　　　　　　B. 4~6 人

C. 7~10 人　　　　　　　　　　D. 大于 10 人

[16. b] 知识产权专职管理人员隶属哪些部门？（可多选）

A. 研发部　　　　　　B. 法务部　　　　　　C. 总经办

D. 战略部　　　　　　E. 其他部门_____

[16. c] 知识产权专职管理人员的岗位名称和职责分别是什么？

_____

[17] 贵单位有无高层领导负责知识产权管理工作？

A. 有（请转［17. a］～［17. b］）　　　　　B. 无（请转［18］）

[17. a] 负责企业知识产权工作的高层领导职务是_____

[17. b] 该高层领导的知识产权管理职责是什么？

_____

[18] 贵单位有无知识产权管理专项经费预算？

A. 有（请转［18.a］~［18.b］） B. 无（请转［19］）

[18.a] 专项经费预算总额为_____元。

[18.b] 知识产权管理专项经费预算主要用途有哪些？

_____

[19] 贵公司专利技术的来源有哪些？（可多选）

A. 自主开发 B. 委托开发 C. 合作开发

D. 专利转让 E. 其他_____

[20] 贵单位研发经费投入占年销售额的比例是：

A. 30%以上 B. 20%~30% C. 10%~20%

D. 5%~10% E. 1%~5% F. 1%以下

[21] 贵单位是否具有鼓励员工创新的激励机制？

A. 有（请转［21.a］） B 没有（请转［22］）

[21.a] 激励措施主要包括哪些？（可多选）

A. 科技奖励 B. 增加岗位技能工资

C. 科技项目承包奖励 D. 收益分享

E. 技术成果转让与有偿技术服务 F. 技术入股

G. 其他_____

[22] 贵单位是否与他人发生过知识产权纠纷？

A. 是（请转［22.a］~［22.c］） B. 否（请转［23］）

[22.a] 累计发生过纠纷的次数为_____次

其中侵犯他人知识产权的次数为_____次；

其中被他人侵犯知识产权的次数为_____次

[22.b] 发生知识产权纠纷的原因有哪些？（可多选）

A. 企业转制造成 B. 开发形式的多样性造成

C. 职务发明的界定造成 D. 员工调离造成

E. 其他

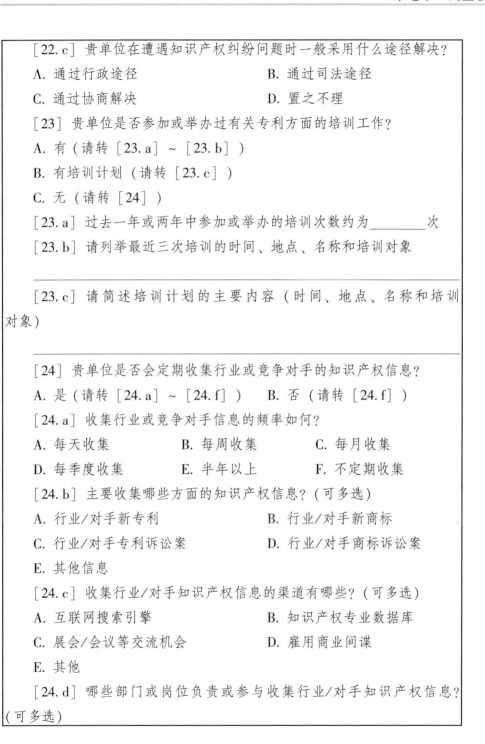

［22. c］ 贵单位在遭遇知识产权纠纷问题时一般采用什么途径解决？

A. 通过行政途径 B. 通过司法途径

C. 通过协商解决 D. 置之不理

［23］贵单位是否参加或举办过有关专利方面的培训工作？

A. 有（请转［23. a］~［23. b］）

B. 有培训计划（请转［23. c］）

C. 无（请转［24］）

［23. a］过去一年或两年中参加或举办的培训次数约为_____次

［23. b］请列举最近三次培训的时间、地点、名称和培训对象

_____

［23. c］请简述培训计划的主要内容（时间、地点、名称和培训对象）

_____

［24］贵单位是否会定期收集行业或竞争对手的知识产权信息？

A. 是（请转［24. a］~［24. f］） B. 否（请转［24. f］）

［24. a］收集行业或竞争对手信息的频率如何？

A. 每天收集 B. 每周收集 C. 每月收集

D. 每季度收集 E. 半年以上 F. 不定期收集

［24. b］主要收集哪些方面的知识产权信息？（可多选）

A. 行业/对手新专利 B. 行业/对手新商标

C. 行业/对手专利诉讼案 D. 行业/对手商标诉讼案

E. 其他信息

［24. c］收集行业/对手知识产权信息的渠道有哪些？（可多选）

A. 互联网搜索引擎 B. 知识产权专业数据库

C. 展会/会议等交流机会 D. 雇用商业间谍

E. 其他

［24. d］哪些部门或岗位负责或参与收集行业/对手知识产权信息？（可多选）

A. 知识产权　　　　　　B. 竞争情报　　　C. 科技管理

D. 战略或规划　　　　　E. 市场或销售　　F. 其他

[24.e] 收集的行业/对手知识产权信息如何利用?

A. 对信息进行加工处理后, 分级别报送不同部门和领导

B. 原始信息直接在企业内网进行发布

C. 收集之后没有进行后续工作

D. 其他方式

[24.f] 贵单位现行规章或制度是否对收集行业/对手信息进行要求?

A. 是（请转 [24.f.1]）　　　　　　B. 否（请转 [25]）

[24.f.1] 请简述规章或制度名称及相关的具体条款。

_____

[25] 贵单位是否有知识产权信息库?

A. 已经拥有　　　　　　　　　　B. 正在建设中

C. 没有, 也无打算建设

[26] 贵单位是否建立了知识产权申请、注册、登记及权利归属规章?

A. 是（请转 [26.a]）　　　　　　B. 否（请转 [27]）

[26.a] 请简述规章或制度名称及相关的具体条款。

_____

[27] 贵单位日常知识产权管理和维护工作包括哪些? (可多选)

A. 知识产权档案管理（请转 [27.a] ~ [27.b]）

B. 年费缴纳（请转 [27.c] ~ [27.d]）

C. 知识产权权属变更或放弃（请转 [27.e] ~ [27.f]）

D. 其他_____

[27.a] 贵单位如何进行知识产权档案管理?

A. 按照知识产权进行分类管理

B. 各种知识产权进行混合管理

［27.b］贵公司现行规章或制度是否对档案管理进行要求？

A. 是（请转［27.b.1］）　　　　B. 否（请转［28］）

［27.b.1］请简述规章或制度名称及相关的具体条款。

_____

［27.c］贵单位如何进行年费缴纳？

A. 年费缴纳前进行内部评估，然后根据需要再进行缴纳

B. 年费缴纳前不进行内部评估，按照规定直接缴纳

C. 全权委托代理机构进行处理

［27.d］贵公司现行规章或制度是否对年费缴纳进行要求？

A. 是（请转［27.d.1］）　　　　B. 否（请转［28］）

［27.d.1］请简述规章或制度名称及相关的具体条款。

_____

［27.e］贵单位如何进行知识产权权属变更或放弃工作？

A. 权属变更或放弃前进行内部评估，然后再进行处理

B. 权属变更或放弃前不进行内部评估，直接处理

［27.f］贵公司现行规章或制度是否对权属变更或放弃进行要求？

A. 是（请转［27.f.1］）　　　　B. 否（请转［28］）

［27.f.1］请简述规章或制度名称及相关的具体条款。

_____

［28］贵单位在研发立项或专利申请前是否进行知识产权检索分析？

A. 是（请转［28.a］~［28.c］）　B. 否（请转［28.c］）

［28.a］贵单位在研发立项或专利申请前进行检索分析的目的一般是什么？

A. 研发立项前进行专利检索，分析技术空白点、形成专利的可能性等

B. 专利申请前对在先技术进行检索，分析专利授权的可能性

C. 其他_____

[28.b] 贵单位如何在研发立项或专利申请前进行检索分析？

A. 由知识产权岗位的专职人员进行检索分析

B. 由研发人员进行检索分析

C. 委托外部服务机构进行检索分析

D. 其他_____

[28.c] 贵单位现行规章或制度是否对研发立项/专利申请前检索分析工作进行要求？

A. 是（请转 [28.c.1]）   B. 否（请转 [29]）

[28.c.1] 请简述规章或制度名称及相关的具体条款。

_____

[29] 贵单位生产过程中是否涉及产品与工艺方法的改进与创新？

A. 是（请转 [29.a] ～ [29.c]） B. 否（请转 [29.c]）

[29.a] 贵单位在生产过程中技术改进与创新的内容有哪些？（可多选）

A. 流程再造   B. 工艺的改革创新

C. 加工方法的创新   D. 专用设备的创新

E. 工装模具的创新   F. 检测方法、检测仪器的创新

G. 其他_____

[29.b] 对生产过程中产品与工艺方法的技术改进与创新成果做何处理？

A. 对技术改进与创新成果进行评估，明确保护方式，并形成知识产权

B. 对技术改进与创新成果未做进一步处理

[29.c] 贵单位现行规章或制度是否对技术改进与创新成果处理进行要求？

A. 是（请转 [29.c.1]）   B. 否（请转 [30]）

［29.c.1］请简述规章或制度名称及相关的具体条款。

_____

［30］贵单位在采购涉及知识产权产品的过程中是否会对供应商进行知识产权调查？

　　A. 是（请转［30.a］～［30.b］）　　　　B. 否（请转［30.b］）

　　［30.a］贵单位如何对供应商知识产权进行调查？

　　A. 自行收集采购产品的知识产权状况

　　B. 由供应商提供所采购产品的知识产权状况

　　C. 其他_____

　　［30.b］贵单位现行规章或制度是否对供应商调查进行要求？

　　A. 是（请转［30.b.1］）　　　　　　　B. 否（请转［31］）

　　［30.b.1］请简述规章或制度名称及相关的具体条款。

_____

［31］贵单位在拟定采购合同时，是否包含知识产权相关条款？

　　A. 是（请转［31.a］～［31.b］）　　　　B. 否（请转［31.b］）

　　［31.a］采购合同中的知识产权条款一般包括哪些内容？

　　A. 明确知识产权权属　　　　　　　　B. 明确许可使用范围

　　C. 明确侵权责任承担　　　　　　　　D. 保密

　　E. 其他_____

　　［31.b］贵单位现行规章或制度是否对采购合同的知识产权条款进行要求？

　　A. 是（请转［31.b.1］）　　　　　　　B. 否（请转［32］）

　　［31.b.1］请简述规章或制度名称及相关的具体条款。

_____

［32］贵单位是否有委托加工、来料加工、贴牌生产等对外协作生产活动？

　　A. 有（请转［32.a］～［32.b］）　　　　B. 否（请转［33］）

[32. a] 外协生产合同中的知识产权条款一般包括哪些内容？

A. 明确知识产权权属　　　　　　　　B. 明确许可使用范围

C. 明确侵权责任承担　　　　　　　　D. 保密

E. 其他_____

[32. b] 贵单位现行规章或制度是否对采购合同的知识产权条款进行要求？

A. 是（请转 [32. b. 1]）　　　　　　B. 否（请转 [33]）

[32. b. 1] 请简述规章或制度名称及相关的具体条款。

_____

[33] 贵单位在产品销售前，是否对产品涉及的知识产权状况进行调查？

A. 是（请转 [33. a] ~ [33. b]）　　B. 否（请转 [33. b]）

[33. a] 产品销售前的知识产权调查一般包括哪些内容？（可多选）

A. 对产品涉及的知识产权状况进行全面审查

B. 制订产品的知识产权保护和风险规避方案

C. 其他_____

[33. b] 贵单位现行规章或制度是否对产品销售前的知识产权调查进行要求？

A. 是（请转 [33. b. 1]）　　　　　　B. 否（请转 [34]）

[33. b. 1] 请简述规章或制度名称及相关的具体条款。

_____

[34] 贵单位在产品宣传、会展等商业活动前是否会制订知识产权保护或风险规避方案？

A. 是　　　　　　　　　　　　　　　B. 否

[34. a] 贵单位现行规章或制度是否对产品宣传、会展等商业活动前的知识产权工作进行要求？

A. 是（请转 [34. a. 1]）　　　　　　B. 否（请转 [35]）

［34. a. 1］请简述规章或制度名称及相关的具体条款。

_____

［35］贵单位是否建立了市场监控机制，及时跟踪和调查知识产权被侵权情况？

　　A. 是（请转［35. a］～［35. b］）　　　　B. 否（请转［35. b］）

［35. a］请简述跟踪和调查知识产权被侵权的方式方法？

_____

［35. b］贵单位现行规章或制度是否对市场监控，及时跟踪和调查知识产权被侵权情况进行要求？

　　A. 是（请转［35. b. 1］）　　　　　　　B. 否（请转［36］）

［35. b. 1］请简述规章或制度名称及相关的具体条款。

_____

［36］贵单位是否开展了促进和监控知识产权实施的工作，是否评估知识产权对企业的贡献？

　　A. 是（请转［36. a］）　　　　　　　　B. 否（请转［36. b］）

［36. a］贵单位如何促进和监控知识产权实施，以及评估知识产权对企业的贡献？（可多选）

　　A. 定期检查知识产权在企业产品、技术、工艺中的应用情况

　　B. 通过激励机制促进知识产权的实施

　　C. 由财务部门核算知识产权对企业的贡献

　　D. 其他_____

［36. b］贵单位现行规章或制度是否对促进和监控知识产权实施，评估知识产权对企业的贡献进行要求？

　　A. 是（请转［36. b. 1］）　　　　　　　B. 否（请转［37］）

［36. b. 1］请简述规章或制度名称及相关的具体条款。

_____

［37］贵单位经营中是否有投融资活动？

　　A. 有（请转［37. a］）　　　　　　　　B. 没有（请转［37. b］）

189

[37.a] 贵单位在投融资活动中，是否进行知识产权尽职调查？

A. 是   B. 否

[37.b] 贵单位现行规章或制度是否对投融资活动进行知识产权尽职调查进行要求？

A. 是（请转［37.b.1］）   B. 否（请转［38］）

[37.b.1] 请简述规章或制度名称及相关的具体条款。

---

[38] 贵单位经营中是否有企业重组活动？

A. 有（请转［38.a］）   B. 没有（请转［38.b］）

[38.a] 贵单位在企业重组活动中，是否进行知识产权尽职调查？

A. 是   B. 否

[38.b] 贵单位现行规章或制度是否对企业重组活动进行知识产权尽职调查进行要求？

A. 是（请转［38.b.1］）   B. 否（请转［39］）

[38.b.1] 请简述规章或制度名称及相关的具体条款。

---

[39] 贵单位经营中是否参与标准的制定工作？

A. 是（请转［39.a］）   B. 否（请转［39.b］）

[39.a] 贵单位在参与标准制定的活动中，是否了解其标准化组织的知识产权政策？

A. 是   B. 否

[39.b] 贵单位现行规章或制度是否对参与标准制定时的知识产权工作内容进行要求？

A. 是（请转［39.b.1］）   B. 否（请转［40］）

[39.b.1] 请简述规章或制度名称及相关的具体条款。

---

[40] 贵企业是否参与或组建联盟及相关组织？

A. 有（请转［40.a］） 　　　　B. 没有（请转［40.b］）

［40.a］贵单位在参与或组建知识产权联盟及相关组织时，是否了解其知识产权政策并进行评估？

A. 是 　　　　　　　　　　B. 否

［40.b］贵单位现行规章或制度是否对参与或组建知识产权联盟及相关组织时的知识产权工作内容进行要求？

A. 是（请转［40.b.1］） 　　　　B. 否（请转［41］）

［40.b.1］请简述规章或制度名称及相关的具体条款。

_____

［41］贵单位经营中是否有涉外贸易？

A. 是（请转［41.a］） 　　　　B. 否（请转［41.b］）

［41.a］贵单位在涉外贸易活动中，是否进行知识产权尽职调查？

A. 是 　　　　　　　　　　B. 否

［41.b］贵单位现行规章或制度是否对涉外贸易活动进行知识产权尽职调查进行要求？

A. 是（请转［41.b.1］） 　　　　B. 否（请转［42］）

［41.b.1］请简述规章或制度名称及相关的具体条款。

_____

［42］贵单位通过何种方式对员工进行管理？（可多选）

A. 劳动合同（请转［42.a］） 　　B. 劳务合同（请转［42.a］）

C. 不签合同 　　　　　　　　D. 其他

［42.a］贵单位与员工签订的劳动合同或劳务合同包括以下哪些内容（可多选）：

A. 约定知识产权权属

B. 约定保密条款

C. 明确发明创造人员享有的权利和负有的义务

D. 约定竞业限制和补偿条款

E. 以上内容都没有

[43] 贵单位是否对新入职员工进行背景调查?

A. 是(请转[43. a])   B. 否(请转[44])

[43. a] 背景调查的内容是否包含知识产权的内容?

A. 是   B. 否

[44] 贵单位是否要求研究开发等与知识产权关系密切的岗位的新入职员工签署知识产权声明文件?

A. 是(请转[44. a])   B. 否(请转[45])

[44. a] 请简述知识产权声明文件的内容。

---

[45] 贵单位是否对离职的员工进行相应的知识产权事项提醒?

A. 是(请转[45. a])   B. 否(请转[46])

[45. a] 请简述知识产权事项提醒的内容。

---

[46] 涉及核心知识产权的员工离职时,贵单位是否执行竞业限制协议?

A. 是   B. 否

[47] 贵单位在经营活动中是否会对合同中相关的知识产权条款进行审查?

A. 是(请转[47. a])   B. 否(请转⌊48⌋)

[47. a] 一般合同涉及的知识产权条款包括哪些内容?(可多选)

A. 保密   B. 知识产权权属

C. 许可及利益分配   D. 后续改进的权属和使用

E. 侵权责任承担   F. 许可使用范围

G. 其他

[48] 贵单位在经营活动中是否开展保密工作?

A. 是(请转[48. a])   B. 否(请转[48b])

[48. a] 以下内容是否已纳入贵单位的保密工作范围之内?(可多选)

A. 涉密人员   B. 涉密设备

C. 涉密信息　　　　　　　　　D. 涉密区域

［48. b］贵单位现行规章或制度是否对保密工作进行要求？

A. 是（请转［48. b. 1］）　　　　　B. 否

［48. b. 1］请简述规章或制度名称及相关的具体条款。

第二节　现场诊断

诊断调查也可以通过与高层或员工访谈的形式，以获取不宜用调查问卷方式收集的信息，深入了解企业的管理现状、知识产权现状、知识产权管理体系实施难点等。一方面，可以就企业未来若干年内的经营目标、知识产权目标、行业定位、企业知识产权管理的优势与劣势、重视什么问题等与高层进行访谈；另一方面，可以就目前的管理流程、配备资源、已经开展的工作、实施标准的可行性、重视什么问题等与中层管理人员及员工进行访谈。

将通过问卷调查和访谈获取的信息进行汇总分析，针对缺失或需要进一步核实的内容可以予以补充访谈。由于企业的规模不同，访谈期间各部门工作压力不同，访谈的时间和次数可以灵活安排。

最终对收集到的所有信息进行分析，以确定企业知识产权管理现状及存在的问题，确定目前组织配备的资源与标准的差距，确定目前组织的管理与标准的差距。在分析中要明确以下内容：

（1）界定企业管理过程中涉及的知识产权种类、经营管理中涉及的知识产权事项，在此基础上明确企业知识产权管理的重点。

（2）找到企业特点，包含企业规模、行业特点、所处地位等，量体裁衣，设计合理的方针、目标，搭建合适的体系，推动知识产权管理更加有效、适宜、充分的运行。

（3）现有制度的充分利用，标准要求文件无遗漏。

第三节　编制诊断报告

诊断调查的最后一步是编制诊断报告。诊断报告应篇幅适度、结构清晰，应涵盖诊断调查的主要内容，并针对有关事项提出建议。在编制知识产权诊断报告时，要依据诊断分析得出的结论一步步实施，不可添加主观判断，一切应可实际操作。

诊断报告可包括如下内容：

（1）调查目的、范围。

（2）企业目前在行业中所处地位、经营目标、知识产权状况、行业竞争对手知识产权状况等，以确定知识产权方针及目标。

（3）企业目前的组织架构及与标准的匹配程度。

（4）企业目前的知识产权资源储备、硬件、人才等基本情况。

（5）企业目前的知识产权管理现状、员工意识、现有制度及执行情况。

（6）企业目前的知识产权管理与标准的差距（可以从知识产权管理的有效性、效率、合规性等方面进行分析）。

（7）亟须解决的优先项问题。

（8）建立、保持知识产权管理体系的有关建议及解决方案。

诊断报告可以采用论述式描述，也可以采用表格式描述或者是两者结合的形式进行描述。

表7-1、表7-2分别给出了某公司采购部和人力资源部的知识产权诊断报告示例，供读者参考。

表 7-1　某公司采购部的知识产权诊断报告示例

部门	现　状	存在问题	改进建议	对应标准
采购部	采购部负责公司的采购工作。 常设人员 3 名，其中部门经理 1 名、专职人员 2 名。 有部门职责。 负责生产环节的设备、物料、包材采购工作。 合同使用公司文本，强势供应商使用供应商文件。(有名单) 有合格供应商评价。 供应商信息由部门经理统一保管	无知识产权职责及考核目标。 合同中无知识产权条款。 采购前未收集产品涉及的知识产权信息	明确部门知识产权职责及考核目标，如负责物资、设备采购的审核工作，采购合同签订时确认是否包含知识产权条款；负责在采购涉及知识产权的过程中，收集相关知识产权信息，进行供方知识产权背景调查；负责做好供方信息、进货渠道、进价策略等信息资料的管理和保密工作。考核目标为：供方知识产权背景调查率 100%；合同知识产权条款覆盖率 100%；采购信息 0 泄密。 在采购合同文本模板中加入标准要求的内容，如乙方保证其对合同项下设备及其附带的产品说明、技术数据、软件、系统等所涉及的知识产权享有合法的权利，不会侵犯任何第三方的合法权利，乙方对甲方采购本合同产品而进行的技术培训不会侵犯任何第三方的合法权利，否则乙方有义务对甲方因此遭受的损失予以全额赔偿。 采购涉及知识产权的产品时，收集相关的知识产权信息，如供应商的资质、商标、授权书、拟采购产品涉及的知识产权情况等	8.3

表 7-2　某公司人力资源部的知识产权诊断报告示例

诊断部门	标准条款	部门现状	存在问题	改进建议及措施
人力资源部	6.1.1 6.1.2 6.1.3 6.1.4 6.1.5 6.1.6	公司有知识产权管理办公室，设在科技管理部。 公司有知识产权专职人员 2 名，兼职人员 1 名。 有对应的岗位职责。 有系统的知识产权培训计划。 劳动合同中有知识产权条款和保密条款。 与部分人员签订了保密协议及竞业禁止协议。	没有对新入职员工进行知识产权背景调查。 培训计划没有分层次。 重要岗位人员未签署知识产权声明文件。 离职人员未提醒知识产权注意事项。 离职人员竞业禁止协议未支付费用。	将新入职员工知识产权背景调查列入人力资源程序。 培训计划按照规范要求分层次实施。 重要岗位人员签署知识产权声明。 人员离职退休时，书面提醒知识产权注意事项。 确定是否对部分离职人员支付竞业禁止费用。

诊断部门	标准条款	部门现状	存在问题	改进建议及措施
		新入职员工有保密和知识产权培训。 有知识产权奖励制度,奖励金额符合要求。 部分部门设置有知识产权联络员,但未纳入知识产权工作人员的范畴。 有对知识产权进行考核。 提出问题: 知识产权人员招聘困难。 如何将离职和退休人员离开对公司造成的损失降到最低	部分部门未设置知识产权联络员。 重要人员入职与离职时未利用专利信息工具,掌握该人员专利信息	各部门设置知识产权联络员并将知识产权职责添加入相应的岗位职责。 重要人员入职与离职时,利用专利检索工具,掌握该人员申请专利信息

第八章　体系构建

企业知识产权管理体系的结构可以分为四个不同的层次：最下面的是基础层，包括公司各种规章制度、作业流程等，它是公司赖以正常运营的基础。第二层是保障层，为确保这些制度、流程得以有效执行的控制手段与方法，包括责任制约机制、激励机制（如问责）、绩效管理、薪酬杠杆等几大常规模块。第三层是文化层，用以提升凝聚力。它将员工个人价值和企业价值绑在一起，在这个层面上进行企业管理，真正致力于对人力资源效率的开发，如教育训练、职业生涯规划、利益共同体等，从而帮助企业取得生产力的提升。而处于这座"金字塔"最顶端的，则是战略层——战略管理，其要求管理者能够真正从战略角度出发，构建公司的战略框架，成为公司发展的指挥棒。由此，有了坚实的制度基础，有执行的保障，有文化的促进，有战略的指引，则可以构成完整意义上的企业知识产权管理体系。

在知识产权管理体系的构建过程中，应遵循以下五项原则。

（1）适用性原则：知识产权管理体系必须适应企业的业务活动、人员和结构；它还必须符合企业的特点；符合企业的目标，绝不能与企业的目标背道而驰。

（2）有效性原则：企业的知识产权管理首先要在正确的目标指导下，通过科学管理，合理组织人力、物力、财力等资源，充分挖掘潜力，高质量、高效率地实现知识产权管理。

（3）符合性原则：企业建立的知识产权管理体系首先要符合《企业知识产权管理规范》的要求。

（4）协调性原则：知识产权管理体系作为管理体系之一，应与企业建立的其他管理体系协调一致，在构建方式及运作模式上应与其他体系协调一致。

（5）前瞻性原则：充分认识企业知识产权管理的系统性、长期性、艰巨性等特点，立足高远，站在未来角度看待企业知识产权管理工作，力争使企业能有持续且长远的发展。

《ISO/IEC 导则　第 1 部分 ISO 补充规定附件 SL》规定了管理体系标准的模式化高级结构，这一高级结构有利于对多个管理体系进行融合。因此，本书在体系的构建过程中，创新性地引用了该结构的内容，为将来的体系融合奠定基础。

第一节　理解自身

一、理解组织及其环境❶

一般来说，组织环境指的是组织的经营环境，包含组织运行的外部环境和内部环境。组织应确定与其目标和战略方向相关并影响其实现知识产权管理体系预期结果的各种外部环境和内部环境。外部环境指政治、经济、技术、社会文化、自然及相关方的影响，一般包括宏观方面和微观方面，它们影响着知识产权管理体系的有效性。内部环境可以是组织的理念、价值观和文化，也可以是组织管理活动的具体工作条件（人员能力、设施、财务、管理机制等）以及标准所强调的过程运行环境，它们影响知识产权管理体系的建立、实施、保持、改进和效率等。

当前，行业竞争激烈，市场瞬息万变，企业在制定战略或规划时，对内外部环境的分析尤为重要。因此，企业在运营发展过程中，亟须对内外部环境进行监视和评价，以便在环境变化时能够作出及时的调整。

---

❶　如何理解"组织及其环境"？[EB/OL]．[2020-01-21]．http://www.51519001.cn/iso9001/iso9001_ 28.html.

　　由于组织环境影响组织的目的、目标、可持续发展和日常的生产经营活动，因此需要采取可行的方法对内部因素（如组织的价值观、文化、知识和绩效）和外部因素（如法律的、技术的、竞争的、市场的、文化的、社会的和经济的）进行分析。分析组织环境的目的是确定解决办法，所以无论采取何种分析方法，其所考虑的方面至少会涉及以下内容：①识别与认识机会与挑战；②正确地认识与把握管理者的任务与目标；③准确把握问题的现状与趋势；④把握组织的条件和环境；⑤明确解决问题的方向与思路。

　　企业在对组织环境进行分析时，通常可采用以下几种方法。

1. 行业环境分析

　　行业是企业生存、发展的空间，也是对企业生产经营活动最直接产生影响的环境。企业可以通过对表 8-1 的内容来开展具有更强针对性的行业环境分析。

表 8-1　行业环境分析

问　题	回　答	本企业状况	应对措施
行业的经济特征是什么？			
行业中发挥作用的竞争力有哪些？			
行业发展趋势是怎样的？有哪些变革驱动因素？			
行业内竞争力最强的公司是哪些？它们的优势在哪里？			
决定成败的关键因素有哪些？			
行业吸引力是什么？			

2. SWOT 分析法

　　SWOT 分析法常常被用于制定集团发展战略和分析竞争对手情况。从整体上看，SWOT 可以分为两部分：第一部分为 SW，主要用来分析内部条件；第二部分为 OT，主要用来分析外部条件。利用这种方法可以找出对自己有利的、值得发扬的因素，以及对自己不利的、需要避开的东西，发现存在的问题，找出解决办法，明确以后的发展方向。其优点在于考虑问题全面，是一种系统思维，而且可以把对问题的"诊断"和"开处方"紧密结合在一起，条理清晰，便于检验。

由于企业是一个整体，所以在做优劣势分析时必须从整个价值链的每个环节上，将企业与竞争对手做详细的对比。如产品的实用性、新颖性、制造工艺成熟度与复杂性、销售与服务渠道是否畅通，以及价格是否有竞争性等。如果企业在某一方面或几个方面的优势正是行业内企业应具备的关键、成功要素，那么企业的综合竞争优势也许就强一些。需要注意的是，衡量一个企业及其产品是否具有竞争优势，只能站在现有潜在用户的角度上，而不是站在企业的角度上。

一般将调查得出的各种因素根据轻重缓急和影响程度等，构造 SWOT 矩阵。表 8-2 给出了企业现状 SWOT 分析矩阵。

表 8-2　企业现状 SWOT 分析

	优势 S： 品牌知名度高，产品质量较好；销售网络健全，技术含量档次高；财务管理完善，研发能力强	劣势 W： 薪酬待遇行业中偏低；生产成本高，产品价格高；基层人员业务水平低
机会 O： 订单逐步增强态势；行业地区领先位置；行业发展空间大等	SO 战略措施： 不断开发新产品、改进工艺、降低成本；完善品牌推广、应用领域；强化人力资源管理	WO 战略措施： 聘请管理顾问，推进企业文化建设；增加执行力、竞争力管理项目；完善绩效考核与薪酬制度
威胁（风险）T： 人员流动快；货款回收周期长；成本上升；行业恶性竞争	ST 战略措施： 开展培训提升员工素质，引入高素质人才；选择优质客户合作确保资金回收；改进管理规范作业，降低成本	WT 战略措施： 调整薪酬制度使之更合理；开发新产品，利用新材料、改进新工艺；异地选址建厂缓解人员压力，降低劳动力成本

3. 价值链分析

企业内外的活动按照价值增加情况可分为价值创造活动和支持活动。企业参与的价值活动中，并不是每个环节都能创造价值，实际上只有某些特定的价值创造活动才真正创造价值，这些真正创造价值的经营活动，就是企业在价值链上的"战略环节"，也是企业要保持的竞争优势。运用价值链方式可以帮助企业分析确定价值链上的关键环节，以培养、保持和巩固企业的核心竞争力。

（1）价值创造活动：为组织的顾客和组织的经营创造收益的过程涉及企业生产、销售、发货/运输和售后服务相关的各种活动。

（2）支持性活动：支持组织日常运作、生产、服务交付的过程涉及人事、财务、计划、技术、采购、后勤等公司范围内的辅助性活动。

在价值链分析时，图 8-1 中的每个过程可通过过程的识别、过程要求的确定、过程的设计、过程的实施、过程的改进五个步骤完成。

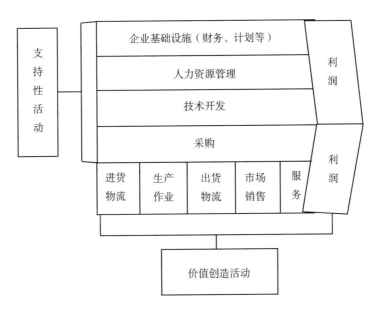

图 8-1　价值链分析

4. 企业竞争态势分析

企业竞争态势分析是指一般用于外部竞争环境的分析。一般来说，行业中存在决定竞争规模和程度的五种力量，分别为：（1）同行业内现有竞争者的竞争能力；（2）潜在竞争者进入的能力；（3）替代品的替代能力；

（4）供应商的讨价还价能力；（5）购买者的讨价还价能力（见图 8-2）。

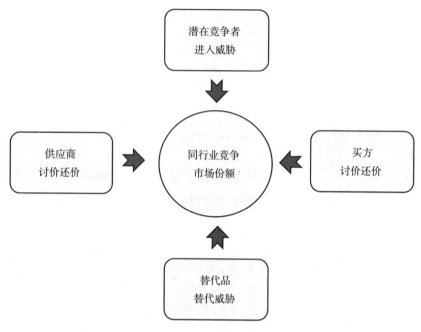

图 8-2　决定竞争规模和程度的五种力量

二、理解相关方的需求和期望

相关方指的是可影响决策或活动、被决策或活动所影响，或自认为被决策或活动影响的个人或组织。如顾客、所有者、组织内的人员、供方、银行、监管者、工会、合作伙伴以及可包含竞争对手或反压力集团的社会群体。

识别有关的相关方是理解组织环境的过程的组成部分。有关相关方是指若其需求和期望未能满足，将对组织的持续发展产生重大风险的各方。此时，组织应确定向相关方提供何种必要的结果以降低风险。组织的成功，依赖于赢得和保持有关相关方的支持。识别有关的相关方是为风险评估提供输入，考虑相关方并形成文件是风险评估的一部分。

三、企业知识产权管理的目的和价值

在充分理解组织环境及识别相关方的需求和期望的基础上，确定组织自身的知识产权管理现状以及期望实现的知识产权管理目标，对知识产权进行管理，帮助企业在市场经济中争取竞争优势，实现企业价值。

知识产权的竞争已成为企业核心竞争力的主要标志之一，也是市场及企业的生命力之所在。知识产权的创造、应用效率和管理水平的高低决定了企业生产效率和市场竞争力的高低。

知识产权是法律赋予权利人的一种独占权，但是它本质上不同于不正当竞争和垄断。知识产权的价值体现在它让知识或技术被社会使用或扩散效率的高低，而知识产权管理则往往平衡了权利独占与社会使用或扩散、个人与公共利益的责权利关系。

知识产权管理能够有效地激励技术创新，创造符合市场需求的新技术，避免局限于利用价格战等不正当手段进行恶性竞争。这样，可以从源头上控制市场竞争节奏，使技术的市场价值链形成良性循环。

有效的知识产权管理能够使企业得到法律保障下的可持续发展，达到社会知识资源的优化配置，创造自由、合法的竞争环境。

另外，企业知识产权管理是企业管理战略的一部分，对企业文化的构建、企业管理的落实、企业发展的实现有着非常重要的作用。首先，企业知识产权管理具有凝聚作用。企业制定的知识产权管理制度代表着企业精神和企业价值观，通过知识产权管理的实施，能凝聚每位员工的积极性和创造力，凝聚成强大的团体合力，迸发出奋发向上的群体意识，进而推动企业的发展。其次，企业知识产权管理具有激励作用。激励管理是企业知识产权管理的重要组成部分之一，良好的激励管理能够为员工打造一个轻松向上的工作环境，让员工发挥出积极的能动力，通过对知识产权权利人物质上和精神上的奖励，激励其他员工进行企业知识产权的创造与保护。最后，企业知识产权管理具有导向作用。企业知识产权管理明确企业的价

值观，鼓励员工与企业一起成长和进步，抑制员工出现违背企业目标的行为。❶

第二节　制定知识产权方针

知识产权方针在内容上除符合相关法律和政策的要求外，还应做到：与企业的经营发展相适应，即适应组织的宗旨和环境并支持其战略方向；为建立知识产权目标提供框架；在持续适宜性方面得到评审；得到全体员工的理解。

一、与企业的经营发展相适应

企业总的宗旨、方针是全面的、多方位的，通常有必要首先建立，包括经营利润、业务发展、营销或销售策略、财务策略、环境安全绩效、员工队伍建设等，可涉及组织各方面的管理，如经营管理、财务管理、质量管理、环境管理、职业健康安全管理、人力资源管理、知识产权管理等。知识产权方针是为实现组织总方针服务的，应与以上其他方面的追求相辅相成、协调一致。在组织总方针的基础上建立知识产权方针是适宜的、容易的。

知识产权方针的制定离不开组织的环境、行业特点，一定要考虑组织的内外部环境。一个只有十几个人的小企业，知识产权工作还停留在初始阶段，把"全员创新、激励创造、加强防护、卓越发展"作为自己的知识产权方针，似乎是不太合适的。

知识产权方针应具有挑战性，应支持组织的战略方向。战略是实现长期或总目标的计划。

某电信企业的国内外专利申请量已超过 2.2 万件，其中发明专利申请占比超过 90%，年度 PCT 国际专利申请量位列世界百强。知识产权布局从

---

❶ 胡佐超，余平．企业专利管理［M］．北京：北京理工大学出版社，2008．

国内到全球，从核心技术到全产业链，从移动通信为主到各板块均衡发展的优化升级，促进创新体系迸发出无限活力。因此，其确立了"量效结合、以质取胜、创新发展"的知识产权方针，有目标、有规划地开展全产业链专利布局，不仅对当前和可预见的未来研发项目进行知识产权保护，还立足长远，感知未来技术走向并进行专利布局，推动行业技术革新。在持续加强知识产权积累，优化知识产权布局的同时，该企业还积极通过知识产权运用提升企业的核心竞争力和整体价值。

某药物研究院是以新药研究为主业的国有独资高新技术企业。该院是国内医药行业最具综合实力和影响力的科研院所之一，研究领域主要涉及心血管、肿瘤、糖尿病三大研究方向，致力于具有自主知识产权产品和技术的创新性研究和开发。近年来，该院的专利申请数量与质量稳步提升，累计申请专利 800 多件，PCT 申请 10 多件，其中发明专利占比 95% 以上，已获得授权专利近 300 件。同时，该院成立了专门的知识产权运营平台，其主要服务于国内外医药企业、高校、科研机构，专业从事医药领域知识产权储备、运营、交易等知识产权经营服务和咨询机构。该所通过自身及该运营平台，采取灵活多样的转移方式，专利运用初见成效，近 3 年累计交易额达到 3 亿元。因此，其确立了"选题专利化，专利产品化，产品规模商品化"的知识产权方针，进一步指导其知识产权工作向着既定目标前进。

二、为建立知识产权目标提供框架

知识产权方针是宏观的，但不能空洞无内容。知识产权方针能为知识产权目标的建立、评审提供方向、途径。

知识产权目标是知识产权方针开展的具体化，知识产权目标应与知识产权方针相对应，并依据知识产权方针逐层展开、分解。

如上述某药物研究院知识产权方针中的"选题专利化"可以通过具体的专利申请目标来落实：年度专利申请量 20 件，且覆盖全部新药立项等。

"服务至上，品质优先，效率为本""小产品，大智慧，严要求，高品质，为全球客户提供一流的产品""知识引导创新，产权创造财富""知识产权驱动创新，科学技术推进文明""运用知识财富发展知识经济"等口号作为知识产权方针是不适宜的。

三、在持续适宜性方面得到评审

企业可通过管理评审来评价知识产权方针的适宜性，以便能够根据组织环境和发展需求及时调整知识产权方针，使其持续适宜组织的发展需求。

如某企业在体系初建时，考虑到企业的实际情况，决定小步快走、分步进行。一方面是因为知识产权本身是很专业的工作，需要逐步转变思路，甚至是纠正根深蒂固的错误认识，都需要时间；另一方面是因为知识产权工作并不是立竿见影地会对企业经营有很大帮助，用力过猛可能适得其反，欲速则不达。因此，其根据对企业自身的现状分析并结合工作目标，把知识产权管理方针定为"激励创造、灵活运用、全面保护、系统管理"，释义如下。

（1）激励创造：当时将发明创造写成专利的人很少，很多技术研发人员在做科研或工程项目的时候，缺少这方面意识，并且有畏难情绪。如何激发大家申请专利的热情，让大家都动起来是首先要解决的问题，因此强调激励创造。

（2）灵活运用：如何让有效专利活起来，除了自行实施时作为公司业绩列入投标文件清单外，还能如何运用，这也是要创造性解决的问题，因此强调灵活运用。

（3）全面保护：专利、经营秘密、技术秘密、软件著作权、图纸、技术文件、商标等知识产权都需要进行保护，因此强调全面保护。

（4）系统管理：当时的管理是分散的、零星的，只把重点放在专利、软件著作权的日常管理中，既没有调动各部门的积极性和管理资源，也没有明确领导的管理职责和管理内容，为了让公司上下一盘棋，让大家在知识产权管理上各就各位，各司其职，因此强调系统管理。

经过两年的体系运行，该企业尝到了知识产权管理体系化的甜头，且由于原先经验不足而出台的体系文件，逐渐暴露出与管理不相适应的问题。因此，其对体系文件进行了修订，并召开管理评审会议，将原来的知识产权方针修订为"持续创新、有效运用、依法保护、规范管理"，使方针更加务实。

（1）由"激励创造"改为"持续创新"，一方面，新的奖酬制度已经实现激励创造的目标；另一方面，创新，特别是高质量、持续性的创新应该是公司未来要着力提升的能力，也是公司长富久安的内在驱动力。知识产权上的创新，既有技术创新，也有管理方法的创新和生产经营上的创新。

（2）由"灵活运用"改为"有效运用"，是因为在知识产权运用上更加扎实，公司未来将更加注重运用的有效性，也就是利用知识产权为公司创造额外价值的能力。

（3）由"全面保护"改为"依法保护"，是因为公司注意到，全面保护有时候会失去重点，而知识产权保护，只有按照法律法规的要求去做，满足相应要件，才有可能真正获得保护。

（4）由"系统管理"改为"规范管理"，增加了合规的考虑。因为系统已经初步建立，而如何管理更加规范，这种规范要同时满足合规、简洁、有效，避免无谓地增加管理成本。

四、得到全体员工的理解

企业可通过培训、教育、宣传等方式向全体员工宣贯知识产权方针，确保每位员工能够对方针理解和认同，并能够在企业内部实施和保持知识产权方针。

知识产权方针可长可短，只要能体现上述要求即可。

知识产权方针分为两类：一类是语言精练，易于记忆，读起来朗朗上口。这类知识产权方针容易被员工理解和宣传。如"量效结合、以质取胜、创新发展"。另一类知识产权方针内容比较详尽，它将形成文件、传达到全体员工，可为公众所获得等管理性内容也列入其中。这类知识产权方针的好处是员工也能知道一些管理内容，缺点是不易记忆。

第三节 制定知识产权目标

GB/T 19000—2016 的 3.7.1 条款关于目标的定义，明确指出目标可用多种方式表述。例如，采用预期的结果、活动的目的或操作规程作为质量目标，或者使用其他有类似含义的词（如目的、终点或指标）。也就是说"目标"与"指标"这两个术语的含义是兼容等效的，只是在不同的场合使用不同的术语而已。一般而言，在目标管理中使用"目标"这个术语，而在绩效管理中更多地使用"指标"这个术语。

一、建立知识产权目标的基本要求

（1）知识产权目标应建立在知识产权方针的基础上，应在知识产权方针给定的框架内展开，但须注意不要机械地一一对应。知识产权目标追求的结果应能实现知识产权方针的要求。知识产权目标的内容，尤其对满足适用要求和知识产权管理体系持续改进的承诺方面，应与知识产权方针保持一致。

（2）在相关职能部门、层次和过程上建立知识产权目标。知识产权目标建立在哪些职能部门，由其与知识产权方针的框架关系决定。知识产权目标分解到哪一层次，视具体情况而定，通常应展开到可实现、可检查的层次，关键是能确保知识产权目标的落实和实现。

在制定各部门、岗位的知识产权目标时，仅是直接分解组织总的目标是不充分的，有些具体过程是间接支持总目标的，这些过程也应建立目标。只有这样，才能真正通过知识产权目标的建立，明确各项活动的知识产权管理追求的目的，把知识产权管理过程预期应达到的结果确定下来，同时也为过程有效性的评价提供依据。

（3）过程知识产权目标（也称过程绩效指标）应包含过程结果指标（目标）和过程运行指标（目标）。

仅有过程结果指标是不够的，如在保密管理过程中设置了结果指标——涉密信息零泄密，说明保密工作质量高。但有可能有这样一种情况，没有发生泄密情况是因为没有人去泄密，而不是保密管理过程合格。因此，在保密管理过程中还需设置过程运行指标，如要求定期对保密措施执行情况进行巡检。

（4）知识产权目标应该是可测量的。测量可以定量也可以定性，如考评、测评、评价等。测量的方法和内容要规范、科学，包括测量的时机、样本的抽取等，以保证知识产权目标测量结果的可靠性。知识产权目标尽可能量化，要确定实现目标的时间框架，以便于测量。定性的知识产权目标如果能够进行评价，也是符合要求的。

二、知识产权目标的构成要素

（1）定量目标。定量目标的构成要素包括目标项目、目标值、期限。例如，2019 年专利申请量 50 件，其中专利申请量是目标项目，50 件是目标值，2019 年 12 月 31 日是期限。

（2）定性目标。定性目标的构成要素包括目标项目、期限。例如，到 2019 年 11 月组织完成 GB/T 29490—2013 的再认证，其中完成 GB/T 29490—2013 再认证是目标项目，2019 年 11 月是期限。

三、知识产权目标的建立原则

目标建立时，要遵循 SMART 原则。

（1）S——明确具体（Specific）。制定的目标一定要明确具体，不要模棱两可。例如，"建立世界一流的企业"这样的目标就不具体。

（2）M——可衡量（可测量）的（Measurable）。表示目标是可以衡量的。如果目标不能衡量，就意味着将来无法考核。

（3）A——可实现的（Attainable）。目标在付出努力的情况下是可以实现的，避免设立过高或过低的目标。知识产权目标应具有先进性和可实现性。知识产权目标是可追求的，可追求的就应该是先进的。但知识产权目标也应该是现实的，制定时应考虑组织现在的水平和同行业的情况，在现实的基础上考虑一定的提升空间，使知识产权目标既高于现实，又通过努力可以达到，真正起到改进知识产权管理的作用。

（4）R——相关性（Relevant）。建立的目标必须与部门、工作岗位紧密相关。

（5）T——时限性（Time-based）。目标的时限性就是指目标的实现是有时间限制的。知识产权目标可分为保持型与改进型两类，一般都有时间方面的限制。如保持，在多长时间内，保持在什么水平；如改进，多长时间内达到什么水平。

四、知识产权目标的建立流程

知识产权目标的建立流程如图 8-3 所示。

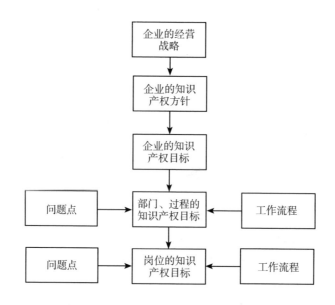

图 8-3　知识产权目标建立流程

企业的知识产权目标来自企业的经营战略、知识产权方针。企业各部门根据上一级的知识产权目标，结合本部门的工作流程与问题点，制定本部门的知识产权目标。下一级的知识产权目标由上一级的知识产权目标展开而来。上一级的知识产权目标可能展开到几个下级部门。各岗位的知识产权目标是根据本部门的知识产权目标、本岗位的工作流程及本岗位的问题点制定的。

将问题点作为部门、岗位知识产权目标的输入条件，是为了体现持续改进的思想。将工作流程而不是部门（或岗位）职责作为部门（或岗位）知识产权目标的输入条件，是为了体现过程管理的思想。

那么，下一级的知识产权目标如何由上一级的知识产权目标展开而来呢？

举个例子，某公司的知识产权目标是新增专利 50 件，为了实现这个目标，就要采取很多措施，其中之一就是申请专利。这一措施与知识产权部有直接关系，这样申请专利就成了知识产权经理的目标。同样，知识产权经理为了实现新增专利 50 件这个目标，也要采取很多措施，如专利工程师需要进行专利挖掘，这样专利挖掘的数量就成了专利工程师的目标。而挖掘出专利后，需要由研发人员提供技术交底书，那么技术交底书的提供就成了研发工程师的目标。

从这个例子可以看出，公司级目标相应的措施构成部门的目标，部门目标的措施构成岗位的目标。每个中间环节都身兼两职：既是上一级别的措施，又是下一级别的目标，构成一个连锁系列。只要岗位级的措施得到落实，基层管理得到保证，就能依次向上层保证，最终实现企业的战略目标。❶

五、制订知识产权目标的实施计划

知识产权目标的实施计划一般包括 5W1H 最基本的内容，即 Why（为什么做，知识产权目标）、What（做什么，实现目标的措施）、Who（谁做，职责和权限）、Where（哪里做）、When（何时做，何时完成）、How（如何做，步骤、方法、资源，以及对结果如何评价等）。

---

❶ 张智勇 . IATF 16949 质量管理体系文件编写实战通用教程 . 北京：机械工业出版社，2018.

第四节　知识产权管理体系策划

知识产权管理体系的各项策划方案应立足于企业的实际状况，可以有展望但是不宜过度超前，当然也不应该落后于企业的发展。

标准是一个普适性的指导文件，它不可能对各行各业、各种大小的企业做到都兼顾，所以企业在策划知识产权管理体系时也要充分结合自身，考虑个性化需求，对不适用的内容进行合理的删减。

企业的知识产权管理体系是由知识产权方针、目标、知识产权管理机构和人员职责、生产经营活动各个环节的知识产权管理事项所构成的有机整体（优化知识产权资源管理）。

构建企业知识产权管理体系框架包括图8-4的内容。

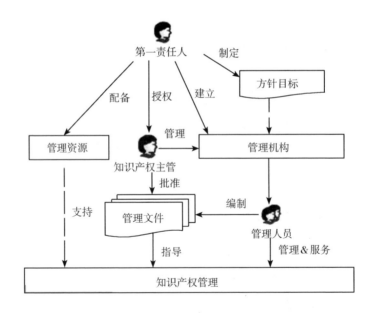

图8-4　企业知识产权管理体系框架

针对现状制定企业知识产权管理的方针、目标，搭建知识产权管理体系，编制管理手册和相关文件。

212

第九章　管理体系文件编写

第一节　概述

一、GB/T 29490—2013 对文件的要求

GB/T 29490—2013 中 4.2.1 总则规定知识产权管理体系文件应包括：（1）知识产权方针和目标；（2）知识产权手册；（3）本标准要求形成文件的程序和记录。（注：本标准出现的"形成文件的程序"，是指建立该程序，形成文件，并实施和保持。一个文件可以包括一个或多个程序的要求；一个形成文件的程序的要求可以被包含在多个文件中。）

GB/T 29490—2013 中 4.2.3 知识产权手册规定编制知识产权手册并保持其有效性，具体内容包括：（1）知识产权机构设置、职责和权限的相关文件；（2）知识产权管理体系的程序文件或对程序文件的引用；（3）知识产权管理体系过程之间相互关系的表述。

二、知识产权管理体系文件的作用

编制知识产权管理体系文件，实际上就是对知识产权管理体系进行总体策划和详细设计。

GB/T 19023—2003（ISO/TR 10013：2001）指出了质量管理体系文件的目的和作用，结合其表述，不难发现知识产权管理体系文件的目的和作用是："将组织的知识产权管理体系形成文件，可实现（但不限于）以下

目的和作用：a）描述组织的知识产权管理体系；b）为跨职能小组提供信息以利于更好地理解相互的关系；c）将管理者对知识产权的要求传达给员工；d）帮助员工理解其在组织中的作用，从而加深其对工作的目的和重要性的认识；e）使管理者和员工达成共识；f）为期望的工作业绩提供基础；g）说明如何才能达到规定的要求；h）提供表明已经满足规定要求的客观证据；i）提供明确和有效的运作框架；j）为新员工培训和现有员工的定期再培训提供基础；k）为组织的秩序和稳定奠定基础；l）通过将过程形成文件以达到作业的一致性；m）为持续改进提供依据；n）向相关方证实组织的能力；o）向供方提供明确的框架要求；p）为知识产权管理体系审核提供依据；q）为评价知识产权管理体系的有效性和持续适宜性提供证据。"

首先，知识产权管理体系文件是知识产权管理活动的依据，是各级管理人员和全体员工都应遵守的工作和行为规范。它为组织的秩序和稳定奠定基础。作为企业的知识产权管理依据，知识产权管理体系文件具有强制性，组织的有关人员必须认真执行，达到行为的一致性。

其次，知识产权管理体系文件是达到企业知识产权管理要求和预期管理目标的保障。知识产权管理体系文件所规定的管理活动，都是为了实现企业知识产权管理要求，以及为此提供必要的信任。提高企业的市场竞争力及规避知识产权风险是企业知识产权管理体系的基本目标。通过知识产权管理体系文件，明确管理职责、工作程序及控制要求，确保知识产权能够提高企业的市场竞争力及规避企业知识产权风险。规范地执行文件对确保知识产权工作的一致性和可追溯性，是非常必要的。

再次，知识产权管理体系文件是评价组织知识产权管理体系有效性和持续适宜性的依据。知识产权管理体系文件本身就是一个组织存在知识产权管理体系的重要证据。无论进行外部或内部的知识产权管理体系审核活动，在评价知识产权管理体系是否符合知识产权管理体系标准的要求，是否有效，是否适宜时，都要把知识产权管理体系文件作为基本依据。程序文件可以证明：过程已被确定，程序已被批准，程序更改处于受控状态。

最后，知识产权管理体系文件对知识产权管理改进起着重要的保障作用。它具有以下作用。

（1）发现目标。将知识产权管理体系运行中某个过程或某项知识产权活动的实施情况与知识产权管理体系文件的要求相对照，较易发现问题，寻求改进机会，从而获得需要改进的目标。

（2）评价结果。对于知识产权管理改进措施的有效性，可以对照知识产权管理体系文件规定的要求和预期的目标，按其能否实现来评定。

（3）巩固绩效。对经过验证有效的知识产权管理改进措施，通过知识产权管理体系文件的更改可将其固定下来，从而保障知识产权管理改进措施的持续有效。

（4）促进内部沟通。将管理者对知识产权管理的承诺传达给员工，以就此在组织内达成共识；为跨职能的小组提供信息，以利于更好地理解相互之间的关系；帮助员工理解其在组织中的作用，从而加深其对工作的目的和重要性的理解。

（5）制定培训需求的依据。知识产权管理体系的各项知识产权活动，都需要具有相应素质的人员来完成。知识产权管理体系文件实施的协调性和绩效，取决于人员的机能。为保证人员的素质，需要根据知识产权管理体系文件的要求来安排相应的培训。它为新员工培训和现有员工的定期再培训提供基础。体系文件本身就是重要的培训教材，文件要求的程度与经培训所能达到的人员技能要相适应。从这个意义上说，体系文件的水平决定了培训应达到的水准。

（6）使相关方了解组织，向相关方证实组织的能力，使审核机构了解组织的知识产权管理体系。

综上所述，知识产权管理体系文件起着沟通意图、统一目标、促使行动一致、证实体系存在及保证其运行效果的重要作用。因此，编写和使用体系文件，应是一种动态的高增值活动。❶

❶　刘晓论，柴邦衡 . ISO 9001：2015 质量管理体系文件［M］. 北京：机械工业出版社，2017.

三、知识产权管理体系文件的构成

知识产权管理体系文件通常包括诸多方面文件。知识产权管理体系文件的范围，因组织的规模、活动类型、过程及其相互作用的复杂程度和人员的能力等差异而不同，可以从组织的实际情况出发，根据需要来安排各层次文件。知识产权管理体系文件一般为塔式结构，由二层、三层或四层文件组成。例如，对于很小的组织，可能只需要一本包括知识产权管理体系程序和操作过程程序的知识产权手册；对于特大型组织，则将文件分为四层更便于管理。

知识产权管理体系的文件层级结构如图 9-1 所示。

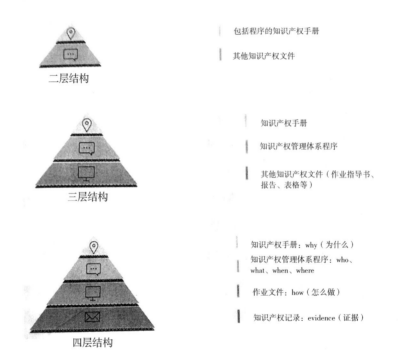

包括程序的知识产权手册

其他知识产权文件

二层结构

知识产权手册

知识产权管理体系程序

其他知识产权文件（作业指导书、报告、表格等）

三层结构

知识产权手册：why（为什么）

知识产权管理体系程序：who、what、when、where

作业文件：how（怎么做）

知识产权记录：evidence（证据）

四层结构

图 9-1 知识产权管理体系的文件层级结构

文件的内容包括：按规定的知识产权方针目标以及适用的标准描述知识产权管理体系；描述实施知识产权管理体系要素所需要的各职能部门的活动；详细的作业文件。

文件的范围、层次、数量和详细程度取决于：（1）组织的规模和类型；（2）过程的复杂程度和相互关系；（3）员工的能力；（4）证实知识产权管理体系符合要求的需要。

第二节　知识产权管理体系文件的编制

一、文件编制的准备

在知识产权管理体系设计阶段的各项任务（包括制定知识产权方针、目标，确定知识产权管理体系所覆盖的产品，组织机构、各部门的职能分配、资源需求等）完成后，就具备了进入文件编写阶段的条件。但要着手进行文件编制，尚需进行以下准备工作。

（1）明确编写职责。知识产权管理体系文件应当由参与过程和活动的人员，最好是负责的管理者来编写。这样有助于加深对必须的要求的理解，并使参与者产生责任感。同时，还应确定由何部门（或职能）来管理这项工作。由于编写文件是临时性任务，它可由临时建立知识产权管理体系的工作组（如贯标小组）或由知识产权部来承担文件编写的管理工作。

（2）评审组织的现有文件和引用文件。组织原有的管理文件具有重要的参考价值。对这些文件的评审和引用，将显著缩短体系文件的编制时间。

（3）收集或编制指导性标准、文件或参考资料。为了统一文件编写的要求、体例和格式，要明确编写的依据。

（4）文件编写人员专题培训。对文件编写人员进行比较系统的培训，使编写人员掌握编写要求、依据、方法、应遵循的原则和注意事项等，对于保证知识产权管理体系文件编写的质量和进度，是一个十分重要的环节。培训要由有文件编写和文件审核经验的人员进行。

二、文件编制的策划

文件编写工作同样需要周密的策划，以便更好地掌握全局。在文件编制的准备工作完成后，应着手开展以下策划活动。

（1）文件需求的识别。首先要识别组织体系运作的过程，以及每个过程都需要哪些文件。然后，把组织所有过程所需文件合并与集合，以形成对总体需要多少文件的认识，并估计大约需要的工作量。通常采用识别过程的乌龟图法，其中的一只爪就是这个过程需要的程序方法。

（2）确定知识产权管理体系文件的结构层次。文件的结构层次取决于组织的背景、规模和人力资源状况。

（3）提出知识产权管理体系文件目录。除知识产权手册外，需列出程序和作业指导书的目录。

（4）确定文件编写小组或主要执笔人。宜临时组成专门的编写小组来编写知识产权手册，程序宜由归口管理部门的负责人执笔，岗位文件宜由业务主管人员执笔。

（5）安排文件编写的进度表。当组织认证时间紧迫时，可采用运筹学的方法，将知识产权管理体系文件的建立和实施同步推进。一方面对照标准落实整改，另一方面编制体系文件。采用这种平行交叉的作业方式，一般可赢得3~4个月的时间。实施的关键是要对文件的编制工作进行精心安排，做到有条不紊。在安排计划时，宜遵循"急用先编、先出台实施"的原则。

三、知识产权管理体系文件的编制方法

（1）文件编制前应进行的准备工作。

识别有效实施知识产权管理体系所需的过程；

理解这些过程间的相互作用；

将这些过程按需要的程度形成文件，以保证其有效运行和得到控制。

知识产权管理体系所需文件的多少取决于对过程的分析，而不应当是

文件决定过程。

（2）文件编制的基本活动。

通过各种手段（如问卷调查和面谈），收集有关现有知识产权管理过程的信息；

列出现有适用的知识产权管理体系文件，并分析这些文件，以确定其可用性；

对文件参编人员进行有关标准和文件编制的培训；

从运作部门寻求并获得源文件或引用文件；

确定拟编制文件的结构和格式，编制知识产权管理体系范围内所有过程的流程图；

对流程图进行分析，以识别可能的改进并加以实施；

通过试运行，确认这些文件；

在发放前对文件进行评审和批准。

（3）引用文件的使用。

为使文件的规模不致过大，可在文件中引用现有公认的标准或者使用者可获得的文件。在引用文件时，应避免规定文件的修订状态，以免因引用文件修订而使引用失效。

第三节　文件编写过程中落实过程方法的几个要点

一、单一过程的构成要素

过程的定义是"利用输入提供预期结果的相互关联或相互作用的一组活动"。从过程的定义看，过程应包含3个要素：输入、预期结果和活动。组织为了增值，通常对过程进行策划，并使其在受控条件下运行。组织在对每一个过程进行策划时，要确定过程的输入（包括输入的来源）、输出（包括输出的接收者）和为了达到预期结果所需开展的活动，也需要确定监视和测量过程绩效的控制和检查点。每一过程的监视和检测检查点会因过程的风险不同而不同。单一过程要素如图 9-2 所示。

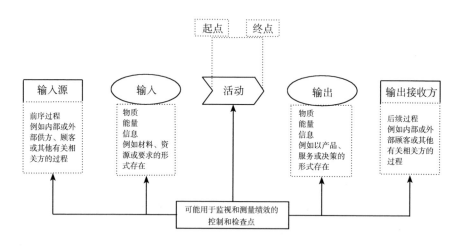

图 9-2　单一过程要素示意

二、单一过程分析图

国际汽车工作组（International Automotive Task Force，IATF）推荐了一种单一过程分析图，因形似乌龟而被称为乌龟图（见图 9-3）。乌龟图是用来分析过程的一种工具，是通过形体语言来表示被识别过程的六个关键问题（输入、输出、使用资源、负责人、活动的依据、评价活动的指标）的图示。该图分别以乌龟的头部、尾巴、四只脚和腹部表示。

识别乌龟图的十步方法：

（1）识别过程和过程所有者（负责部门）；

（2）识别基本的输入（顾客要求）；

（3）识别基本的输出（需求满足）；

（4）识别分过程，把输入转换成输出；

（5）根据分过程完善输入；

（6）根据分过程完善输出；

（7）根据分过程识别每一步需要的设备设施；

（8）根据分过程识别每一步需要什么人执行；

（9）识别方法，使过程控制标准化；

（10）识别过程绩效指标，评估效果和效率。❶

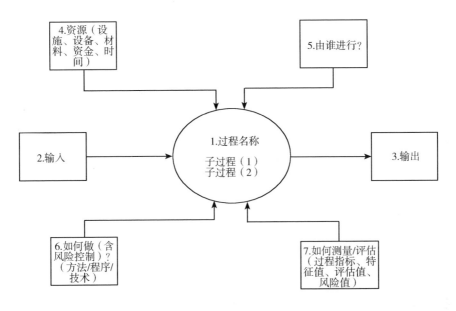

图 9-3　乌龟图示意

说明：

编号	内　　　容
1	过程名称及主要活动（或子过程）
2	过程输入，如文件、要求、报告、信息、计划等
3	过程输出，如产品、文件、计划、报告、信息等
4	过程中使用的资源，包括设备、计算机系统（硬件和软件）、材料、工具等（填上重要的即可）

❶ 张智勇. IATF 16949 质量管理体系文件编写实战通用教程 ［M］. 北京：机械工业出版社，2018.

编号	内　容
5	责任部门/人的职责，要考虑与之匹配的教育、培训和经历要求
6	相关的过程控制（含风险控制）文件、程序、规定
7	反映过程有效性的过程绩效指标、特征值、风险值等

图9-4为产品设计和研发过程乌龟图样例。

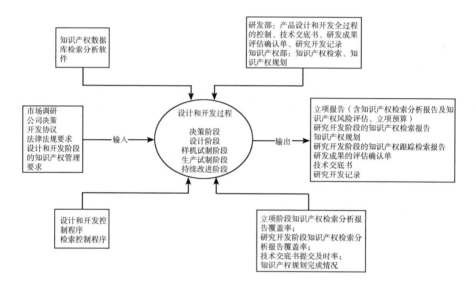

图9-4　产品设计和研发过程乌龟图

表9-1是某公司知识产权管理体系过程分析表。

222

表9-1　知识产权管理体系过程分析表

序号	过程名称	过程输入	过程输出	过程绩效指标	主管人/部门	方法/相关文件
1	风险控制	☆ 企业内外部的环境信息及活动场所及活动的业务活动	☆ 风险识别、风险分析与评价表 ☆ 风险应对计划 ☆ 风险应对计划实施的检查记录	风险控制达标率	法务部	风险控制程序
2	知识产权目标管理	☆ 公司战略 ☆ 工作流程 ☆ 问题点	☆ 知识产权目标及其行动计划 ☆ 知识产权目标及其行动计划实施的检查记录	知识产权目标达成率	知识产权部	知识产权目标管理程序
3	文件控制	☆ 文件编写的需求 ☆ 文件更改的需求 ☆ 外来文件	☆ 受控文件分发、回收记录 ☆ 文件更改通知单 ☆ 现场获得适宜的受控文件 ☆ 文件得到妥善保护 ☆ 文件的要求得到明确 ☆ 文件的秘密级别及保密管理 ☆ 失效文件标记 ☆ 外来文件登记	(1) 每月在现场发现非有效版本文件的次数； (2) 每月发现没有文件的地方没有文件的次数； (3) 涉密文件的借阅、传递、审批记录是否完善； (4) 外来文件来源与取得时同是否可识别，保管方式和保管期限是否明确	文控中心	文件控制程序
4	法律和其他要求控制	☆ 适用的法律法规和其他要求	☆ 法律法规清单 ☆ 收集建立的法律法规获取渠道 ☆ 法律法规的更新 ☆ 法律法规传达给员工	(1) 更新法律法规的频次； (2) 法律法规向员工传达的方式及效果	知识产权部/法律事务部	法律法规控制程序

续表

序号	过程名称	过程输入	过程输出	过程绩效指标	主管人/部门	方法/相关文件
5	人力资源管理	☆ 人力资源需求	☆ 岗位职能说明书 ☆ 入职的知识产权背景调查 ☆ 知识产权声明文件 ☆ 离职员工的知识产权事项提醒 ☆ 知识产权协议	(1) 入职的知识产权背景调查率； (2) 知识产权声明文件的签署率； (3) 离职员工知识产权事项提醒率； (4) 知识产权或协议竞业禁止协议执行情况	人力资源部	人力资源管理程序
6	培训管理	☆ 新进员工 ☆ 转岗员工 ☆ 在职提高需要	☆ 培训计划 ☆ 员工培训记录表 ☆ 培训效果评价表	(1) 培训计划完成率； (2) 培训效果满意度	人力资源部	培训管理程序
7	信息资源管理	☆ 知识产权信息的收集分析利用； ☆ 信息发布的审批	☆ 知识产权检索分析报告 ☆ 信息发布审批记录表	(1) 每年形成知识产权检索分析报告的个数； (2) 信息发布前审批的覆盖率	知识产权部/法律事务部	信息资源管理程序
8	知识产权获取管理	☆ 知识产权目标 ☆ 知识产权获取的工作计划 ☆ 技术交底书 ☆ 商标、著作权取得的需求	☆ 知识产权获取前的检索分析记录 ☆ 知识产权获取记录	(1) 知识产权目标完成情况； (2) 知识产权获取前的检索覆盖率； (3) 知识产权申请及时率	知识产权部	知识产权获取控制程序
9	知识产权维护管理	☆ 知识产权档案管理及日常维护 ☆ 知识产权评估 ☆ 知识产权变更、放弃	☆ 知识产权台账及知识产权档案 ☆ 知识产权评估记录 ☆ 知识产权缴费记录 ☆ 知识产权变更、放弃记录	(1) 知识产权台账的更新频次、知识产权评估的完整程度； (2) 每年进行知识产权评估的次数	知识产权部	知识产权维护控制程序

续表

序号	过程名称	过程输入	过程输出	过程绩效指标	主管人部门	方法/相关文件
10	知识产权实施、许可、转让管理	☆ 促进和监控知识产权的实施，评估知识产权对企业的贡献 ☆ 知识产权实施、许可、转让前的调查评估	☆ 知识产权实施方案，以及知识产权对企业的贡献 知识产权调查评估方案	(1) 知识产权的实施率; (2) 知识产权调查评估报告个数	知识产权部	知识产权实施、许可和转让控制程序
11	争议处理管理	☆ 知识产权被侵权的情况	☆ 知识产权纠纷解决方式	知识产权纠纷诉讼胜诉率	知识产权部	知识产权争议处理控制程序
12	合同管理	☆ 合同 ☆ 委托开发或合作开发合同 ☆ 采购合同 ☆ 委托加工、来料加工、贴牌生产合同 ☆ 人事合同	☆ 合同评审表 ☆ 签订正式合同	(1) 合同评审及时率; (2) 知识产权条款委托合同知识产权条款覆盖率; (3) 委托开发或合作开发合同开发知识产权条款覆盖率; (4) 采购合同知识产权条款覆盖率; (5) 委托加工、来料加工、贴牌生产合同知识产权条款覆盖率; (6) 人事合同知识产权条款覆盖率，保密条款覆盖率	法律事务部	合同管理控制程序
13	保密管理	☆ 商业秘密管理需求	☆ 涉密信息的定密记录; ☆ 涉密信息的传递、保存、销毁记录; ☆ 参访人员的参访记录; ☆ 涉密设备的使用规定及使用记录	(1) 商业秘密零泄密; (2) 每年进行保密管理的巡检次数	总经办	商业秘密管理控制程序

续表

序号	过程名称	过程输入	过程输出	过程绩效指标	主管人/部门	方法/相关文件
14	设计和开发	☆ 市场调研 ☆ 公司决策 ☆ 开发协议 ☆ 法律法规要求 ☆ 设计和开发阶段的知识产权管理要求	☆ 立项报告（含知识产权评估、立项预算） ☆ 检索报告及知识产权风险评估、立项预算 ☆ 研究开发阶段的知识产权检索报告 ☆ 知识产权规划 ☆ 研究开发阶段的知识产权跟踪检索报告 ☆ 研发成果的评估确认单 ☆ 技术交底书 ☆ 研究开发记录	（1）立项阶段知识产权检索分析报告覆盖率； （2）研究开发阶段知识产权检索分析报告覆盖率； （3）技术交底书提交及时率； （4）知识产权规划完成情况	研发部	设计和开发控制程序
15	供应商管理	☆ 供应商开发需求 ☆ 现有供应商动态管理需求	☆ 合格供应商名单 ☆ 供应商业绩评价表	（1）A类供应商比例； （2）供应商知识产权权属证明	采购部	供应商管理程序
16	采购管理	☆ 物料需求计划 ☆ 物料请购单 ☆ 涉及知识产权物料清单 ☆ 采购阶段的知识产权管理要求	☆ 采购产品涉及知识产权信息 ☆ 知识产权权属证明 ☆ 采购合同	（1）采购产品涉及知识产权信息收集覆盖率； （2）知识产权权属证明覆盖率； （3）采购合同知识产权条款覆盖率	采购部	采购管理程序

续表

序号	过程名称	过程输入	过程输出	过程绩效指标	主管人部门	方法/相关文件
17	生产管理	☆ 生产计划 ☆ 订单要求 ☆ 原辅材料、零件 ☆ 生产阶段的知识产权管理要求	☆ 产品与工艺方法的技术改进与创新评估确认单 ☆ 生产外协议 ☆ 生产记录	(1) 产品与工艺方法的技术改进与创新评估确认及时率； (2) 知识产权获取数量； (3) 生产合同知识产权条款覆盖率	生产部	生产过程管理程序
18	销售管理	☆ 销售阶段的知识产权管理要求	☆ 产品交货前的知识产权保护和风险规避方案 ☆ 产品商业活动（宣传、销售、会展等）前的知识产权保护或风险规避方案 ☆ 知识产权教侵权的市场监控记录	(1) 产品交货前知识产权保护和风险规避方案的覆盖率； (2) 产品商业活动前知识产权保护或风险规避方案的覆盖率； (3) 每个月进行知识产权侵权监控的次数	市场部	销售过程管理程序
19	内部审核	☆ GB/T 29490标准 ☆ 知识产权管理体系文件 ☆ 相关法律法规和其他要求	☆ 内部审核报告 ☆ 不符合报告	(1) 每次审核不符合项按时关闭率； (2) 不符合质重复发生率	管理者代表	内部审核控制程序

续表

序号	过程名称	过程输入	过程输出	过程绩效指标	主管人/部门	方法/相关文件
20	管理评审	☆ 以往管理评审所采取的措施的实施情况 ☆ 知识产权方针、目标 ☆ 企业经营目标、策略及新产品、新业务规划 ☆ 企业知识产权基本情况及风险评估信息 ☆ 前期审核结果 ☆ 资源的充分性 ☆ 有关知识产权管理体系绩效和有效性的信息 ☆ 技术、标准发展趋势 ☆ 改进的机会、意见和建议	☆ 管理评审报告（含改进的机会，知识产权方针，改进建议，改进产品、目标，知识产权管理程序，资源需求）	管理评审输出中的决定和措施的按时完成率	最高管理者	管理评审控制程序
21	纠正措施控制	☆ 不符合报告	☆ 纠正措施/纠正措施计划/预防措施 ☆ 纠正措施报告单	纠正措施按时完成率	管理者代表	纠正措施控制程序

三、过程流程图

流程图是将一个过程的步骤用图的形式表示出来的一种图示技术。

流程图的标识符号，企业可以自行规定。表9-2中的流程图符号仅供参考。❶

表9-2　流程图符号

图形	说　　明	图形	说　　明
	流程的开始或结束		根据判定条件自动选择下一个分支流向
	具体任务或工作，如步骤说明、流入条件、责任人、消耗项等		连接线，箭头表示流向
	设置等待时间和流入条件后由系统自动启动		两个并行节点之间的所有分支必须全部完成才能跳出继续
	备注		信息来源
	过程中涉及的文档信息		两个节点之间有一个分支完成就能跳出继续

常用流程图有任务流程图、矩阵流程图。

（1）任务流程图，描述过程中每一步骤的具体活动的流程图，如图9-5所示。

---

❶　张智勇. IATF 16949质量管理体系文件编写实战通用教程［M］.北京：机械工业出版社，2018.

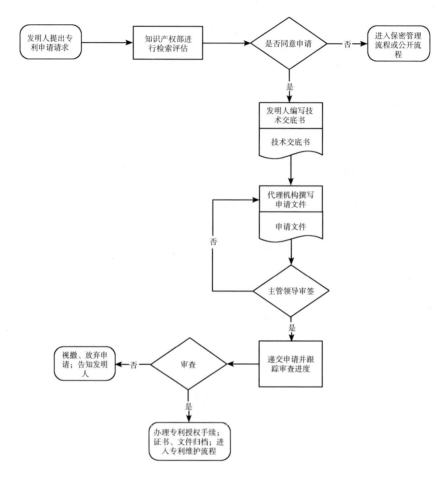

图 9-5　任务流程图——专利申请过程

（2）矩阵流程图，在任务流程图基础上，加上相关方在过程中的关系，即为矩阵流程图，如图 9-6 所示。

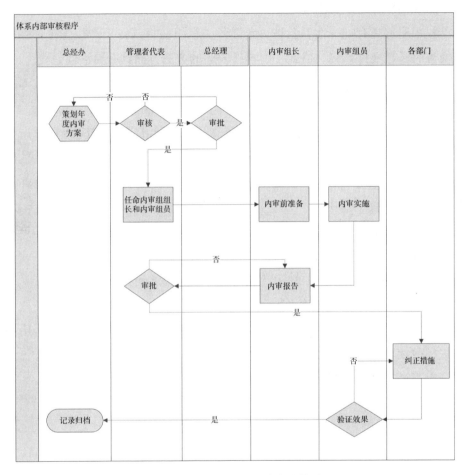

图 9-6 矩阵流程图——内部审核过程

程序文件中，流程图要结合控制要求一起使用，具体情况参见知识产权程序文件章节的描述。

第四节 知识产权手册

知识产权手册是组织知识产权管理的纲领性文件，是对知识产权管理体系总体的概括性描述，是知识产权战略的体现，是实施控制的基础。知识产权手册应当反映组织为实现组织的方针和目标所采用的方法。每个组织的知识产权手册都具有唯一性。但是，允许各类组织在将其知识产权管理体系形成文件时，在文件结构、格式、内容或表述的方法方面具有灵活性。

对于小型组织而言，将对知识产权管理体系的整体描述（包括按 GB/T 29490 要求建立的所有文件）写入一本手册，可能是适宜的。对于大型、跨国的或跨地区的组织而言，可能需要在不同层次上形成相应的知识产权管理体系文件，并且文件的层次也更为复杂。大型、跨国的或跨地区的组织知识产权手册应当包括一个引用文件的清单，但这些被引用的内容并不包括在知识产权手册中。

知识产权手册的内容一般包括或涉及：知识产权方针和目标；知识产权管理体系的适用范围；知识产权机构、职责和权限；知识产权管理体系程序文件或对程序文件的引用；知识产权管理体系过程之间相互关系的表述等。

组织的有关信息，如名称、地址和联络方法也应当包括在知识产权手册中。知识产权手册还可以包括如组织的业务流程，对组织的背景、历史和规模的简要描述等附加信息。

以下所列为一部较完备的知识产权手册样例。

GB/T 29490—2013 知识产权手册

目　录

0.1 前言

随着知识经济的兴起，知识产权已成为市场竞争力的核心要素。企业是自主创新的主体，更是知识产权创造、运用、管理和保护的主体，提高企业的知识产权管理工作水平是增强自主创新能力的重要保证。

本管理手册依据《企业知识产权管理规范》，结合企业的特点及实际，遵行"可行、实效、系统、准确、简明"的原则编写。希望公司员工能认真学习、理解执行，做好知识产权管理工作，提高知识产权创造、管理、运用和保护水平，满足标准要求。

0.2 颁布令

实施企业知识产权管理是企业获得持续发展的关键，是提升企业市场竞争力的保证。

全体员工务必牢记"……"的知识产权管理方针，并以此为己任，在自己的工作中监控、保护知识产权。

本手册根据《企业知识产权管理规范》编制而成，现予以颁布，自××××年××月××日起生效实施。该手册是企业知识产权管理的规范性文件，全体员工必须理解、贯彻、执行。

总经理：×××

××××年××月××日

0.3 企业简介

（略）

0.4 知识产权方针、目标

1. 知识产权方针

<u>科技创新引领未来，知识产权创造财富</u>

方针解释：

公司通过对知识产权进行依法保护和科学管理，提升在知识产权创造、运用、保护和管理方面的能力，进而促进公司创造和运用知识产权，以保护在创新、发明方面的利益，激发发明创造、创新的积极性，促进技术合理、有偿扩散。

<u>或</u>

<u>选题专利化，专利产品化，产品规模商品化</u>

<u>或</u>

<u>持续创新　有效运用　依法保护　规范管理</u>

方针解释：

在全球市场经济不断发展，市场竞争日趋激烈、科学技术不断革新的形势下，充分运用、保护知识产权已成为维护企业利益的迫切需要，因此，公司各个层次的活动围绕以下四点开展：

a）在生产经营全过程重视知识产权，依靠技术创新不断提高公司知识产权的拥有数量和质量，让技术创新成为企业发展的永恒动力；

b）综合运用知识产权参与全球战略竞争，为企业创造利润；

c）主动维权，依法对企业的知识产权进行保护；

d）知识产权管理规范化、制度化、信息化，并不断提高企业知识产权风险管控水平。

2. 知识产权长期目标

提升知识产权意识，加强知识产权管理

实施知识产权战略，提高知识产权质量

增值企业无形资产，降低投资流失风险

或

知识产权工作要服务于公司长远发展目标，并随着企业发展的需要不断地调整知识产权战略，始终与公司整体战略相协调。

在专利申请数量稳步增加的同时，不断提升专利申请质量，做好专利布局工作，实现量质并重发展。规范知识产权管理体系，通过对知识产权的高效管理，全方位保护自主知识产权，规避潜在的知识产权侵权风险，充分发挥知识产权的作用，提升公司的自主创新能力。进一步提高知识产权运用水平，实现无形资产的保值、增值，变无形资产为有形资产，最终实现良好的经济效益和社会效益。

3. 知识产权 3~5 年目标

a）规范公司科技创新和知识产权管理，建立与健全各项规章制度和有效的运行机制；

b）自主知识产权水平逐步提高，专利申请总量不少于 20 件，其中发明专利不少于 8 件；

c）运用知识产权的效果明显增强，知识产权产品比重显著提高，专利技术转化率达 85%；

d）知识产权保护状况明显改善，提高企业员工保护意识，形成知识产权文化氛围，形成全员参与知识产权保护的格局。

或

a）专利申请量、授权量进一步增加，加强重点领域专利布局，提升知识产权质量，其中专利申请在未来3~5年内新增200件，新授权100件以上；发明专利占比大于95%，其中核心专利申请占比大于50%；

b）知识产权管理体系进一步完善，员工知识产权获取、维护、运用和保护的意识进一步提升；

c）提高知识产权运用能力，灵活采用知识产权的许可、转让、质押入股等活动创收获利，并积极拓展国际市场，实现跨境交易。

总经理： ×××

××××年××月××日

0.5 任命书

为贯彻执行《企业知识产权管理规范》及相关法律法规要求，特任命×××同志为公司知识产权管理者代表，负责下列工作：

a）确保知识产权管理体系的建立、实施和保持；

b）向最高管理者报告知识产权管理绩效和改进需求；

c）确保全体员工对知识产权方针和目标的理解；

d）落实知识产权管理体系运行和改进需要的各项资源；

e）确保知识产权外部沟通的有效性。

总经理： ×××

××××年××月××日

1 范围

1.1 总则

本手册按《企业知识产权管理规范》的要求，通过知识产权管理体系的建立、实施、保持和持续改进，规范企业的知识产权工作。

1.2 内容

本手册包括《企业知识产权管理规范》的全部要求以及体系所需过程的相互作用。包括企业知识产权管理的方针、体系要求、资源管理、运行控制、合同管理、检查、分析和改进。

1.3 目的

贯彻《企业知识产权管理规范》国家标准，促进企业建立生产经营活动各环节知识产权管理活动规范，加强知识产权管理，提高知识产权获取、维护、运用和保护水平。

1.4 范围

本手册适用于企业内部和外部经营活动全过程。本手册涉及评价企业是否满足《企业知识产权管理规范》标准和有关法律法规要求的评价体系。

1.5 应用

公司知识产权活动涉及《企业知识产权管理规范》全部条款内容，没有删减。

2 规范性引用文件

GB/T 19001—2008　质量管理体系要求

企业知识产权管理规范（GB/T 29490—2013）

3 术语和定义

GB/T 19000—2008 和 GB/T 21374—2008 界定的以及下列术语和定义适用于本文件。

3.1 知识产权　intellectual property

在科学技术、文学艺术等领域中，发明者、创造者等对自己的创造性劳动成果依法享有的专有权，其范围包括专利、商标、著作权及相关权、集成电路布图设计、地理标志、植物新品种、商业秘密、传统知识、遗传资源以及民间文艺等。

［GB/T 21374—2008，术语和定义 3.1.1］

3.2 过程　process

将输入转化为输出的相互关联或相互作用的一组活动。

[GB/T 19000—2008，定义3.4.1]

3.3 产品　product

过程的结果。

注1：有下列四种通用的产品类别：

　　——服务（如运输）；

　　——软件（如计算机程序、字典）；

　　——硬件（如发动机机械零件）；

　　——流程性材料（如润滑油）。

许多产品由分属于不同产品类别的成分构成，其属性是服务、软件、硬件或流程性材料取决于产品的主导成分。例如：产品"汽车"是由硬件（如轮胎）、流程性材料（如燃料、冷却液）、软件（如发动机控制软件、驾驶员手册）和服务（如销售人员所做的操作说明）所组成。

注2：服务通常是无形的，并且是在供方和顾客接触面上需要完成至少一项活动的结果。服务的提供可涉及，例如：

　　——在顾客提供的有形产品（如需要维修的汽车）上所完成的活动；

　　——在顾客提供的无形产品（如为准备纳税申报单所需的损益表）上所完成的活动；

　　——无形产品的交付（如知识传授方面的信息提供）；

　　——为顾客创造氛围（如在宾馆和饭店）。

软件由信息组成，通常是无形产品，并可以方法、报告或程序的形式存在。

硬件通常是有形产品，其量具有计数的特性。流程性材料通常是有形产品，其量具有连续的特性。硬件和流程性材料经常被称为货物。

[GB/T 19000—2008，定义3.4.2]

3.4 体系　system

相互关联或相互作用的一组要素。

［GB/T 19000—2008，定义 3.2.1］

3.5 管理体系　management system

建立方针和目标并实现这些目标的体系。

注：一个组织的管理体系可包括若干个不同的管理体系，如质量管理体系、财务管理体系或环境管理体系。

［GB/T 19000—2008，定义 3.2.2］

3.6 知识产权方针　intellectual property policy

知识产权工作的宗旨和方向。

3.7 知识产权手册　intellectual property manual

规定知识产权管理体系的文件。

4 知识产权管理体系

4.1 总体要求

公司按 GB/T 29490 标准的要求建立知识产权管理体系，形成文件，加以实施和保持，并持续改进其有效性。

4.2 文件要求

4.2.1 总则

公司的知识产权管理体系文件结构包括三个层次：

a）知识产权手册（含方针、目标）；

b）本标准要求形成文件的控制程序；

c）本标准要求形成文件的记录。

知识产权管理体系文件按《文件控制程序》的规定要求对文件进行管理。

注：本标准出现的"形成文件的程序"，是指建立该程序，形成文件，并实施和保持。一个文件可以包括一个或多个程序的要求；一个形成文件的程序的要求可以被包含在多个文件中。

4.2.2 文件控制

知识产权管理体系文件是企业实施知识产权管理的依据，文控中心负责编制《文件控制程序》，对知识产权管理体系文件的编制、审核、批准、发放、使用、回收、修订、标识、废止等内容做出规定。确保：

a）发布前经过审核和批准，修订后再发布前重新审核和批准；

b）文件中的相关要求明确；

c）按文件类别、秘密级别进行管理；

d）易于识别、取用和阅读；

e）对因特定目的需要保留的失效文件予以标记。

形成的相关文件：《文件控制程序》。

4.2.3 知识产权手册

知识产权部负责编制《知识产权手册》并保持其有效性，具体内容包括：

a）知识产权机构设置、职责和权限的相关文件；

b）知识产权管理体系的程序文件或对程序文件的引用；

c）知识产权管理体系过程之间相互关系的表述。

4.2.4 外来文件与记录文件

文控中心负责编制《记录控制程序》，规定记录的标识、贮存、保护、检索、保存和处置所需的控制。对外来文件和知识产权管理体系记录文件应予以控制并确保：

a）对行政决定、司法判决、律师函件等外来文件进行有效管理，确保其来源与取得时间可识别；

b）建立、保持和维护记录文件，以证实知识产权管理体系符合本标准要求，并有效运行；

c）外来文件与记录文件完整，明确保管方式和保管期限。

形成的相关文件：《记录控制程序》。

5 管理职责

5.1 管理承诺

最高管理者是公司知识产权管理的第一责任人，其职责主要有：

a）制定知识产权方针、目标，确保为实施知识产权管理提供适宜的组织机构，并配备必要的资源；

b）建立和健全各级知识产权管理责任，落实职能，就知识产权管理的有关事宜予以授权，确保有效沟通；

c）按照《管理评审控制程序》的要求，定期组织管理评审。

5.2 知识产权方针

（1）公司知识产权方针

科技创新引领未来，知识产权创造财富。

方针解释：

公司通过对知识产权进行依法保护和科学管理，提升在知识产权创造、运用、保护和管理方面的能力，进而促进公司创造和运用知识产权，以保护在创新、发明方面的利益，激发发明创造、创新的积极性，促进技术合理、有偿扩散。

（2）方针为知识产权目标的制定提供总体框架。

（3）符合相关法律和政策的要求。

（4）方针由总经理根据企业的经营发展状况制定并批准，发布实施（详见 0.4）。

（5）知识产权机构通过培训、教育、宣传等方式，向全体员工宣贯知识产权方针，得到全体员工的理解，使其在企业内部得到有效运行。

（6）公司根据内外部环境的变化，定期（每年一次，具体时间根据公司安排）组织对知识产权方针的适宜性进行评审，必要时进行修改。

5.3 策划

5.3.1 知识产权管理体系策划

由最高管理者和管理者代表共同负责进行知识产权管理体系的策划工作。

a) 公司识别相关方（包括公司的供应商、客户及其他与公司业务有关的组织）所涉及的知识产权种类，包括：专利权、商标权、著作权（含计算机软件著作权）、商业秘密、商号权等；并在此基础上对知识产权管理体系进行策划，满足知识产权方针的要求；

b) 公司按标准的要求建立知识产权管理机构和相应的管理程序，规范工作职责，使之形成文件加以实施和保持，并持续改进（详见5.4.2）；

c) 知识产权管理机构牵头，依据知识产权方针将知识产权目标分解为可以落实的具体目标，由相关部门负责实施；实施过程中形成的文件应落款可追溯，以实现对企业生产经营活动中各环节知识产权创造、运用、保护和管理的有效运行和控制；

d) 定期开展检查、分析、评价，确保持续改进，对已出现和潜在的不符合知识产权管理要求的问题，采取纠正和预防措施，对体系进行及时调整、修订和完善，促进知识产权目标的实现。

5.3.2 知识产权目标

最高管理者根据《知识产权目标管理程序》结合企业的实际情况，确定知识产权长期目标、知识产权3~5年目标（详见0.4知识产权方针、目标）以及知识产权的年度目标。

a) 由最高管理者组织制定企业的知识产权管理目标，知识产权部负责在公司的相关职能部门和各作业层次上建立知识产权目标；

b) 知识产权目标应与知识产权方针保持一致，内容应包括对持续改进的承诺；

c) 知识产权目标应分解到各职能部门，部门指标应力求量化且可以测量；

d) 对知识产权目标应实施动态管理，各职能部门按照规定的考核周期对本部门目标实施情况进行检查、考核评价，并报知识产权部。

5.3.3 法律法规和其他要求

法律事务部建立《法律法规控制程序》，并报最高管理者批准，以实现对以下方面所需的控制：

a）识别和获取适用的法律和其他要求，并建立获取渠道；

b）及时更新有关法律和其他要求的信息，并传达给员工。

5.4 职责、权限和沟通

5.4.1 管理者代表

管理者代表受最高管理者委托，全权负责知识产权管理工作，其职责和权限：

a）确保知识产权管理体系所需的过程得到建立、实施和保持；

b）协助最高管理者制定并贯彻实施知识产权方针和目标；

c）负责审核知识产权管理手册，批准发布管理体系程序文件和作业文件；

d）协助最高管理者组织管理评审，向最高管理者报告管理体系的绩效和改进需求；

e）确保全体员工对知识产权方针和目标的认知，提高员工的知识产权意识；

f）批准管理体系的内部审核和管理体系文件修改、完善；

g）负责主持内部审核；

h）负责知识产权管理体系运行和改进需要的各项资源的落实；

i）负责管理体系与外部沟通和联络事宜。

5.4.2 机构

公司设知识产权部，全面负责公司的知识产权管理工作；其他职能部门负责落实与本部门相关的知识产权工作；各部门职责和权限具体描述如下：

（1）最高管理者

最高管理者应具有以下职责和权限：

a）向组织传达知识产权法律、法规要求以及管理体系要求的重要性；确保顾客和相关方的要求得到确定并予以满足，使顾客和相关方满意；

b）主持制定公司的知识产权方针和知识产权目标；

c）定期组织管理评审；

d）确保获得与建立、实施和持续改进管理体系有关的资源（包括人力资源、基础设施、财务资源、信息资源），负责制定组织机构和人力资源的总体配备；

e）确保组织内的职责、权限得到规定和沟通，并形成文件；

f）对管理体系进行策划和变更；

g）在本公司管理层中委任一名管理者代表，对全公司的知识产权管理总负责；

h）批准发布知识产权手册。

（2）管理者代表

管理者代表受最高管理者委托，全权负责公司的知识产权管理工作，其职责和权限：

a）确保知识产权管理体系所需的过程得到建立、实施和保持；

b）协助最高管理者制定并贯彻实施知识产权方针和目标；

c）负责审核知识产权管理手册，批准发布知识产权管理体系程序文件和作业文件；

d）协助最高管理者组织管理评审，向最高管理者报告知识产权管理体系的绩效和改进需求；

e）确保全体员工对知识产权方针和目标的认知，提高员工的知识产权意识；

f）批准知识产权管理体系的内部审核和知识产权管理体系文件修改、完善；

g）主持内部审核；

h）负责知识产权管理体系运行和改进需要的各项资源的落实；

i）负责知识产权管理体系与外部沟通和联络事宜。

（3）人力资源部

a）贯彻实施公司知识产权方针，完成知识产权管理分解目标；

b) 根据公司发展需要，提出相应的有关知识产权人力资源发展规划；

c) 负责人事合同的管理，拟定、执行和监督合同中的相关知识产权条款；

d) 负责员工入职、离职的知识产权工作；

e) 负责公司员工知识产权教育和培训计划的编制，开展知识产权教育培训。

（4）财务部

a) 贯彻实施公司知识产权方针，完成知识产权管理分解目标；

b) 确保设立知识产权工作专项经费并实施管理；

c) 负责建立知识产权工作经费监督管理和评估机制，加强经费使用监督和管理；

d) 形成从预算到使用的经费使用记录。

（5）法律事务部

a) 贯彻实施公司知识产权方针，完成知识产权管理分解目标；

b) 负责组织对公司知识产权纠纷处理方式的评估，选取适宜的争议解决方式；

c) 负责合同的法律评审工作；

d) 负责公司商标及著作权相关工作；

e) 负责完成公司领导下达的其他知识产权工作事项。

（6）总经办

a) 贯彻实施公司知识产权方针，完成知识产权管理分解目标；

b) 负责公司保密体系的建立和商业秘密管理工作；

c) 负责公司信息对外发布前的审批；

d) 负责完成公司领导下达的其他知识产权工作事项。

（7）知识产权部

a) 负责制订年度知识产权获取工作计划并组织实施；

b) 负责获取和传达专利、软件著作权相关政策、法律、法规；

c）负责建立和管理知识产权信息收集渠道；

d）负责办理专利、软件著作权获取和维护的手续；

e）负责组织专利、软件著作权许可和转让前的调查评估及办理相关手续；

f）负责组织公司投融资和企业重组等活动的知识产权工作；

g）负责参与标准化、联盟及相关组织过程中的知识产权工作；

h）负责组织各部门采取措施，避免或降低知识产权侵权风险；

i）负责专利、软件著作权的奖励和惩罚工作；

j）负责知识产权管理体系的管理评审、内审等体系运行工作及分析改进活动；

k）负责文件管理，将文件分类、分密级管理，对文件的发布、标识、更改、使用、保存、废止进行控制，以保证体系的有效实施。

（8）市场部

a）确定目标市场和在签订销售合同前，负责对公司产品销售市场的知识产权状况进行检索和分析，提出必要的知识产权保护与风险规避方案；

b）负责对公司产品销售市场进行知识产权监控，对产品信息、展会宣传，采取相应的知识产权保护措施，及时跟踪和调查相关知识产权被侵犯情况，配合知识产权办公室采取应对措施。

（9）文档中心

a）负责贯彻实施公司知识产权方针，完成知识产权管理分解目标；

b）负责公司的文件控制和记录管理工作；

c）对于归档文件，应采取措施保证其完整性，并明确保管方式和保管期限；

d）执行本部门的保密条款；

e）负责完成公司领导下达的其他知识产权工作事项。

（10）采购部

a）负责贯彻实施公司知识产权方针，完成知识产权管理分解目标；

b）负责收集供方的相关知识产权信息，并索取权属证明；

c）负责供方信息、进货渠道、进价策略等信息资源的保管和保密工作；

d）明确采购合同涉及知识产权条款，明确供方涉及知识产权的法律责任。

（11）生产部

a）负责编制合理化建议管理办法，组织合理化建议的评审及奖励；

b）及时将生产过程中涉及产品制备工艺和设备等技术所形成的创新成果、合理化建议、阶段性发明创造等成果，书面提请知识产权办公室进行知识产权挖掘；

c）负责生产记录的管理工作；

d）明确委托生产合同涉及的知识产权条款。

（12）研发部

a）负责贯彻实施公司知识产权方针，完成知识产权管理分解目标；

b）负责制订研究开发与技术创新的计划，对研发新产品、新技术、新工艺、新材料等在立项前进行检索，研发中跟踪检索，成果产出后再次检索，适时调整研发策略和项目内容，努力降低研发成本，降低和规避风险；

c）配合知识产权部评估与确认开发成果，适时形成知识产权并采取相应的保护措施；

d）负责制定产学研开发过程中涉及的技术开发（委托）合同、合作开发合同的知识产权相关条款；

e）负责本部门知识产权保密条款的执行。

5.4.3 内部沟通

依据公司组织机构和管理体系职能职责，公司管理层组织建立沟通渠道，以确保公司内部各部门和不同层次之间的有效沟通：

公司通过会议、培训、邮件等形式进行内部沟通，确保公司内部不同部门之间，以及与外部各相关方之间的信息交流畅通，接收、处理、交流、答复、反馈内外部关于知识产权管理方面的信息。同时，为保证公司内部沟通交流及时高效，公司建立即时通信机制，领导和员工之间，员工和员工之间通过QQ、微信、短信等工具实时交流，沟通渠道方便顺畅。

各部门应充分重视沟通的效果，确保上级要求的及时传达和落实，同级相关信息的有效交流，员工意见的及时反馈。内部沟通应遵循诚实守信的原则，确保沟通内容的真实和承诺内容的有效执行。

5.5 管理评审

5.5.1 评审要求

最高管理者根据《管理评审控制程序》定期组织实施管理评审，对知识产权的适宜性和有效性进行评估。

a）按策划的时间间隔，每年一次，进行知识产权管理体系的管理评审；

b）评审目的是评估知识产权管理体系的适宜性和有效性；

c）评审依据是知识产权管理方针和预期的目标，必要时，应考虑内外部环境的变化；

d）评审结论应明确管理体系调整和方针、目标改进的需求，以及采取措施的可行性，以利于持续改进。

5.5.2 评审输入

评审输入应包括：

a）知识产权方针和目标；

b）内部审核结果；

c）企业经营目标、策略及新产品、新业务的规划情况；

d）企业知识产权基本情况及风险评估信息；

e）技术、标准发展趋势；

f）财务经费实施绩效；

g）预防和纠正措施的实施情况，如对知识产权有重大影响的措施；

h）以往管理评估的跟踪措施实施情况及有效性；

i）可能影响管理体系正常运行各方面出现的变化，如体制、法律法规、政策的变化等。

5.5.3 评审输出

评审输出应包括：

a）提出知识产权方针和目标的改进措施；

b）提出知识产权管理制度及管理程序的改进措施；

c）确定人力资源、基础设施、财务资源及信息资源投入措施；

d）保持评审的输入和输出记录；

e）实施评审的决定和措施，在管理者代表的主持下，指定责任部门，制订实施计划，明确完成时间。计划报总经理批准后，下发实施，各相关职能部门对实施情况进行协调、监督和检查。

6 资源管理

6.1 人力资源

6.1.1 知识产权工作人员

人力资源部根据根据《人力资源管理程序》，开展人员招聘、入职、离职等工作。

人力资源部负责从教育程度、培训效果、技能水平、个人职务和岗位经历等方面明确知识产权工作人员的任职条件，并采取适当措施，确保从事知识产权工作人员满足相应的条件。

可详细描述各知识产权岗位的岗位说明书及任职条件。

6.1.2 教育与培训

人力资源部根据《培训管理程序》负责组织开展知识产权教育培训工作，制订年度知识产权培训计划。知识产权部配合人力资源部开展相关教育培训工作。培训内容至少应包括以下内容：

a）识别知识产权工作人员现有的能力及知识产权工作人员所必需的能力，确定培训需求，制订培训计划并执行，使知识产权工作人员具备相应的知识、技能和经验；

b) 组织对全体员工按业务领域和岗位要求进行知识产权培训，提高其知识产权意识，使其了解知识产权目标及知识产权工作内容，并形成记录；

c) 组织对中、高层管理人员进行知识产权培训，确保中、高层管理人员具有一定的知识产权战略意识，并形成记录；

d) 组织对研究开发等与知识产权关系密切的岗位人员进行知识产权专业知识培训，并形成记录。

6.1.3 人事合同

人力资源部负责在新员工入职前与其签订劳动合同，通过劳动合同、劳务合同约定知识产权权属、保密条款；明确发明创造人员享有的权利和负有的义务。

公司可与关键岗位员工签订竞业禁止合同，约定竞业限制和补偿条款。

6.1.4 入职

人力资源部根据《人力资源管理程序》的规定要求对新入职员工进行适当的知识产权背景调查，了解其已有的知识产权权利和义务，以避免侵犯他人知识产权；对于研究开发等与知识产权关系密切的岗位，要求新入职员工签署知识产权声明文件。

6.1.5 离职

为防止员工流动造成或加剧同业竞争，员工离职或退休前，由人力资源部根据《人力资源管理程序》的规定要求对离职的员工进行离职面谈，提醒相应的知识产权事项；涉及核心知识产权的员工离职时，应签署离职知识产权协议或执行竞业限制协议。

6.1.6 激励

公司建立激励机制，制定《知识产权奖励制度》，奖励应形成奖励记录，归档备查。文件中应明确：

a) 明确对员工创造的知识产权给予相应的物质奖励和精神奖励。物质奖励标准不低于国家相关法律规定的标准；

b）奖罚分明，同时明确员工在造成知识产权损失时，应承担的责任。

6.2 基础设施

为确保知识产权管理体系的运行，公司根据需要配备所需的相关资源，包括：

a）软硬件设备，如知识产权管理软件、数据库、计算机和网络设施等；

b）办公场所。

总经办建立相关的设备清单、设备的使用及维护记录。

6.3 财务资源

为保障知识产权管理工作的有效开展，财务部设立知识产权经常性预算费用，主要包括：用于知识产权申请、注册、登记、维持、检索、分析、评估、诉讼和培训等事项；用于知识产权管理机构运行；用于知识产权激励；有条件的企业可设立知识产权风险准备金。

注：可适当描述公司在什么条件下要设立知识产权风险准备金。

形成的相关文件：《知识产权经费管理规定》《知识产权费用预算表》等相关记录。

6.4 信息资源

知识产权部负责编制《信息资源管理程序》，规定以下方面所需的控制：

a）根据公司的产品、行业等情况识别信息的需求，建立信息收集渠道，及时获取所属领域、竞争对手的知识产权信息；

b）对信息进行分类筛选和分析加工，并将经过加工的信息传递给相关人员，并加以有效利用；及时评估使用信息所获得的手艺，以便对信息和知识的管理进行改进。

法律事务部在对外信息发布之前进行相应审批；

有条件的企业可建立知识产权信息数据库，并有效维护和及时更新。

注：可适当描述企业准备在什么时候建立知识产权信息数据库。

7 基础管理

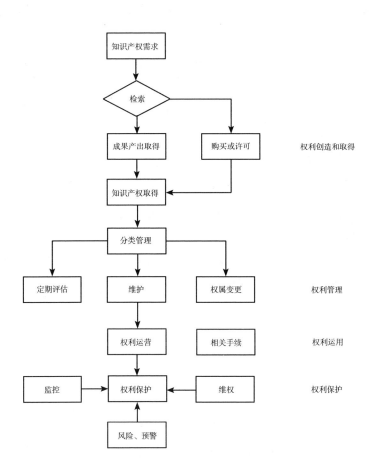

7.1 获取

知识产权部负责编制《知识产权获取控制程序》，规定以下方面所需的控制：

a）根据知识产权目标，每年制订知识产权获取的工作计划，明确获取的方式和途径；

b）在获取知识产权前进行必要的检索和分析；

c）保持知识产权获取记录；

d）保障发明创造人员的署名权。

7.2 维护

知识产权部负责编制《知识产权维护控制程序》，规定以下方面所需的控制：

a）知识产权部对公司拥有的知识产权按照性质、价值等进行分类，建立分类管理台账及知识产权档案；

b）建立知识产权定期评估制度，由知识产权部按照《知识产权评估控制程序》的要求，定期对拥有的各类知识产权进行价值评估，以便对放弃或维持该知识产权作出决策；

c）当发生知识产权发生权属变更或放弃时，明确审批程序和权限，由知识产权部按照《知识产权维护控制程序》的要求办理手续，并登记备案；

d）由知识产权部配备专职或兼职人员对公司知识产权进行有效的监管和日常维护，根据实际情况，必要时可对知识产权进行分级管理。

7.3 运用

7.3.1 实施、许可和转让

知识产权部负责编制《知识产权实施、许可和转让控制程序》，规定以下方面所需的控制：

a）促进和监控知识产权的实施，有条件的企业可以评估知识产权对企业贡献；

b）在知识产权实施、许可或转让前，针对企业作为让与方和受让方分别设定调查内容，并根据知识产权评估原则对知识产权进行评估。

7.3.2 投资融资

知识产权部是投融资活动的归口管理部门。投融资活动前，知识产权部应对相关知识产权开展尽职调查，进行风险和价值评估。在境外投资前，应针对目的地的知识产权法律、政策及其执行情况，进行风险分析。

7.3.3 企业重组

知识产权部是公司企业重组过程中知识产权管理的主责部门，企业重组工作应满足以下要求：

a）企业合并或并购前，应开展知识产权尽职调查，根据合并或并购的目的设定对目标企业知识产权状况的调查内容；必要时可进行知识产权评估。

b）企业出售或剥离资产前，应对相关知识产权开展调查和评估，分析出售或剥离的知识产权对本企业未来竞争力的影响。

7.3.4 标准化

研发部是公司标准化工作的归口管理部门，公司参与标准化工作应满足以下要求：

a）企业参与其他标准化组织的，首先需要去了解标准化组织涉及的知识产权政策，按照政策的要求提案、披露和许可承诺；

b）企业牵头组建标准工作组的，需要制定相应的知识产权政策和工作程序。

7.3.5 联盟及相关组织

知识产权部是参与或组建联盟及相关组织的归口管理部门。公司参与或组建联盟及相关组织应满足以下要求：

a）参与知识产权联盟或其他组织前，应了解其知识产权政策，评估参与利弊；

b）组建知识产权联盟时，应遵循公平、合理且无歧视的原则，制定联盟知识产权政策；主要涉及专利合作的联盟可围绕核心技术建立专利池。

7.4 保护

7.4.1 风险管理

法律事务部负责编制《风险控制程序》，规定以下方面所需的控制：

a）尊重他人知识产权。通过检索、查新等开展侵权的可能性调查，出具调查报告，采取措施防止侵犯别人的知识产权（包括办公、生产等设备及软件），避免或降低生产、办公设备及软件侵犯他人知识产权的风险。

b）知识产权部根据有关法律法规规定，定期监控产品可能涉及他人知识产权的状况，分析可能发生的纠纷及其对企业的损害程度，提出防范预案。

c）目前，公司尚不考虑建立风险管理体系。待公司建立风险管理体系时，可根据需要，适时将知识产权纳入企业风险管理体系，对知识产权风险进行识别和评测，并采取相应风险控制措施。

7.4.2 争议处理

法律事务部是知识产权争议处理的归口管理部门，编制《知识产权争议处理控制程序》，以实现以下方面所需的控制：

各部门及时发现和监控知识产权被侵犯的情况，及时上报法律事务部，由法律事务部组织相关部门、专家进行综合评估后，适时运用行政和司法途径保护知识产权；在处理知识产权纠纷时，将企业损失降到最低。

7.4.3 涉外贸易

市场部是涉外贸易的归口管理部门，涉外贸易中知识产权工作的主要内容包括：

a）在向境外销售产品前，调查目的地的知识产权法律、政策及其执行情况，了解行业相关诉讼，分析可能涉及的知识产权风险，制定知识产权风险分析报告；

b）在向境外销售产品前，知识产权部适时在出口国进行知识产权申请、注册和登记；

c）向境外销售的涉及知识产权的产品可采取相应的边境保护措施，如海关备案等。

7.5 合同管理

法律事务部编制《合同管理控制程序》，对经营中签署的合同中涉及的知识产权内容进行规范管理，明确知识产权权属、权利、义务条款，在合同签订前进行评审，并对合同变更进行跟踪评审，以避免因知识产权问题遭受损失。合同由相关职能部门委派专人负责保管。

a）对合同中有关知识产权条款进行审查，并形成记录；

b）对检索与分析、预警、申请、诉讼、侵权调查与鉴定、管理咨询等知识产权对外委托业务应签订书面合同，并约定知识产权权属、保密等内容；

c）在进行委托开发或合作开发时，应签订书面合同，约定知识产权权属、许可及利益分配、后续改进的权属和使用等；

d）承担涉及国家重大专项等政府支持项目时，应了解项目相关的知识产权管理规定，并按照要求进行管理。

7.6 保密

总经办负责编制《商业秘密管理控制程序》，对生产经营过程中产生的商业秘密进行规范的管理，在秘密确认前进行评审，秘密确认后进行跟踪检查，以避免泄密遭受损失。

a）各部门应根据公司规定，对商业秘密确认密级、保密期限和涉密人员；对保密期限到期的商业秘密重新进行评审，确实是否需要解密；

b）确定秘密管理内容、秘密载体、管理方法、管理范围与管理程序，对载有秘密相关信息的存储介质和废旧载体进行管理；

c）明确涉密人员，设定保密等级和接触权限；

d）明确可能造成知识产权流失的设备，规定使用目的、人员和方式；

e）明确涉密信息，规定保密等级、期限和传递、保存及销毁的要求；

f）明确涉密区域，规定客户及参访人员活动范围等。

8 实施和运行

8.1 立项

研发部负责编制《设计和开发控制程序》，以实现以下方面所需的控制：

a）项目立项前，研发部负责进行知识产权的检索调查，分析该项目所涉及的知识产权信息，包括各关键技术的专利数量、地域分布和专利权人信息等；

b）通过知识产权分析及市场调研相结合，明确该产品潜在的合作伙伴和竞争对手；

c）进行知识产权风险评估，并将评估结果、防范预案作为项目立项与整体预算的依据，避免重复研发和资源浪费。

8.2 研究开发

研发部负责编制《设计和开发控制程序》，以实现以下方面所需的控制：

a）研发部负责对该领域的知识产权信息、相关文献及其他公开信息进行检索，对项目的技术发展状况、知识产权状况和竞争对手状况等进行分析；

b）在检索分析的基础上，制定知识产权规划；

c）跟踪与监控研究开发活动中的知识产权，适时调整研究开发策略和内容，避免或降低知识产权侵权风险；

d）督促研究开发人员及时汇报研究开发成果；

e）及时对研究开发成果进行评估和确认，明确保护方式和权益归属，适时形成知识产权；

f）保留研究开发活动中形成的记录，并实施有效的管理。

8.3 采购

采购部负责编制《供应商管理程序》和《采购管理程序》，以完成对采购阶段的知识产权管理工作，内容包括：

a）在采购涉及知识产权的产品过程中，营销部负责收集相关知识产权信息，以避免采购知识产权侵权产品，必要时应要求供方提供知识产权权属证明；

b）加强对供方信息、供货渠道、进价策略等信息资料的保密工作，防止商业秘密泄露；

c）在采购合同中应明确知识产权权属、许可使用范围、侵权责任承担等。

8.4 生产

生产部负责编制《生产过程管理程序》，以实现对生产阶段的知识产权管理工作，内容包括：

a）生产部会同知识产权部负责及时评估、确认生产过程中涉及产品与工艺方法的技术改进与创新，明确保护方式，适时形成知识产权；

b）委托加工、来料加工、贴牌生产等对外协作生产的过程中，应在合同中明确知识产权权属、许可使用范围、侵权责任承担等，必要时应要求供方提供知识产权许可证明；

c）保留生产活动中形成的记录，并实施有效管理。

8.5 销售和售后

市场部负责编制《销售过程管理程序》，以完成对销售和售后阶段的知识产权管理工作，内容包括：

a）产品销售前，市场部负责对产品所涉及的知识产权状况进行全面审查和分析，制订知识产权保护和风险规避方案；

b）在产品宣传、销售、会展等商业活动前制订知识产权保护或风险规避方案；

c）建立产品销售市场监控程序，采取保护措施，及时跟踪和调查相关知识产权被侵权情况，建立和保持相关记录；

d）产品升级或市场环境发生变化时，及时进行跟踪调查，调整知识产权保护和风险规避方案，适时形成新的知识产权相关文件。

9 审核和改进

9.1 总则

策划并实施以下方面所需的控制、审查和改进过程：

a）确保产品、软硬件设施设备符合知识产权有关要求；

b）确保知识产权管理体系的适宜性；

c）持续改进知识产权管理体系，确保其有效性。

9.2 内部审核

(1) 公司建立、保持和实施《内部审核程序》，以确保其知识产权管理体系符合标准的要求。评价结果作为管理评审的输入材料。

(2) 公司定期组织内部审核，每年计划开展 1~2 次，时间间隔最长不超过 12 个月，知识产权部负责制订内部评审计划，定期进行内部评价。

(3) 内部评审人员应符合相应的资质要求。

(4) 内部评审程序。

①内审准备。a) 编制内审计划：审核组组长考虑拟审核的过程、产品、活动的知识产权创造、运用、保护、管理评价结果以及以往审核的结果，对审核方案进行策划；规定审核的准则、范围、性质和方法、审核人员及安排等，经管理者代表批准后，组织实施。b) 召开审核组会议。c) 编制内审计划、内部审核检查表等内审所需文件。

②实施审核。a) 召开首次会议；b) 进行现场审核，提出审核结果；c) 审核组内部会议评审所有审核结果，给出审核结论；d) 编写不符合报告；e) 末次会议。

③不符合项处置。责任部门应针对本部门出现的不符合项在分析原因的基础上，采取必要的纠正措施或预防措施，经审核组组长审核、管理者代表批准后，在规定时间内实施。

④知识产权部会同审核组对不符合项纠正措施的实施情况进行跟踪验证。

⑤编制内审报告。审核组组长将按期完成的内审报告提交知识产权部，经管理者代表批准后分发至有关领导和部门。

内部审核的记录应予以保存，并作为管理评审的输入信息。

9.3 分析与改进

(1) 知识产权部采用适宜方法对检查或其他来源的信息进行分析，以证实其是否保持实现预期结果的能力。

(2) 识别需监视和测量的过程，它涉及产品实现的全过程。

（3）对过程能力进行分析，分析过程的输入、活动和输出是否满足预期目标，对照预定目标找出差距，分析原因，找出改进方法。可供选择的方法有内审、过程审核、过程输出的监视和测量、过程有效性的评价以及工作质量检查活动等。

（4）在过程的监视和测量中应采用统计技术在内的适宜方法。

（5）分析结果应传递到相关部门，并为公司决策提供有效的支持。

（6）改进的信息来源。

a）方针、目标执行情况；

b）管理评审、内部评审结果；

c）体系过程检查、分析结果；

d）相关方（如第三方评审部门）提出的问题。

（7）知识产权部根据以上信息反映的问题，确定责任部门。

（8）由责任部门对问题进行原因分析，与知识产权部配合制定和落实改进措施，并实施改进。

（9）知识产权部追踪验证改进措施，以促进知识产权管理体系的持续改进。

附录1　组织架构图

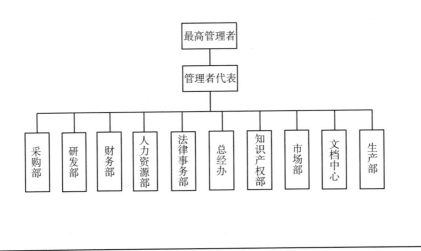

附录2 职能分配表

	知识产权管理体系过程	最高管理者	管理者代表	总经办	人力资源部	财务部	法律事务部	知识产权部	市场部	采购部	生产部	研发部	文档中心
知识产权管理体系	4.1 总体要求	▲	▲										
	4.2.1 总则							▲					
	4.2.2 文件控制			△	△	△	△						▲
	4.2.3 知识产权手册							▲					
	4.2.4 外来文件与记录文件												▲
管理职责	5.1 管理承诺	▲											
	5.2 知识产权方针	▲						△					
	5.3.1 知识产权管理体系策划	▲	▲										
	5.3.2 知识产权目标	▲	▲	△	△	△	△	△	△	△	△	△	△
	5.3.3 法律和其他要求	▲					△	▲					
	5.4.1 管理者代表		▲										
	5.4.2 机构	▲	▲	△	△	△	△	△	△	△	△	△	△
	5.4.3 内部沟通	▲		△	△	△	△	△	△	△	△	△	△
	5.5.1 评审要求	▲	▲	△	△	△	△	△	△	△	△	△	△
	5.5.2 评审输入	▲	▲	△	△	△	△	△	△	△	△	△	△
	5.5.3 评审输出	▲	▲	△	△	△	△	△	△	△	△	△	△
资源管理	6.1.1 知识产权工作人员				▲			△					
	6.1.2 教育与培训				▲			△					
	6.1.3 人事合同				▲								
	6.1.4 入职				▲								
	6.1.5 离职				▲								
	6.1.6 激励				▲			△					
	6.2 基础设施			▲						△			
	6.3 财务资源			△		▲	△	△					
	6.4 信息资源						▲	▲					

续表

知识产权管理体系过程		最高管理者	管理者代表	总经办	人力资源部	财务部	法律事务部	知识产权部	市场部	采购部	生产部	研发部	文档中心
基础管理	7.1 获取						△	▲					
	7.2 维护						△	▲			△		
	7.3.1 实施、许可和转让							▲	△		△		
	7.3.2 投融资			△			△	▲					
	7.3.3 企业重组			△			△	▲					
	7.3.4 标准化							△				▲	
	7.3.5 联盟及相关组织							▲					
	7.4.1 风险管理			△	△	△	▲	△	△	△	△	△	△
	7.4.2 争议处理						▲	△					
	7.4.3 涉外贸易							△	△				
	7.5 合同管理				△		▲	△	△	△			
	7.6 保密			▲	△			△					
实施运行	8.1 立项							△				▲	
	8.2 研究开发							△				▲	
	8.3 采购						△	△		▲			
	8.4 生产							△				▲	
	8.5 销售和售后						△	△	▲				
审核和改进	9.1 总则							▲					
	9.2 内部审核							▲					
	9.3 分析和改进							▲					

说明：　▲归口部门　△主要协同部门

261

第五节　知识产权程序文件

程序是指"为进行某项活动或过程所规定的途径"。程序可以形成文件，也可以不形成文件。形成的文件称作"程序文件"。若将知识产权手册视为"战略"文件，"程序文件"则为战术文件。程序文件是描述知识产权管理体系所要求的知识产权活动如何开展的文件。活动的描述应考虑以下方面内容：

（1）明确组织及其顾客和供方的需要；

（2）以与所要求的活动相关的文字描述和（或）流程图的方式描述过程；

（3）明确做什么，由谁或哪个职能或岗位做，为什么、何时、何地，以及如何做；

（4）描述过程控制及对识别的活动的控制；

（5）明确完成活动所需的资源（人员、培训、设备和材料）；

（6）明确与要求活动有关的文件；

（7）明确过程的输入和输出；

（8）明确要进行的测量。

程序文件应有力地支持知识产权手册的各项内容。程序文件的内容应包括如何达到过程和活动要求的确切描述，是实施运作的基础。❶

1. 知识产权风险控制程序

知识产权风险控制程序样例如下所示。

---

1. 目的

　　知识产权风险管理是公司风险管理体系的重要环节，为防范风险或使风险可控，特制定风险控制程序。

---

❶　刘晓论，柴邦衡. ISO 9001：2015 质量管理体系文件［M］. 北京：机械工业出版社，2017.

2. 范围

适用于公司范围内风险的识别、风险分析与评价、风险应对，以及风险监督、检查和改进的管理。

3. 职责

3.1 知识产权部是公司知识产权风险的归口管理部门，监督并检查风险应对计划的实施。

3.2 管理者代表负责审核风险应对计划。

3.3 最高管理者批准风险应对计划。

3.4 各部门负责按风险应对计划的要求实施风险控制。

4. 过程分析乌龟图

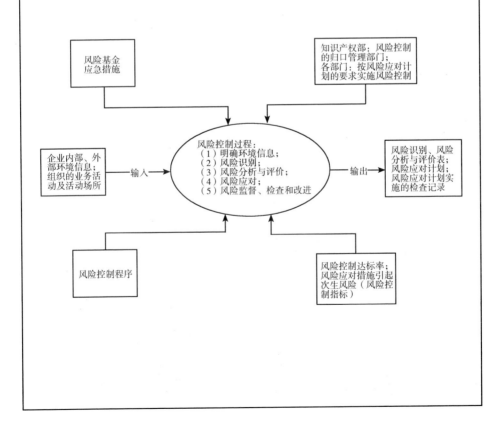

5. 过程流程图

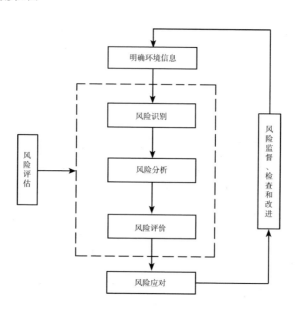

6. 作业程序和控制要求

程序	工作内容	输出文件	责任部门／人
6.1 明确 环境信息	6.1.1 在风险识别前，知识产权部应组织风险识别人员明确公司内部、外部的环境信息，以确保风险控制与公司所处环境相协调		知识产权部
	6.1.2 外部环境信息是公司在实现目标过程中所面临的外界环境的历史、现在和未来的各种相关信息。包括：（1）国际、国内、地区及当地政治、经济、文化、法律、法规、技术、金融及自然环境和竞争环境；（2）影响公司目标实现的外部关键因素及历史和变化趋势；（3）外部利益相关者及其诉求、价值观、风险承受度；（4）外部利益相关者与组织的关系		
	6.1.3 内部环境信息是公司在实现目标过程中面临的内在环境的历史、现在和未来的各种相关信息。包括：（1）组织的方针、目标及经营战略；（2）资源和知识方面的能力；（3）内部利益相关者及其诉求、价值观、风险承受度；（4）采用的标准和模型；（5）组织结构、管理过程和措施；（6）与风险管理实施过程有关的现场环境信息等		

续表

程序	工作内容	输出文件	责任部门/人
6.2 风险识别	6.2.1 风险识别的时机 知识产权部在每年年初或者根据需要在适当时候，根据企业所处的环境，识别公司知识产权管理过程中的风险 在相关法规变更，公司的活动、产品、服务、运行条件，以及相关方的要求等环境信息发生重大变化时，可适时进行风险识别		
	6.2.2 风险识别 知识产权部组织有关人员成立风险分析小组，确定要进行风险识别的知识产权管理过程； 风险分析小组对每一过程中的风险进行识别，将识别的风险填入"风险识别、风险分析与应对措施表"。填入时，要明确风险名称、风险可能导致的后果	风险识别、风险分析与应对措施表	风险分析小组
6.3 风险分析与评价	6.3.1 风险分析与评价 风险分析小组对识别的风险进行定性分析，将风险分析与评价的结论填入"风险识别、风险分析与应对措施表"中	风险识别、风险分析与应对措施表	风险分析小组
6.4 风险应对	6.4.1 风险分析小组根据风险分析与评价结果，确定风险应对措施。风险应对措施包括：避免风险，为了抓住机遇而承担风险，消除风险源，改变发生的可能性或后果，分担风险，或者在知情决策下保持风险。 选择风险应对措施时，应考虑以下因素： （1）法律、法规、社会责任和环境保护等方面的需求； （2）风险应对措施的实施成本与收益； （3）选择几种应对措施，将其单独或组合使用； （4）利益相关者的诉求和价值观、对风险的认知和承受度，以及对某些风险应对措施的偏好； （5）将应对措施纳入知识产权管理体系的过程中； （6）采取的风险应对措施应与风险对产品、服务的符合性和顾客满意的潜在影响相适应		风险分析小组
	6.4.2 在选择风险应对措施之后，风险分析小组应制订相应的"风险应对计划"。风险应对计划的内容可包括：风险、风险应对措施、责任人、资源需求、如何对结果进行监视等	风险应对计划	风险分析小组
	6.4.3 "风险应对计划"经管理者代表审核、最高管理者批准后下发实施		最高管理者

续表

程序	工作内容	输出文件	责任部门/人
6.5 风险监督、检查和改进	6.5.1 知识产权部每季度对"风险应对计划"的实施情况进行检查,检查结果记录在"风险控制情况检查表"中。发现问题时,知识产权部应按《纠正措施控制程序》的要求责成相关部门采取改进和纠正措施	风险控制情况检查表	知识产权部
	6.5.2 每次管理评审时,应对风险控制措施的有效性进行评审		
	6.5.3 在相关法律法规变更,公司的活动、产品、服务、运行条件,以及相关方的要求等环境信息发生重大变化时,知识产权部应组织对"风险识别、风险分析与评价表""风险应对计划"进行重新评审,根据评审结果,决定是否对其进行修订		知识产权部

7. 过程绩效的监视

绩效指标	计算公式	计算值	指标值	监视频率	监视单位
7.1 风险控制达标率	风险控制达标率=(控制达标的风险数量/应控制的风险总数量)×100%		100%	季度	知识产权部

8. 支持性文件

(无)

9. 记录

9.1 风险识别、风险分析与应对措施表

9.2 风险应对计划

9.3 风险控制情况检查表

表1 风险识别、风险分析与应对措施表

过程	风险事项	基本描述	风险分析	应对措施
	1.1 重复研发	投资其他主体已经进行了相关研发且已经公开成果的研究项目导致的风险	人力物力时间浪费；研发失败	加强立项前的查新工作
	1.2 侵权研发风险	研发成果商品化后形成的产品侵犯别人的专利权导致的风险	研发项目失败；生产销售受阻；被诉风险增加	专利预警；停止研发；授权谈判；联盟策略；回避设计；宣告无效申请
1. 研发	1.3 合作研发风险	合作研发引起的风险	合作失败；成果外流；加剧竞争；增加法律纠纷	合理选择合作伙伴和合作项目；完善合作协议；加强合作过程监控；加强员工的教育培训
	1.4 对外公开风险	发明成果披露太早或过度披露导致的风险	专利申请失败；技术成果外流	加强技术秘密管理；完善科技成果对外披露制度；加强科技论文发布管理
	1.5 专利挖掘风险	专利挖掘失败或不当导致的风险	专利申请数量减少；专利布局不严密	了解专利挖掘规则和方法；加强专利挖掘培训和监控
2. 专利申请				

表2 风险应对计划

序号	过程	风险	应对措施	执行时间	负责人	监视方法
1	研发	重复研发	加强立项前的查新工作	项目立项时	项目负责人	立项前形成专利检索分析报告，知识产权工程师审核检索分析报告的有效性

2. 知识产权目标管理程序

以下为知识产权目标管理程序文件样例。

1. 目的

制订并实施知识产权目标及其行动计划，为提高知识产权管理水平，以及知识产权管理体系的持续改进做出贡献。

2. 适用范围

适用于知识产权目标及其行动计划的制订、实施、检查和改进。

3. 职责

3.1 知识产权部是知识产权目标管理的归口部门，监督并检查知识产权目标及其行动计划的实施；

3.2 管理者代表负责审核知识产权目标及其行动计划；

3.3 最高管理者批准知识产权目标及其行动计划；

3.4 各部门负责知识产权目标及其行动计划的具体实施。

4. 过程分析乌龟图

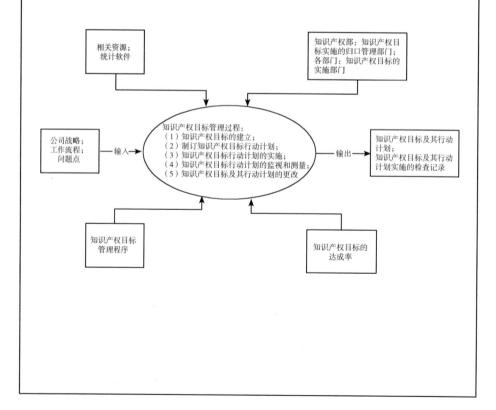

5. 过程流程图

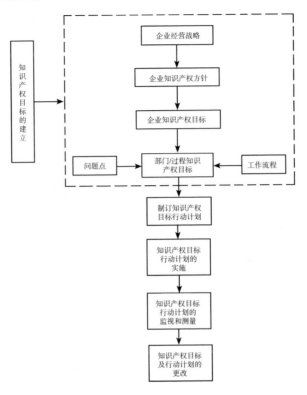

6. 作业程序与控制要求

程序	工作内容	输出文件	责任部门/人
6.1 知识产权目标的建立	6.1.1 知识产权目标建立的时间 最高管理者每年年初或根据需要在适当时候，根据企业的经营战略、知识产权方针，组织制定企业的知识产权目标		最高管理者
	6.1.2 知识产权目标内容上的要求 知识产权目标应建立在知识产权方针的基础上，在知识产权方针给定的框架内展开，但需注意不要机械地一一对应； 建立知识产权目标时应考虑适用的要求，包括法律法规的要求等		

续表

程序	工作内容	输出文件	责任部门/人
6.1 知识产权目标的建立	6.1.3 知识产权目标的建立原则 目标建立时，要遵循 SMART 原则。 Specific：明确具体。指制定的目标一定要明确具体，不要模棱两可。 Measurable：可测量的。表示目标是可以测量的，可以定量测量也可以定性测量，如考评、测评、评价等。要对测量的方法和内容进行规范，包括测量的时机、样本的抽取等。 Attainable：可实现的。指目标在付出努力的情况下是可以实现的，要避免建立过高或过低的目标 Relevant：相关性。建立的目标必须与部门、工作岗位紧密相关。 Time-based：时限性。目标的时限性就是指目标的实现是有时间限制的		
	6.1.4 知识产权目标的展开 纵向展开。要将公司级的知识产权目标展开到相关职能部门、层次和过程上。企业各部门根据上一级的知识产权目标，结合本部门的工作流程与问题点，制定本部门的知识产权目标。 横向展开。横向展开是随着时间展开的，一般有年度知识产权目标、月度知识产权目标		
	6.1.5 知识产权部将建立的知识产权目标形成知识产权目标清单，送管理者代表审核，最高管理者批准	知识产权目标清单	知识产权部
6.2 制订知识产权目标行动计划	6.2.1 管理者代表组织各部门制订知识产权目标行动计划，内容包括 5W1H，即 why（为什么做，知识产权目标）、what（做什么，实现目标的措施）、who（谁做，职责和权限）、where（哪里做）、when（何时做，何时完成）、how（如何做，步骤、方法、资源，以及对结果如何评价等）		
	6.2.2 "知识产权目标行动计划"经管理者代表审核、最高管理者批准后下发实施	知识产权目标行动计划	最高管理者
6.3 知识产权目标行动计划的实施	6.3.1 在知识产权目标行动计划的实施过程中，知识产权部要做好跟踪监督工作，各部门负责人要在月度工作总结中汇报知识产权目标行动计划的实现情况		知识产权部、各部门负责人
6.4 知识产权目标行动计划监视和测量	6.4.1 知识产权部每季度对知识产权目标行动计划的实施情况进行检查，并形成"知识产权目标实现情况检查表"。发现问题时，知识产权部应按《纠正措施控制程序》的要求责成相关部门采取改进和纠正措施	知识产权目标实施情况检查表	知识产权部

续表

程序	工作内容	输出文件	责任部门/人
6.5 知识产权目标及其行动计划的更改	6.5.1 在方针、相关法律法规及其他要求、知识产权目标行动计划状况，以及其他内外部因素（包括市场、产品、活动、服务等）等发生变化时，最高管理者应组织对知识产权目标及其行动计划重新进行评审，根据评审结果，决定是否修订知识产权目标及其行动计划		最高管理者
	6.5.2 知识产权部将修订后的知识产权目标及其行动计划送管理者代表审核、最高管理者批准，然后下发到相关部门实施		知识产权部

7. 过程绩效的监视

绩效指标	计算公式	计算值	指标值	监视频率	监视单位
7.1 知识产权目标达成率	知识产权目标达成率＝（达成的知识产权目标数量/应达成的知识产权目标总数量）×100%		100%	季度	知识产权部

8. 支持性文件

8.1《纠正预防控制措施》

9. 记录

9.1 知识产权目标清单

9.2 知识产权目标行动计划

9.3 知识产权目标实现情况检查表

表1　知识产权目标清单

序号	目标名称	目标级别（公司/部门/过程）	设置目的	计算公式	目标值	统计周期	考核人或考核单位	备注
1	专利申请量	公司	考核专利的获取情况		50项	年度	知识产权部	

续表

序号	目标名称	目标级别（公司/部门/过程）	设置目的	计算公式	目标值	统计周期	考核人或考核单位	备注
2	商业秘密管理	公司	保密管理能力		0 泄密	年度	总经办	
3	知识产权纠纷胜诉率	公司	知识产权纠纷处理能力	知识产权纠纷胜诉率＝（知识产权纠纷胜诉数量/知识产权纠纷数量）×100%	≥90%	年度	法律事务部	
4	技术交底书提交的达成率	研发部	技术交底书的提交进度	技术交底书提交的达成率＝（当月提交的技术交底书数量/当月计划提交的交底书数量）×100%	≥90%	月度	知识产权部	

表 2　知识产权目标行动计划

序号	目标	方法措施	负责人	资源需求	启动时间	完成时间	结果评价方法
1	技术交底书提交的达成率	按照研发项目的情况和专利申请目标要求，分配每个月每个项目组技术交底书的撰写数量	项目负责人				每个月统计一次技术交底书提交的达成率

3. 文件控制程序

以下是一份文件控制程序文件样例。

1. 目的

对文件进行控制，确保各有关场所及时得到和使用有效版本的文件。

2. 适用范围

适用于与知识产权管理体系有关的规范性文件的控制（包括知识产权手册、程序文件、作业指导书等）。

3. 职责

3.1 知识产权手册由管理者代表组织编制、修订和审核，最高管理者批准。

3.2 程序文件由相关部门负责人组织编制和修订，管理者代表审核，最高管理者批准。

3.3 作业指导书由相关部门负责人组织编制和修订，部门负责人审核，最高管理者批准。

3.4 文控中心负责所有受控文件的归档、登记、发放、回收、销毁及原稿的保存。

3.5 文件使用单位负责使用文件的保管、防损和防污，负责旧版和作废文件的收集和回收。

4. 过程分析乌龟图

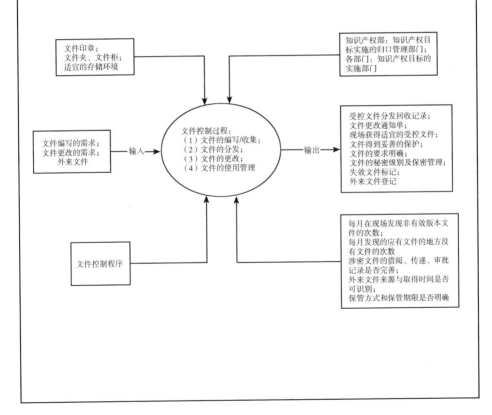

5. 过程流程图

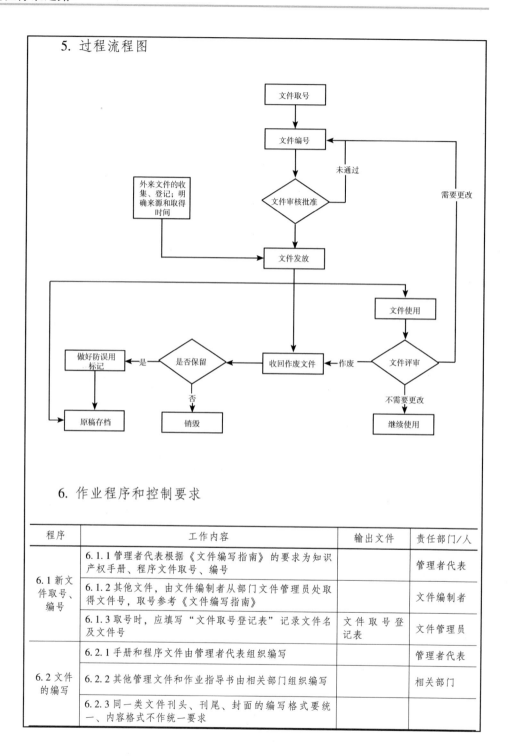

6. 作业程序和控制要求

程序	工作内容	输出文件	责任部门/人
6.1 新文件取号、编号	6.1.1 管理者代表根据《文件编写指南》的要求为知识产权手册、程序文件取号、编号		管理者代表
	6.1.2 其他文件，由文件编制者从部门文件管理员处取得文件号，取号参考《文件编写指南》		文件编制者
	6.1.3 取号时，应填写"文件取号登记表"记录文件名及文件号	文件取号登记表	文件管理员
6.2 文件的编写	6.2.1 手册和程序文件由管理者代表组织编写		管理者代表
	6.2.2 其他管理文件和作业指导书由相关部门组织编写		相关部门
	6.2.3 同一类文件刊头、刊尾、封面的编写格式要统一、内容格式不作统一要求		

续表

程序	工作内容	输出文件	责任部门/人
6.3 文件的审批	6.3.1 手册、程序文件由管理者代表审核、最高管理者批准		管理者代表
	6.3.2 其他管理文件、作业指导书由相关部门负责人负责审核、最高管理者批准		相关部门
	6.3.3 文件在送审的同时需填写"文件分发清单"以确定需要分发到的部门，"文件分发清单"与文件一同审批	文件分发清单	文件编制者
6.4 文件的发放	6.4.1 文件原稿在提交给文控中心前，送交人应对文件进行以下确认：（1）是否进行有效的批准；（2）标题、文件号、版本号、页数是否完整。 如有不完整的情况，则退回编写人进行修正		文件送交人
	6.4.2 将文件原稿连同"文件分发清单"提交文控中心		文件送交人
	6.4.3 文控中心文件管理员根据"文件分发清单"要求复印相应的份数，加盖"受控文件"印章后分发给有关部门。分发时，应在分发的文件上注明分发号，并要求文件领用人在"文件分发回收记录"上签收	文件分发回收记录	文件管理员
	6.4.4 当需要使用文件的人员未领到文件时，不得随意借用其他人的文件复印，应填写"文件领用申请表"，经部门负责人审核、管理者代表批准后，到文控中心办理领用手续。公司内不得使用未加盖"受控文件"印章的受控文件复印件，一经发现，由文控中心收回，并追究其责任	文件领用申请表	文件领用人
6.5 文件的更改	6.5.1 在文件使用过程中，发现文件有问题需要更改时，申请更改者应填写"文件更改申请单"，经部门负责人审核、管理者代表批准后，将"文件更改申请单"送至文件编写部门	文件更改申请单	申请更改者
	6.5.2 文件编写部门对文件进行更改，同时填写"文件更改通知单"说明修改原因。"文件更改通知单"及更改后的文件应送原审批部门审批	文件更改通知单	文件编写部门
	6.5.3 将文件连同"文件更改通知单"交文控中心。文控中心文件管理员按原版次文件的"文件分发回收记录"中的部门名单发放修改后的文件及"文件更改通知单"，同时回收作废的旧文件	文件分发回收记录	文件管理员

续表

程序	工作内容	输出文件	责任部门/人
6.6 文件的使用管理	6.6.1 受控文件的原稿存放在文控中心。文控中心应对文件原稿做好编目登记,填写"文件归档编目清单"	文件归档编目清单	文件管理员
	6.6.2 作废文件原稿加盖红色"作废保留文件"印章后保存于文控中心,其余作废文件由文控中心统一销毁		文件管理员
	6.6.3 文件使用部门要建立"部门使用文件清单"。文件应按编制部门、编号顺序有序地存放,以便检索、查阅和使用	部门使用文件清单	使用部门
	6.6.4 不得在受控文件上乱涂乱画,不得私自外借,确保文件的清晰、整洁和完好		
	6.6.5 借阅文件时,应经文件所在部门负责人同意。借阅时应填写"文件借阅登记表"。借阅者应在指定日期归还文件。到期不归还,由文件所在部门负责人收回。文件原稿一律不外借	文件借阅登记表	借阅者
	6.6.6 对于使用过程中损坏的文件,文件使用部门可用损坏的旧文件到文控中心换取新文件。新文件的分发编号和旧文件的分发编号相同。在发放新文件的同时,应将旧文件销毁		使用部门
	6.6.7 当文件使用人将文件丢失后,应填写"文件领用申请表"申请补发。文控中心在补发文件时,应给予新的分发号,并在"文件分发回收记录"上注明丢失文件的分发号作废,必要时将作废文件的分发号通知各部门,防止误用	文件领用申请表	文件使用人
6.7 外来文件的控制	6.7.1 文控中心应做好行政决定、司法判决、律师函件等外来文件登记工作,确保外来文件的来源与取得时间可识别	外来文件登记表	文控中心
	6.7.2 文控中心负责外来文件的保管工作		
6.8 文件的评审	6.8.1 每年管理评审前2个星期,管理者代表组织有关人员对使用中的文件进行有效性评审,评审时,应填写"文件评审表"	文件评审表	管理者代表
	6.8.2 评审中发现的不适用文件,要做更改或作废处理		

7. 过程绩效的监视

绩效指标	计算公式	计算值	指标值	监视频率	监视单位
7.1 每月在现场发现非有效版本文件的份数	每月对文件的使用情况进行检查,检查中发现的非有效版本文件的份数		0 份/月	月	文控中心

续表

绩效指标	计算公式	计算值	指标值	监视频率	监视单位
7.2 涉密文件的借阅、传递、审批记录是否完善	查看涉密文件的借阅、传递、审批记录是否完善		完善无遗漏	月	文控中心
7.3 外来文件的来源与取得时间是否可识别	查看外来文件的登记记录，来源与取得时间是否可识别		外来文件的来源与取得时间可识别	月	文控中心

8. 支持性文件

8.1《文件编写指南》

9. 记录

9.1 文件取号登记表

9.2 文件分发清单

9.3 文件分发回收记录

9.4 文件领用申请表

9.5 文件更改申请单

9.6 文件更改通知单

9.7 文件归档编目清单

9.8 部门使用文件清单

9.9 文件评审表

9.10 文件借阅登记表

9.11 外来文件登记表

表 1　文件取号登记表

文件编号	文件名称	取号日期	取号人	备注

表2 文件分发清单

文件号		文件名称	
文件编写人		文件版本号	
分发部门/人员			
部门	份数	部门	份数

编制/日期：　　　　　审核/日期：　　　　　批准/日期：

表3 文件分发回收记录

文件编号：									
序号	发放部门	版本号	分发编号	发放记录			回收记录		备注
				分发日期	发放人	接收人	回收人	日期	

文件名称：

表4 文件领用申请表

文件号：		版本：		文件名称：	
领用份数：		领用日期：		领用部门：	
领用理由：					

编制/日期：　　　　　审核/日期：　　　　　批准/日期：

表5 文件更改申请单

申请部门：		申请人：		申请日期：	
文件名称：		文件编号：		版本号：	
申请人填写	申请更改理由：				
	原内容：				
	拟更改内容：				
相关部门意见	部门	意见		签名/日期	

续表

申请部门：	申请人：	申请日期：
批准意见： □同意按申请人的要求进行更改 □不同意修改文件 □其他： 批准人／日期：		

表6　文件更改通知单

文件编号：	文件名：
版次变化：	更改实施日期：
更改原因：	

更改变化情况	
更改前	更改后

同时更改的文件	文件名称	文件编号	版次变化

编制／日期：	审核／日期：	批准／日期：

表7　文件归档编目清单

序号	文件号	版本号	文件名称	入库时间	归档位置	归档人	备注

表8 部门使用文件清单

部门：

序号	文件编号	版本号	分发编号	分发日期	使用/保存位置	保管人	收回人/日期	备注

表9 文件评审表

评审人：		评审日期：		评审类别：□年度评审 □其他评审	
文件编号		文件名称		版次	审查结论
					（　　）继续使用 （　　）需修改 （　　）作废

表10 文件借阅登记表

文件号	版本	文件名	借出				归还		备注
			借阅人	借阅日期	约定归还日期	借出经办人	实际归还日期	归还经办人	

表11 外来文件登记表

序号	文件名称	来源	接收时间	存放位置	保存期限

4. 法律和其他要求控制程序

以下是法律和其他要求控制程序文件样例。

1. 目的

收集和评价知识产权相关的法律法规和其他要求，以确保公司的知识产权活动符合相关法律法规的要求。

2. 适用范围

适用于知识产权法律法规和其他要求的收集、传递和更新。

3. 职责

3.1 知识产权部负责收集、识别、传递和更新知识产权法律法规和其他要求。

3.2 各部门配合知识产权部做好知识产权法律法规和其他要求的收集工作。

4. 过程分析乌龟图

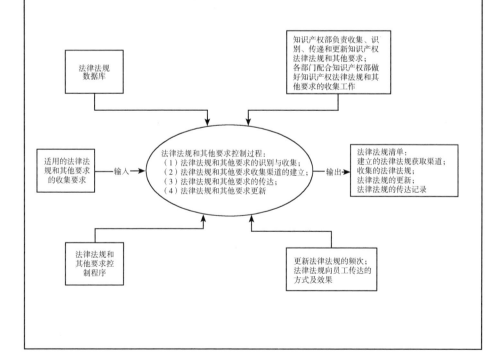

5. 过程流程图

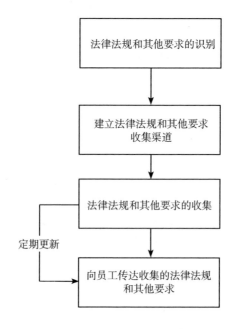

```
        ┌──────────────────────────┐
        │   法律法规和其他要求的识别   │
        └──────────────────────────┘
                    │
                    ▼
        ┌──────────────────────────┐
        │   建立法律法规和其他要求      │
        │      收集渠道              │
        └──────────────────────────┘
                    │
                    ▼
        ┌──────────────────────────┐
   ┌────│   法律法规和其他要求的收集   │
   │    └──────────────────────────┘
定期更新              │
   │                 ▼
   │    ┌──────────────────────────┐
   └───▶│   向员工传达收集的法律法规   │
        │      和其他要求            │
        └──────────────────────────┘
```

6. 作业程序与控制要求

程序	工作内容	输出文件	责任部门/人
6.1 法律法规和其他要求的识别	6.1.1 知识产权部识别与公司生产经营活动相关的知识产权法律法规和其他要求，并形成知识产权法律法规和其他要求清单	知识产权法律法规和其他要求清单	知识产权部
6.2 建立法律法规和其他要求收集渠道	6.2.1 知识产权部根据识别的知识产权法律法规和其他要求清单，建立相应法律法规和其他要求的收集渠道，形成法律法规收集渠道列表	法律法规收集渠道列表	知识产权部
6.3 法律法规和其他要求的收集	6.3.1 知识产权部负责收集法律法规和其他要求清单中的法律法规原文文件	法律法规和其他要求原文文件	知识产权部

续表

程序	工作内容	输出文件	责任部门/人
6.4 法律法规和其他要求的传达	6.4.1 知识产权部识别适用的法规和要求条款，建立《知识产权法律法规和其他要求清单》	知识产权法律法规和其他要求清单	知识产权部
	6.4.2 由知识产权部通过内部网络、发放文件或培训的方式将相关法规发放到相关部门	知识产权传达记录	
6.5 法律法规和其他要求的更新	6.5.1 知识产权部每季度对收集的法律法规和其他要求进行一次跟踪，及时更新相关的法规资料		知识产权部
	6.5.2 由知识产权部通过内部网络、发放文件或培训的方式将更新的法规发放到相关部门		

7. 过程绩效监视

绩效指标	计算公式	计算值	指标值	监视频率	监视单位
7.1 法律法规收集的完整率	法律法规收集的完整率＝（已收集的法律法规数量/拟收集的法律法规数量）×100%		≥90%	季度	知识产权部
7.2 法律法规更新的频次	每个季度是否对法律法规进行更新		更新 1 次/季度	季度	知识产权部
7.3 法律法规向员工传达的效果	抽查相关部门对法律法规适用条款的理解传达合格率＝（回答正确率/抽查数量）×100%		≥90%	季度	知识产权部

8. 支持性文件

（无）

9. 记录

9.1 知识产权法律法规和其他要求清单

9.2 法律法规信息收集渠道列表

表1 知识产权法律法规和其他要求清单

序号	分类	法律和其他要求名称	颁发部门及编号	颁布日/修订日	实施日	适用条款	文件来源	保管部门	备注
1	法律	《中华人民共和国专利法》	全国人大常委会中华人民共和国主席令第八号	2008年12月27日第三次修正	2009年10月1日	全部	中华人民共和国国家知识产权局	知识产权部	《专利法》以往每8年修订一次，紧密关注修订动态
2	行政法规	《专利法实施细则》	国务院中华人民共和国国务院令第306号	2010年1月9日第二次修订	2010年2月1日	全部	中华人民共和国国家知识产权局	综合管理部	
3	行政法规	《国防专利条例》	国务院、中央军事委员会令第418号	2004年9月17日	2004年11月1日	全部	中华人民共和国国家知识产权局	综合管理部	
4	部门规章	《国家知识产权局关于修改〈专利审查指南〉的决定》	国家知识产权局国家知识产权局令第六十八号	2014年3月12日发布	2014年5月1日	全部	中华人民共和国国家知识产权局	综合管理部	

表2 法律法规信息收集渠道列表

法律法规收集渠道	
北大法宝	http://www.pkulaw.cn/
中国人大网	http://www.npc.gov.cn/npc/c12488/list.shtml

5. 人力资源管理程序

以下为人力资源管理程序文件样例。

1. 目的

对人力资源进行科学、有效开发与管理，以满足知识产权管理体系的实施和公司生产经营对各类人力资源的要求，确保员工胜任相应岗位工作并能实现自身价值。

2. 适用范围

适用于公司所有员工。

3. 职责

3.1 最高管理者核准人力资源规划、岗位架构、人员配置、职责说明、需求、招聘、选拔、录用、培训、调配、离职、激励制度、满意度报告等。

3.2 人力资源部负责拟定人力资源规划、组织机构图、岗位配置表和岗位说明书，负责人力资源招聘、选拔、录用、培训、调配、离职、激励、满意度和人事档案等管理。

3.3 法律事务部负责劳动合同中相关知识产权条款的评审工作。

4. 过程分析乌龟图

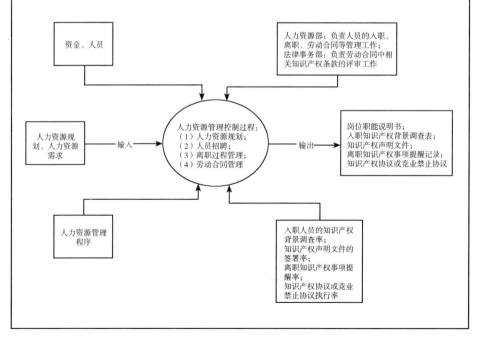

5. 过程流程图

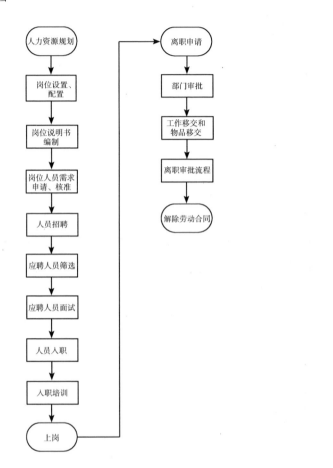

6. 作业程序与控制要求

程序	工作内容	输出文件	责任部门/人
6.1人力资源规划	6.1.1人力资源部结合公司人力资源发展战略决策及公司实际拟定人力资源规划，纳入中长期经营业务规划和短期业务规划，并组织公司各部门主管召开管理会讨论确定后，提请最高管理者审批	人力资源规划	人力资源部

续表

程序	工作内容	输出文件	责任部门/人
6.1 人力资源规划	6.1.2 人力资源部按人力资源规划组织设置、编制公司级和部门级组织机构图、岗位配置表，并组织公司各部门主管召开管理会讨论确定后，经最高管理者批准下发	组织机构图、岗位配置表	人力资源部
	6.1.3 人力资源部根据组织机构图、岗位配置表与最高管理者、各部门主管沟通各岗位要求，编制岗位说明书，并组织公司各部门主管召开管理会讨论确定后经最高管理者批准下发 岗位说明书需明确岗位、岗位定员、上下级关系、岗位职责、权限、资历、经验及技能等	岗位说明书	
6.2 岗位人员需求申请	6.2.1 岗位差缺人员由部门主管根据组织机构图、岗位配置表、岗位说明书提出需求申请提请主管领导审核、最高管理者批准和决议内聘、外聘或指定	职位需求申请表	差缺人员部门
6.3 人员招聘	6.3.1 已核准的岗位需求申请转交人力资源部，人力资源部按核准要求组织人员招聘		人力资源部
	6.3.2 人力资源部组织筛选确定较好的应聘人员并通知面试		
	6.3.3 人力资源部对拟聘用人员进行入职前的背景调查（包含知识产权背景调查）	入职前的背景调查表	人力资源部
	6.3.4 入职手续办理，包括员工资历复印件、体检、签订劳动合同等。 劳动合同需约定知识产权权属、保密等条款；必要时签订竞业禁止协议，约定竞业限制和补偿条款	劳动合同、竞业禁止协议	人力资源部
6.4 入职培训	6.4.1 由人力资源部组织新员工开展入职培训，具体的培训流程及要求参见《培训管理程序》		
6.5 转正上岗	6.5.1 新招聘员工通过试用期考核后，由人力资源部办理转正手续		人力资源部
6.6 离职申请	6.6.1 试用期的员工辞职，按规定需提前3天向部门负责人提出辞职申请，经公司同意后，方可办理辞职手续		
	6.6.2 公司正式员工辞职，按规定需提前30天向部门负责人提出辞职申请，经公司同意后，方可办理辞职手续		
	6.6.3 部门负责人与辞职员工积极沟通，对于工作表现良好的员工进行挽留，探讨改善工作环境、条件和待遇的可能性。同时询问员工辞职缘由，必要时征询辞职员工对公司管理工作的评价及建议。部门负责人根据员工工作岗位的重要性决定是否向上一级领导反映，由公司领导出面与辞职员工沟通，进行离职挽留		

续表

程序	工作内容	输出文件	责任部门/人
6.7 离职审批流程	6.7.1 若公司领导与辞职员工沟通后仍无法挽留，辞职员工填写《员工离职审批表》，按审批权限办理辞职审批		
	6.7.2 知识产权部与离职员工进行谈话，提醒其所应遵守的知识产权事项，并填写离职知识产权事项提醒单，并由双方签字	离职知识产权事项提醒单	知识产权部
	6.7.3 若需要签署知识产权协议或执行竞业禁止协议的，则与其签署知识产权协议或办理竞业禁止协议执行手续		人力资源部
6.8 解除劳动合同	6.8.1 辞职员工离职审批办理完毕，按规定的时间在最后工作日进行离职手续办理。手续办理完毕，公司与之解除劳动合同		

7. 过程绩效的监视

绩效指标	计算公式	计算值	指标值	监视频率	监视单位
7.1 入职的知识产权背景调查率	入职的知识产权背景调查率＝（已完成知识产权背景调查的入职人员数量/全部入职人员数量）×100%		≥90%	季度	人力资源部
7.2 知识产权声明文件的签署率	知识产权声明文件的签署率＝（已签署知识产权声明文件的入职人员数量/全部入职人员数量）×100%		≥90%	季度	人力资源部
7.3 离职知识产权事项提醒率	离职知识产权事项提醒率＝（已进行知识产权事项提醒的人员数量/全部离职人员数量）×100%		100%	季度	知识产权部

8. 支持性文件

8.1《培训管理程序》

9. 记录

9.1 人力资源规划

9.2 组织机构图、岗位配置表

9.3 岗位说明书

9.4 入职前的背景调查表

9.5 离职知识产权事项提醒单

表1　岗位说明书

知识产权部经理岗位职责		
1. 负责依据公司要求起草年度工作计划及实施工作安排； 2. 负责策划建立企业知识产权管理体系并推进实施； 3. 负责对企业知识产权各项工作的审查、监督； 4. 负责部门工作的统筹安排及部门岗位考核工作； 5. 负责建立知识产权管理体系绩效评价体系； 6. 负责年度部门工作会议的召开和部门审计工作； 7. 负责审核业务部门的申请，完成专利、软件著作权的内部审稿； 8. 负责对获取的专利、软件著作权撰写人员提请公司奖励实施工作； 9. 负责对知识产权相关文档、档案的保密工作； 10. 负责知识产权纠纷的协调和处理、诉讼等对外工作； 11. 负责建立知识产权风险预警机制； 12. 负责参与签订或审核涉及知识产权内容的各类合同、协议； 13. 负责推进知识产权文化建设和工作环境		
任职条件		
基本条件	1. 具有大学本科学历； 2. 具有10年以上工作经历，熟悉知识产权相关法律法规； 3. 具有知识产权申报保护、诉讼、纠纷相关工作经验； 4. 熟悉相关法律法规政策，具有较强沟通协调、独立解决问题的能力； 5. 具有较强的团队协作精神和责任感	
能力素质	1. 能够充分考虑公司利益和部门职能定位，合理设定部门工作目标并有效分解，推进部门计划达成； 2. 沟通技巧较高，逻辑性强，具有较强的个人魅力、说服力和影响力，充分激励团队士气，打造团队凝聚力，构建部门人才梯队； 3. 能够有效统筹、协调部门内外部资源，组织跨领域的团队，协调复杂关系，实现全局性工作目标； 4. 能够熟练应用公司信息系统中关于项目、进度、资源管理考核的各项功能，对生产进度进行管理和监控，对部室人员进行分配和调整，从而保证公司生产工作的顺利进行	

表2　入职前的背景调查表

姓名：		拟入职岗位	
调查项目			记录情况

续表

工作起止时间	他在贵公司工作的日期是_____年_____月到_____年_____月	
岗位名称	他的岗位/职务是什么（工作名称与描述）	进入公司_____ 离开公司_____
汇报关系	他的直接上级是_____，他的下属几位，分别是_____岗位	
工资收入	他离开公司时的月薪/年薪是_____，是否属实？	
离职原因	导致他离开公司最根本的原因是什么？ ☐发展或提升的机会　☐工作本身 ☐公司/产品前景　☐与上级之间的关系 ☐与同事之间的关系　☐薪金水平 ☐福利待遇　☐工作条件 ☐其他原因（请注明）	
性格特点	他的个性优缺点是什么？	
工作态度	是否服从和接受上级领导工作安排，对安排的工作是否感兴趣，工作是否需督促？	
敬业精神	是否有团队观念，集体荣誉感是否强烈，是否怕困难工作，是否勤奋肯干？	
工作/技术水平、领导能力	所分配的工作完成质量如何，能否满足本部门的需要，能否达到所期望的水平？能力方面有什么差距或不足，工作效率如何？	
团队合作沟通协作	他与同事关系相处得如何？与周边同事交流沟通、合作是否愉快，是否乐于接受、是否容易得到别人帮助？他上级及下属如何评价他？	
劳动纪律	是否严格要求自己，能否自觉地遵守各项管理规定，是否主动按业务规范标准工作？	
奖惩	是否发生或有意或无意泄露信息的行为？ 是否发生过电脑中木马病毒的事件？ 是否有治安拘留/犯罪记录？	
知识产权调查	是否与贵公司签订有竞业禁止协议？	

表 3 离职知识产权事项提醒单

人员名称		岗位	
部门		提醒人	
入职时间		离职时间	
涉及知识产权			
时间	知识产权	涉及内容	

入职时有无签订保密协议：

离职时有无签订竞业协议：

提醒事项：

员工签名		日期	

6. 管理培训程序

以下是管理培训程序文件样例。

1. 目的

对各类人员进行培训，以满足相应岗位规定的要求。

2. 适用范围

适用于公司所有与知识产权管理体系有关的工作人员的培训。

3. 职责

3.1 人力资源部负责编制培训计划并监督实施，负责组织对培训效果进行评价，负责培训记录的管理。

3.2 各职能部门配合人力资源部完成本部门员工的各类培训。

3.3 各位员工应积极参加各种培训及学习。

4. 过程分析乌龟图

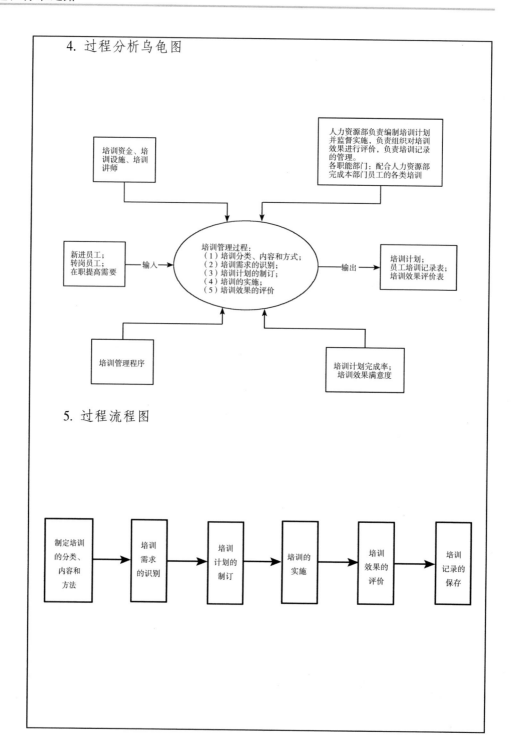

5. 过程流程图

6. 作业程序与控制要求

程序	工作内容	输出文件	责任部门/人
6.1 培训的分类、内容和方式	6.1.1 培训的分类。培训分为全体员工培训、中高层培训、研究开发人员培训等。 全体员工培训：人力资源部组织全体员工开展知识产权培训，包含知识产权方针、知识产权意识、知识产权管理体系、知识产权相关法律法规、知识产权相关基础知识的培训及相应业务领域的知识产权培训。 中高层培训：人力资源部组织对中高层管理人员开展知识产权培训，包括知识产权战略、企业品牌管理与商标保护、企业知识产权管理、企业生产经营过程中的风险控制、知识产权运营等。 研究开发人员培训：人力资源部组织对研究开发人员进行知识产权培训，包括专利布局、专利申请文件撰写、技术交底书撰写等。 知识产权工作人员能力培训		人力资源部
	6.1.2 培训的方式 外出进修、学习、考察、参加学术会议等； 公司内组织授课、案例讨论、自学、文化沙龙等		
6.2 培训需求的识别	6.2.1 每年年初，人力资源部就培训需求征求各部门意见。各部门根据部门的需要，结合公司发展的趋势，向人力资源部提交"培训需求申请表"	培训需求申请表	各部门
	6.2.2 各部门有临时培训需求，也可以填写"培训需求申请表"向人力资源部提出培训需求	培训需求申请表	各部门
6.3 年度培训计划编制	6.3.1 每年年初，人力资源部根据各部门的年度培训需求及公司发展需要，制订本年度培训计划	培训计划	人力资源部
	6.3.2 培训计划包括培训内容、培训方式、培训负责人、培训时间、培训教材、培训地点、培训对象、考核方式等。培训计划经人力资源部经理审核、管理者代表批准后实施		
6.4 培训的实施	6.4.1 人力资源部组织并监督培训计划的实施		人力资源部
	6.4.2 培训讲师应在培训实施前2天编制完成培训教材及必要的培训考试试卷，并提交给人力资源部存档		培训讲师
	6.4.3 培训实施前，人力资源部应准备好培训所需的相关资源，如培训室、投影仪、签到表等。参训人员须在签到表上签字	签到表	人力资源部
	6.4.4 按计划应参加培训的人员必须参加相关培训，有特殊情况不能参加的，必须经培训组织者批准，否则按旷工论处。参加培训的人员应遵守学习纪律，不得迟到、早退或旷课		

续表

程序	工作内容	输出文件	责任部门/人
6.5 培训效果的评价	6.5.1 按培训计划中确定的考核方式对培训人员进行考核。通常的考核方式有考试、问答等。 考试由人力资源部组织进行，使用培训讲师提供的试卷对学员进行考试。 问答考核方式由培训讲师负责，培训讲师可在培训过程中组织问答	考核成绩表	人力资源部
	6.5.2 人力资源部在每次培训结束时组织学员对培训效果进行评价，评价的内容包括培训准备工作的充分性、培训内容的实用性、培训方式的多样性、培训讲师的素质与教学能力等	培训效果评价表	人力资源部
6.6 培训记录的保存	6.6.1 培训结束后，由人力资源部将培训签到表、试卷、考试成绩表、培训效果评价表等存档保存		
	6.6.2 人力资源部将每个员工参加培训的情况记录在"员工培训记录表"上，连同学历证明、资格证书、工作简历等相关资料归入员工的档案内	员工培训记录表	人力资源部

7. 过程绩效的监视

绩效指标	计算公式	计算值	指标值	监视频率	监视单位
7.1 培训计划达成率	培训计划达成率 = （实际完成培训人次/计划培训人次）×100%		100%	月	人力资源部
7.2 培训效果满意度	对学员打分的"培训效果评价表"进行统计，所得的平均分即为"培训效果满意度"		85分	季度	人力资源部

8. 支持性文件

（无）

9. 记录

9.1 培训需求申请表

9.2 培训计划

9.3 签到表

9.4 考核成绩表

9.5 培训效果评价表

9.6 员工培训记录表

表 1　培训计划

序号	培训对象	培训项目	培训内容	培训讲师	培训地点	计划日期	学时	考核方式	备注

表 2　培训效果评价表

部门		姓名		培训时间	
培训讲师				培训内容	

请就下面每一项进行评价，并请在相对应的分数上打"√"：

课程内容	很差	差	一般	好	很好	优秀
1. 课程目标是否符合我的工作和个人发展需要						
2. 课程知识是否深度适中、易于理解						
3. 课程内容是否切合实际、便于应用						
培训讲师						
4. 培训讲师专业水平如何以及课程是否准备充分						
5. 培训讲师对培训内容是否有独特精辟见解，表达是否清楚、态度友善						
6. 培训讲师是否鼓励学员参与，现场气氛如何						
7. 培训讲师对学员提问是否作出回答与指导						
培训收获						
8. 获得了适用的新知识和新理念						
9. 获得了可以在工作上应用的一些有效的技巧或技术						

						续表	
10. 促进客观地审视自己以及自己的工作，帮助对过去的工作进行总结与思考							

其他收获：

11. 整体上，您对这次课程的满意程度是：A. 不满 B. 普通 C. 满意 D. 非常满意

12. 您给予这次培训的总评分是（以100分计）：

13. 本次培训您认为哪些内容对您的帮助最大？

14. 您认为课程或讲师最应改进的地方？

15. 请您提出其他培训建议或培训需求：

7. 信息资源管理程序

以下是信息资源管理程序文件样例。

1. 目的

加强公司知识产权信息利用工作，发挥知识产权信息在企业生产经营活动中，特别是在前沿技术跟踪、研发和立项决策、产品进出口、技术引进或转移、重组与并购、质押融资、海外参展等过程中的重要作用。

建立企业对外信息发布审批制度，确保对外发布的信息符合保密性、法律法规及相关要求。

2. 适用范围

适用于公司的知识产权信息利用及信息对外发布工作过程。

3. 职责

3.1 知识产权部：负责信息的检索分析工作；负责公司对外信息发布的审批工作；负责建立信息收集渠道；负责建立知识产权信息数据库，并有效维护及时更新。

3.2 各相关部门：负责提出检索需求。

4. 过程分析乌龟图

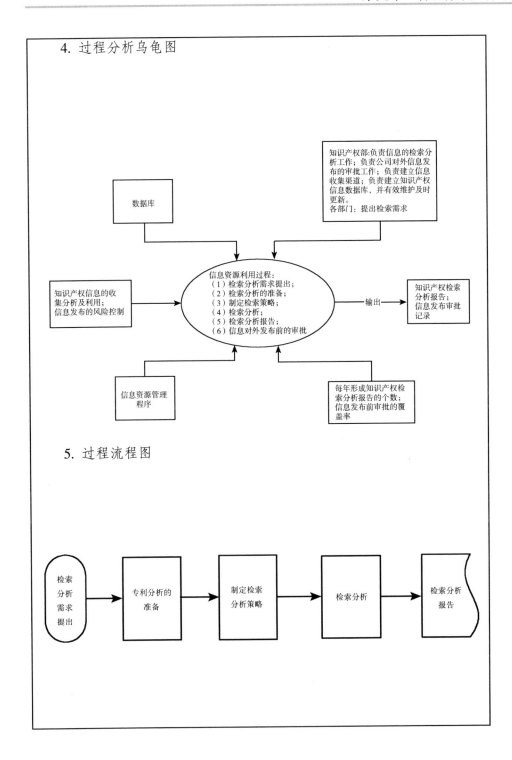

5. 过程流程图

6. 作业程序与控制要求

程序	工作内容	输出文件	责任部门/人
6.1 知识产权信息利用工作内容	**6.1.1 立项阶段知识产权信息利用的工作内容** （1）专利信息利用目的 重点是判断待开发产品或技术的技术可行性的检索和分析过程。 （2）专利信息利用工作内容 全面检索和分析待研发的产品或技术； 重点检索、分析竞争对手的专利信息及竞争情报信息； 判断主要技术方案是否侵权或重复研究，并提出规避方案； 结合企业的整体发展战略，确定研发可行的技术路线和产品方案，控制研发过程中的侵权风险和重复投入 **6.1.2 研究开发阶段知识产权信息利用的工作内容** （1）专利信息利用目的 针对具体开发技术进行可专利性（专利新颖性和创造性）检索和分析。 （2）专利信息利用工作内容 围绕研发产品或技术进行持续的专利检索和可专利性预判； 判断项目技术的新颖性和创造性； 针对产品或技术进行防御性专利布局分析； 综合技术、市场等因素论证专利申请的必要性和可能性； 结合现有技术，判断已有专利的可用性 **6.1.3 研发验收阶段知识产权信息利用的工作内容** （1）专利信息利用目的 针对最终开发技术进行可专利性（专利新颖性和创造性）确认，同时针对最终开发产品进行全局性专利风险管控分析。 （2）专利信息利用工作内容 围绕最终产品或技术进行持续的专利检索； 确认是否所有开发产品或技术均已完成专利申请和布局，或其他知识产权保护方式； 分析确认所有开发产品或技术的侵权可能性，进行专利风险管控分析		

续表

程序	工作内容	输出文件	责任部门/人
6.1 知识产权信息利用工作内容	6.1.4 采购环节知识产权信息利用的工作内容 （1）专利信息利用目的 重点检索和分析供应方和相关方的产品或技术的侵权可能性，必要时应要求供应方提供权属证明，控制采购风险。帮助企业筛选具有相对知识产权优势的供应商 （2）专利信息利用工作内容 对生产采购环节中涉及的技术进行侵权可能性检索和分析； 对供应方、相关方专利申请状况及持有的专利数量、质量及对专利法律状态进行检索和分析； 对产品或技术的采购环节中涉及的专利申请权转让、专利权转让、专利实施许可、专利有效性等法律和经济问题进行检索和分析； 评估产品和技术的专利价值和经济价值，保证企业专利信息对称、公平交易 6.1.5 销售环节知识产权信息利用的工作内容 （1）专利信息利用目的 重点是进行销售目的地的专利侵权风险、专利保护和专利布局分析，特别是针对竞争对手产品和技术进行专利侵权检索、比对和分析。 （2）专利信息利用工作内容 对销售目的地产品和技术所涉及的专利进行全面检索和分析，为制订销售和风险规避方案提供参考； 建立产品销售市场监控制度，采取保护措施，及时跟踪和调查相关专利权被侵权情况、竞争对手产品动态，建立和保持相关记录； 评估企业产品的专利价值，结合产品销售市场进行专利布局，为销售区域及销售方案提供保护支撑 6.1.6 展会期间知识产权信息利用的工作内容 （1）专利信息利用目的 重点是对企业产品进行专利保护、专利侵权性检索及分析。（2）专利信息利用工作内容 海外参展前了解参展地的专利法律环境； 对参展产品或技术进行参展地专利侵权性检索； 针对主要竞争对手设计侵权应急预案，以免因意外专利纠纷影响参展和正常经营		

续表

程序	工作内容	输出文件	责任部门/人
6.1 知识产权信息利用工作内容	6.1.7 知识产权运用过程中的知识产权信息利用的工作内容 （1）专利信息利用目的 在专利权流通过程中给出专利价值评估法律意见书。 （2）专利信息利用工作内容 在专利权的转让、许可、质押、合资合作等专利权运营过程中，组织专利、研发、市场、投资等各部门经验丰富人员，聘请有资质的专利评估机构，共同对专利权进行全面检索、分析、内容的评价、价值及风险的评估，出具专利价值评估报告		
	6.1.8 重大投资活动中的知识产权信息利用的工作内容 （1）专利信息利用目的 重点是进行查新检索、有效性检索和侵权检索及专利价值分析，进行风险控制，出具知识产权审议意见书。 （2）专利信息利用工作内容 涉及重大利益投资、开展对外贸易和合作时，一般应当进行专利信息专项分析。 重大投资活动主要包括以下情况： 技术、成套设备和关键设备的进出口； 未在国内销售过的原材料和产品的进口； 未在其他国家和地区销售过的原材料和产品的出口； 涉及重大新技术、新产品或具有重大市场前景的项目合作； 企业合资、入股或并购； 招商引资、人才引进		
6.2 信息收集渠道	中华人民共和国国家知识产权局 http://www.sipo.gov.cn/ 中华人民共和国国家工商行政管理总局商标局 http://sbj.saic.gov.cn/ 美国专利与商标局 https://www.uspto.gov/ TPI（top patent index）https://tpi.wanxiangyun.net/login；JSESSIONID=d33c0a9a-1063-4971-8343-ec558a7db3a4 欧洲专利局 http://www.epo.org/		
6.3 检索分析流程	6.3.1 检索需求部门提交知识产权检索申请表至知识产权部检索人员，检索人员审核提交的检索需求是否属于专利检索的对象；是否满足专利检索的要求；并在 2 个工作日内给出反馈结果	知识产权检索申请表	

程序	工作内容	输出文件	责任部门/人
6.3 检索分析流程	6.3.2 专利分析的前期准备工作 检索人员在 3 个工作日内完成检索分析的前期准备工作。 前期准备阶段的工作主要包括：成立工作组、行业及技术背景调查、明确分析目标、项目分解等内容。 （1）成立工作组：专利分析工作组主要包括企业专利信息工作人员、精通技术的研发人员、熟悉行业和市场状况的人员以及掌握专利法的企业法务人员等。 （2）背景调查：采集行业技术现状、特定技术的发展历史、相关竞争对手的技术动态、投资动向、本次分析项目涉及的产业状况及产业分类信息等资料。 （3）明确分析目标：根据专利分析的需求不同，分析目标也有所不同，主要包括一般行业专利现状分析、技术标准方案的专利分析、竞争对手专利分析、解决技术问题的专利分析（包括专利应用分析和专利规避分析）、可专利性分析、侵权对比分析等。 （4）项目分解：项目分解是前期准备阶段的一项重要工作，恰当的项目分解可为后续专利检索和分析提供科学的、多样化的数据支撑		
	6.3.3 与检索需求人员共同确定检索范围，具体检索范围确定如下： （1）根据不同检索目的确定时间范围； （2）确定检索技术领域； （3）根据技术内容和技术要点，确定检索主题； （4）确定检索文献数据库		
	6.3.4 制定检索策略，进行数据的采集与整理 首先在所属技术领域检索，其次在功能类似的技术领域检索，最后考虑重新确定技术领域后再检索；随时根据相关文献进行跟踪检索，调整优化检索策略，以便进一步找到相关的文献		
	6.3.5 检索分析 在采集到的数据的基础上，按照分析目标的要求，对数据进行技术处理和分析解读，形成《知识产权检索报告》。包括：根据分析目标选择分析指标、生成工作图表和深度分析目标群、分析和解读专利情报等。 专利分析报告的内容应包括：引言、概要、主要分析内容、主要结论、应对措施等内容。 检索分析人员在 15 个工作日内完成检索分析报告	检索分析报告	
6.4 对外信息发布的审批工作程序	科技论文、技术资料、宣传彩页、网站等信息对外发布前，需填写《信息发布审批表》，经知识产权部和管理者代表审批后发布，以确定发布信息是否侵权、是否泄露公司商业秘密、是否涉及虚假宣传等。 审批依据：《中华人民共和国广告法》《中华人民共和国专利法》《中华人民共和国商标法》及《中华人民共和国反不正当竞争法》的相关规定	信息发布审批表	知识产权部

7. 过程绩效的监视

绩效指标	计算公式	计算值	指标值	监视频率	监视单位
7.1 检索分析报告完成的及时率	检索分析报告完成的及时率＝（及时完成的检索分析报告份数/实际完成的检索分析报告的总份数）×100%		100%	季度	知识产权部
7.2 信息发布前审批的覆盖率	信息发布前审批的覆盖率＝（实际的审批数/总的信息发布数）×100%		100%	季度	知识产权部

8. 支持性文件

（无）

9. 记录

9.1 知识产权检索申请表

9.2 知识产权检索报告

9.3 信息发布审批表

表1 知识产权检索申请表

检索提出部门		
申请人		申请日

检索需求
A. 检索种类 □查新 □侵权 □专题 其他

B. 相关技术材料

检索人员意见	确定是否属于专利检索的对象；是否满足专利检索的要求

续表

确定检索范围
(1) 时间范围：
(2) 技术领域：
(3) 技术要点及检索主题：
(4) 检索文献数据库：

□中国专利文献检索数据库 　　　　□世界专利索引数据库
□日本专利英文文摘数据库 　　　　□欧洲专利数据库
□美国专利数据库
检索用非专利文献
□CNKI 　　　　　　　　　　　　□国家图书馆非专利期刊
□互联网

知识产权部经理意见	

表2　知识产权检索报告

项 目 名 称：
项目委托单位：
完成检索单位：
完 成 日 期：

检索情况表

检索需求
A. 检索种类　　　□查新　　□侵权　　□专题　　□其他

B. 检索依据的技术材料（见附件）

检索过程描述

续表

检索的国际专利分类领域

检索数据库：
检索用专利文献
☐ 中国专利文献检索数据库　　　　　　☐ 世界专利索引数据库
☐ 日本专利英文文摘数据库　　　　　　☐ 欧洲专利数据库
☐ 美国专利数据库
☐ 检索用非专利文献
☐ CNKI×××　　　　　☐ 万方数据库　　　　☐ 互联网

使用的中文与外文检索关键词

☐ 检索要素表

检索得到的相关文献

序号	公开号/公告号	公开/公告日期	分类号	备注

检索员	审核员

项目或技术与检索文献结果的对比评述：

续表

应对措施：	
报告建议或结论：（项目是否具有可行性、可专利性、产品和技术是否侵权、专利布局是否合理等）	

表 3 信息发布审批表

拟发布内容	□科技论文　　□技术资料　　□宣传彩页 □网站信息　　□其他
审批依据	□《中华人民共和国广告法》 □《中华人民共和国专利法》 □《中华人民共和国商标法》 □《中华人民共和国反不正当竞争法》 □密级控制程序 □其他
审批内容	□是　　□否　　　侵权 □是　　□否　　　泄露公司商业秘密 □是　　□否　　　涉及虚假宣传 □其他
知识产权部意见	 审批人签字： 日期：

续表

管理者代表意见	
	审批人签字： 日 期：
总经理意见	
	审批人签字： 日 期：

8. 知识产权获取控制程序

以下是知识产权获取控制程序文件样例。

1. 目的

建立知识产权获取工作计划及工作流程，实施必要的检索分析，降低知识产权获取风险，确保公司知识产权顺利获取。

2. 适用范围

适用于公司对内知识产权的获取工作过程。

3. 职责

3.1 知识产权部：负责可专利性的检索分析及专利申请的相关工作；负责商标查询及商标注册的相关工作；负责软件著作权的登记、软件产品登记的相关工作；负责知识产权获取档案管理工作。

3.2 研发部：根据知识产权目标，制订知识产权获取工作计划，明确获取的方式和途径；负责技术交底书撰写的相关工作；负责商标设计的相关工作；负责提供软件著作权登记所需的文档材料（包括用户手册及源程序文档）。

4. 知识产权获取过程乌龟图

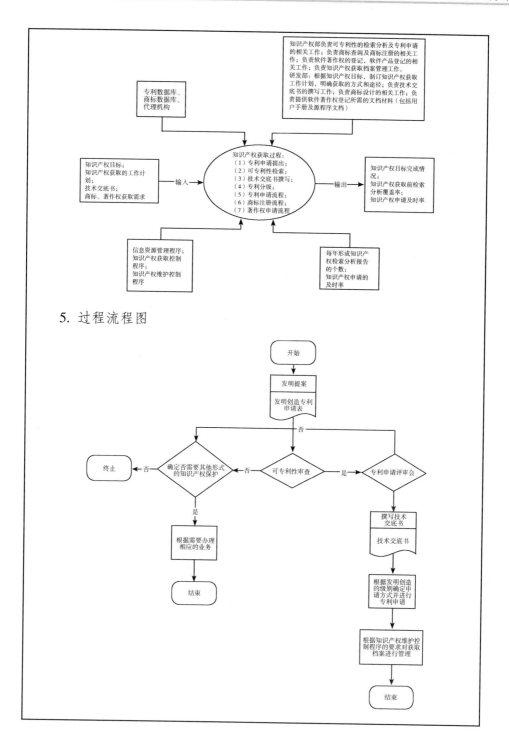

知识产权部负责可专利性的检索分析及专利申请的相关工作；负责商标查询及商标注册的相关工作；负责软件著作权的登记，软件产品登记的相关工作；负责知识产权获取档案管理工作。

研发部：根据知识产权目标，制订知识产权获取工作计划，明确获取的方式和途径；负责技术交底书的撰写工作，负责商标设计的相关工作；负责提供软件著作权登记所需的文档材料（包括用户手册及源程序文档）

专利数据库、商标数据库、代理机构

知识产权目标；知识产权获取的工作计划；技术交底书；商标、著作权获取需求

输入

知识产权获取过程：
（1）专利申请提出；
（2）可专利性检索；
（3）技术交底书撰写；
（4）专利分级；
（5）专利申请流程；
（6）商标注册流程；
（7）著作权申请流程

输出

知识产权目标完成情况；
知识产权获取前检索分析覆盖率；
知识产权申请及时率

信息资源管理程序；知识产权获取控制程序；知识产权维护控制程序

每年形成知识产权检索分析报告的个数；知识产权申请的及时率

5. 过程流程图

开始

发明提案

发明创造专利申请表

否

确定否需要其他形式的知识产权保护

终止

否

可专利性审查

是

专利申请评审会

否

是

根据需要办理相应的业务

结束

撰写技术交底书

技术交底书

根据发明创造的级别确定申请方式并进行专利申请

根据知识产权维护控制程序的要求对获取档案进行管理

结束

6. 作业程序与控制要求

程序	工作内容	输出文件	责任部门/人
6.1 专利 工作程序	6.1.1 研发人员根据研发成果填写《发明创造专利申请表》，经部门领导审批后提交检索人员进行可专利性审查	发明创造专利 申请表	研发部
	6.1.2 由检索人员对申请专利的发明创造进行专利文献检索和可专利性审查，并在 3 个工作日内将检索的情况及专利"三性"审查意见填入《发明创造专利申请表》中		知识产权部
	6.1.3 对于可以申请专利的技术方案，召开由研发部、知识产权部、管理者代表参加的专利申请评审会，汇总各部门的意见，确定是否进行专利申请及发明创造的级别；对于确定申请专利的技术方案由相关技术研发人员在 5 个工作日内提供《技术交底书》；对于不能申请专利的技术，确定是否需要其他知识产权形式的保护，如果需要，则按照相应的流程进行操作；如果不需要，则该程序结束	技术交底书	研发部
	6.1.4 专利申请根据其经济价值、市场竞争价值的大小分为：普通级、重要级、重大级。 普通级专利申请，是指经济价值和市场竞争价值的大小均一般的专利申请； 重要级专利申请，是指具有一定经济价值或市场竞争价值的专利申请； 重大级专利申请，是指创造性高，属国内外首创，代表技术潮流或发展方向，能给公司带来巨大经济效益，使公司处于市场优势地位的专利申请		
	6.1.5 根据专利申请重要性等级的不同，按不同的方式办理。 普通级专利申请的办理：外观设计的专利申请由知识产权专员直接办理，发明或实用新型专利申请委托专利事务所代理； 重要级专利申请的办理：知识产权部组织本公司知识产权专员、发明人、相关技术人员或专利代理机构代理人进行讨论，确定最佳保护范围和方式后，委托专利事务所代理； 重大级专利申请的办理：知识产权部组织本公司知识产权专员、发明人、相关技术骨干或资质较深的专利代理机构优秀代理人员进行详细讨论，确定最佳保护范围和方式后，委托资质较深的专利事务所代理		

续表

程序	工作内容	输出文件	责任部门/人
6.2 商标注册工作程序	6.2.1 在产品的设计开发过程中，拟定使用新的商标名称或图案的，应向检索人员提出商标查询申请（详见商标查询申请单）	商标查询申请单	研发部
	6.2.2 由检索人员对拟定使用的新的商标名称或图案向国家商标局进行商标查询，并在 3 个工作日内将查询结果反馈		知识产权部
	6.2.3 由知识产权部根据查询结果作出是否注册商标的决定，并报请管理者代表审核，最高管理者批准后，由知识产权部做好商标注册前的相关准备工作，并委托代理机构进行商标注册工作		知识产权部
6.3 软件著作权登记工作程序	6.3.1 软件产品研发完成并通过内部测试后，由软件开发人员填写《软件著作权登记申请表》，经部门负责人审批确认后，连同原程序及文档一并提交知识产权部。源程序及文档的具体要求如下：源程序按前、后各连续 30 页，共 60 页（不足 60 页的全部提交），页眉标注软件名称及版本号，右上角标注页码；文档按前、后各连续 30 页，共 60 页（不足 60 页的全部提交），右上角标注页码（此处的文档一般指软件产品用户手册）	软件著作权登记申请表	研发部
	6.3.2 知识产权部收到《软件著作权登记申请表》、源程序及文档后呈管理者代表审核，并经最高管理者批准后，知识产权部根据收到的《软件著作权登记申请表》、源程序及文档，在 3 个工作日内登录中国版权保护中心进行软件著作权登记的在线填写及软件著作权登记申请材料的提交		
6.4 知识产权获取记录	6.4.1 专利获取记录包括： （1）专利获得材料：包括授权通知书、登记手续通知和登记表、公告文本、专利证书等； （2）专利申请材料：申请书、权利要求书、说明书及其摘要、附图、请求书、相关证明、技术问卷等附加文件（具体可参照受理通知书相关内容）等； （3）专利受理材料：受理通知书、补正通知书和补正材料、初审合格通知书、初审合格通告、实质性审查请求书和补充材料、进入实审程序通知书、实质性审查意见、审查意见答复等		
	6.4.2 商标获取记录包括： 商标查询申请单、商标注册申请书、商标图样等		

续表

程序	工作内容	输出文件	责任部门/人
6.4 知识产权获取记录	6.4.3 软件著作权获取记录包括： 计算机软件著作权登记申请表、在线填写的软件著作权登记申请材料、软件著作权登记用户手册、源程序文档、软件著作权证书等		
	6.4.4 知识产权获取记录的保持 上述知识产权获取记录按照《知识产权维护控制程序》的相关规定进行管理		
6.5 发明创造人员的署名权	署名权是发明人或者设计人的一项重要的人身权利，具有专有性和不可让与性，对于非职务发明创造，申请专利的权利属于发明人或者设计人，申请人可以在专利文件上写明自己是发明人或者设计人。职务发明创造，申请专利的权利由发明人或者设计人所在的单位享有。在专利文件上署名是发明人或者设计人的权利。但是，发明人或者设计人自愿放弃这种权利，要求不在专利文件上署名的，应当予以允许。但为避免事后发生争议，这种自愿放弃应当由发明人或者设计人以书面形式声明		

7. 过程绩效的监视

绩效指标	计算公式	计算值	指标值	监视频率	监视单位
7.1 知识产权目标完成率	知识产权目标完成率＝（已获取的知识产权数量/知识产权目标数量）×100%		100%	季度	知识产权部
7.2 知识产权获取前检索分析覆盖率	知识产权获取前检索分析的覆盖率＝（获取前完成知识产权检索分析的数量/已获取的知识产权数量）×100%		100%	季度	知识产权部

8. 支持性文件

8.1 《信息资源管理程序》

8.2 《知识产权维护控制程序》

9. 记录

9.1 发明创造专利申请表

9.2 技术交底书

9.3 商标查询申请单

9.4 计算机软件著作权登记申请表

9.5 软件著作权登记用户手册模板

9.6 源程序文档模板

表 1 发明创造专利申请表

名　称			
申请部门		申请日期	
发明人或设计人		联系方式	
专利申请类别 （在对应类别前画√）	□发明	□实用新型	□外观设计
专利申请等级 （在对应类别前画√）	□普通级	□重要级	□重大级
申请专利的 主要内容			
部门领导 意见	部门领导： 年　　月　　日		
检索及专利 "三性"审查 意见	知识产权 部领导： 年　　月　　日		

续表

管理者 代表意见	是否加快：□加快　□不加快 管理者代表：　　年　月　日
审批 意见	总经理： 年　月　日

9. 合同管理控制程序

以下是合同管理控制程序文件样例。

1. 目的

明确合同的知识产权要求，并通过合同评审确保公司有能力满足这些要求。

2. 适用范围

适用于本公司签订的知识产权委托合同、委托开发或合作开发合同、采购合同、委托生产合同、劳动合同的管理。

3. 职责

3.1 法律事务部：负责合同评审。

3.2 相关业务部门：发起合同评审，相应合同的归口管理。

3.3 最高管理者：批准合同评审表。

4. 合同管理过程乌龟图

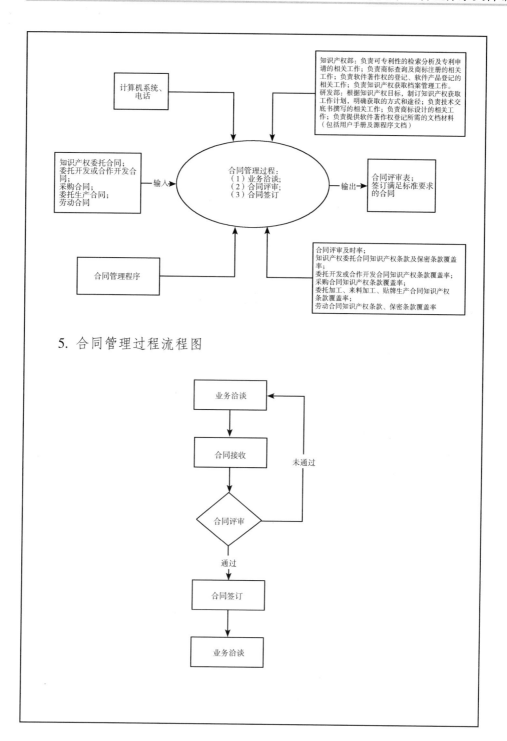

知识产权部：负责可专利性的检索分析及专利申请的相关工作；负责商标查询及商标注册的相关工作；负责软件著作权的登记、软件产品登记的相关工作；负责知识产权获取档案管理工作。
研发部：根据知识产权目标，制订知识产权获取工作计划，明确获取的方式和途径；负责技术交底书撰写的相关工作；负责商标设计的相关工作；负责提供软件著作权登记所需的文档材料（包括用户手册及源程序文档）。

计算机系统、电话

知识产权委托合同；
委托开发或合作开发合同；
采购合同；
委托生产合同；
劳动合同

输入

合同管理过程：
（1）业务洽谈；
（2）合同评审；
（3）合同签订

输出

合同评审表；
签订满足标准要求的合同

合同管理程序

合同评审及时率；
知识产权委托合同知识产权条款及保密条款覆盖率；
委托开发或合作开发合同知识产权条款覆盖率；
采购合同知识产权条款覆盖率；
委托加工、来料加工、贴牌生产合同知识产权条款覆盖率；
劳动合同知识产权条款、保密条款覆盖率

5. 合同管理过程流程图

业务洽谈

合同接收

合同评审

未通过

通过

合同签订

业务洽谈

313

6. 作业程序与控制要求

程序	工作内容	输出文件	责任部门/人
6.1 业务洽谈	6.1.1 合同洽谈过程中，要就合同的基本要求，如品名、规格、数量、价格、违约责任、仲裁与索赔等与对方达成一致意见		
6.2 接收合同	6.2.1 相关部门将谈好的合同连同合同评审表一起送有关部门进行评审	合同评审表	
6.3 合同评审	6.3.1 法律事务部负责合同中相关法律条款的审核，确保合同满足法律法规的要求，并满足 GB/T 29490 相关条款的要求		
6.4 合同签订	6.4.1 合同评审后，由相关部门工作人员根据合同草案与批准的评审结果，负责与对方签订正式合同		
6.5 合同保存	6.5.1 合同及合同评审表由合同评审发起部门负责保存		
	6.5.2 合同履行中的往来电子邮件应予以保存，作为合同的附件		

7. 过程绩效的监视

绩效指标	计算公式	计算值	指标值	监视频率	监视单位
7.1 合同评审及时率	（1）合同需一天评审完毕；（2）合同评审及时率＝（按时完成的合同评审次数/合同评审总次数）×100%		≥98%	季度	合同评审发起部门

8. 支持性文件

（无）

9. 记录

9.1 合同评审表

第六节　知识产权管理体系文件的批准、发布和控制过程

知识产权管理体系文件体现了对知识产权管理体系的策划和设计，它决定了组织固有的管理能力，是指导知识产权管理活动的具体依据。因此，对体系文件的评审，可以确保其发挥应有的作用，持续达到预期的增值效果。评审需要以编制文件应遵循的基本原则为尺度，评价知识产权管理体系文件在有效性和适宜性方面还有何欠缺，以便更改，从而优化文件的编制和修订过程。

1. 评审和批准

根据 ISO/TR 10013：2001 要求，文件在发布前，应当由授权人对文件进行评审，以确保其清楚、准确、充分和结构恰当。在文件试行期，文件的使用者应当有机会对文件的适用性，以及是否反映了实际情况进行评价和发表意见。这些反馈意见应当受到足够的重视和有效的处理。文件的发行应得到负责文件实施的管理者的批准。每份复制件都应当有授权发放的证据。组织应当保存文件批准的证据。

2. 分发

组织应确保所有需要获得包括在文件中信息的人员都能获得有关版本的文件，并且可以通过发给收文者的每个复制件指定一个编号的方法来确保正确地分发和控制。

3. 更改的进行

组织应当规定文件更改的启动、起草、评审、控制和进行的过程。文件更改过程应当采用与原文件发布时一样的评审和批准过程。

4. 版本和更改的控制

文件版本的更改必须经过授权人的批准，并且要确保现场使用的文件是最新版本的文件。组织可以给使用者提供包含修订状态的文件控制清单以确保使用者获得正确版本的已授权文件。为了法律和/或知识储备的目

的，组织应记录文件更改的历史情况。

5. 非受控复制件

以投标、顾客使用和其他特殊的文件分发为目的时，可以不对更改进行控制，因此，应当在这些文件上清楚地标识为非受控复制件。❶

---

❶ ISO/TR 10013：2001 质量管理体系文件指南.

下篇·管理体系审核

第十章　审核基础知识

第一节　与审核有关的术语和概念

一、审核（audit）（ISO 9000—2015 标准中 3.13.1）

【定义】

为获得客观证据（3.8.3）并对其进行客观的评价，以确定满足审核准则（3.13.7）的程度所进行的系统的、独立的并形成文件的过程（3.4.1）。

注1：审核的基本要素包括由对被审核客体不承担责任的人员，按照程序（3.5.4）对客体（3.6.1）是否合格（3.6.11）所做的确定（3.11.1）。

注2：审核可以是内部（第一方）审核，或外部（第二方或第三方）审核，也可以是结合审核（3.13.2）或联合审核（3.13.3）。

注3：内部审核，有时称为第一方审核，由组织（3.2.1）自己或以组织的名义进行，用于管理（3.3.3）评审（3.11.2）和其他内部目的，可作为组织自我合格声明的基础。内部审核可以由与正在被审核的活动无责任关系的人员进行，以证实独立性。

注4：管理评审，在组织机构内部、外部各种信息的基础上，对知识产权管理体系本身所做的一种评价活动。管理评审由最高管理者来组织进行，并要作出正式评价。管理评审的内容包括知识产权方针、目标

和知识产权管理体系的评审，评审带有全局性、整体性的重大问题，对组织的发展具有重大影响。管理评审的出发点是谋求知识产权方针、目标和知识产权管理体系对组织发展在较长时间内的适宜性。适宜性评审包括两个方面：一方面评审它们与组织外部环境、变化趋势等因素的适宜性；另一方面评审它们与组织内部资源、实力、环境等因素的适宜性。通过适宜性评审，发现确认组织重要的改进或发展机会、项目及措施。

注 5：通常，外部审核包括第二方和第三方审核。第二方审核由组织的相关方，如顾客（3.2.4）或由其他人员以相关方的名义进行。第三方审核由外部独立的审核组织进行，如提供合格认证/注册的组织或政府机构。

注 6：这是 ISO/IEC 导则第 1 部分 ISO 补充规定的附件 SL 中给出的 ISO 管理体系标准中的通用术语及核心定义之一。最初的定义和注释已经被改写，以消除术语"审核准则"与"审核证据"之间循环定义的影响，并增加了注 3 和注 4。

【理解要点】

（1）审核是一系列具有特定目的的活动，主要包括获取审核证据，将收集到的这些审核证据对照审核准则的相应规定或要求进行比较、分析和评价，确定满足审核准则的程度，记录评价的结果及支持的证据等。

审核的特点是系统的、独立的和形成文件的过程。审核是由一系列相关过程所构成的。"系统的"是指对与审核有关的所有过程及其相互之间的关系和作用，要识别、分析，要经过策划并使之处于受控状态；"独立的"是指对审核证据的收集、分析和评价是客观的、公正的，应避免任何外来因素的影响以及审核员自身因素的影响，如要求审核的人员与受审核的活动无责任关系；"形成文件的"是指审核过程要有适当的文件支持，形成必要的文件，如审核策划阶段应形成审核计划、审核实施阶段应作好必要的记录、审核结束阶段应编制审核报告等。

（2）定义的注释给出了审核的分类。审核可分为内部审核和外部审核或第一方审核、第二方审核和第三方审核；又可分为结合审核（多体系审核）和联合审核。

内部审核，亦称第一方审核，是由组织自己或以组织的名义进行的审核，主要是用于管理评审等组织内部目的，也可作为组织自我合格声明的基础。如根据内部审核的结论，组织的管理者可以进行自我声明：组织的质量和（或）知识产权管理体系符 GB/T 19001 和 GB/T 29490—2013 标准中的要求。

内部审核用于管理评审是标准新增加的注释，实质上与 GB/T 19000 中的含义没有变化，因为用于组织内部目的包括用于管理评审，强调内部审核应作为管理评审的一种输入。

在许多情况下，尤其在小型组织内，"可以由与受审核活动无责任关系的人员进行，以证实独立性"表明在一般情况下，特别是在人员少、部门少、分工不细的小型组织内，由"与受审核活动无责任关系的人员进行"内部审核即能够证实审核的"独立性"，不必强求审核员一定来自不同的部门，从而为小型组织的内部审核提供方便。

（3）外部审核包括第二方审核和第三方审核。第二方审核是由组织的相关方（如顾客或行业协会）或以相关方的名义（如以顾客或以行业协会的名义）对组织进行的审核。

第三方审核通常由依据管理体系标准要求提供符合性认证的认证机构的审核组织实施，是由外部独立的，即独立于第一方和第二方之外的审核组织（如提供认证或注册服务的认证机构）对组织进行的审核。第三方审核包括初次审核、监督审核和再认证审核，还可以包括特殊审核。

（4）联合审核、结合审核、一体化审核。

①两个或两个以上审核组织合作审核同一个客户，称作联合审核。"联合"是指两个或两个以上审核组织之间的联合，"联合审核"是指两个或两个以上审核组织一起审核，审核的对象是同一个受审核方。

②结合审核是指对两个体系一起进行审核。审核组织在目前所开展的这种审核采用的方式通常是将两个或两个以上管理体系一起进行审核，结合审核的程度取决于体系结合的程度。

结合审核的对象可以是知识产权管理体系和质量管理体系两个体系（也可以是三个以上的管理体系一起进行审核）。审核组织在目前所开展的这种审核依据的标准是两个独立的标准。

③一体化审核是指一个客户已将两个或两个以上管理体系标准要求的应用整合在一个单一的管理体系中，并按照一个以上标准接受审核。

若几个审核组织合作，共同对同一个受审核方的两个（或两个以上）体系进行审核，既是联合审核，也是结合审核。如果受审核方已将两个或两个以上管理体系标准要求的应用整合在一个管理体系中，并按照一个以上标准接受审核，那就是联合审核加一体化审核加结合审核。

二、审核准则（audit criteria）（ISO 9000—2015 标准中 3.13.7）

【定义】

> 用于与客观证据（3.8.3）进行比较的一组方针（3.5.8）、程序（3.4.5）或要求（3.6.4）。
>
> ［源自：ISO 19011：2011，3.2，修订，术语"审核证据"已被"客观证据"替代］

【理解要点】

审核员依据审核准则进行审核，可以作为审核准则的文件包括法律、标准、企业内部规定等。

（1）审核准则的作用：审核工作的依据，作为与审核证据进行比较并判断其符合性的依据。针对一次具体的审核，审核准则应形成文件。

（2）审核准则的内容：可以是适用的方针、程序、标准、法律法规、要求、合同要求或行业规范等。

（3）不同类型或不同目的的审核，其审核准则不尽相同。例如，以知识产权管理体系认证注册为目的的第三方审核，其审核准则主要是《知识产权管理体系规范》、适用的有关知识产权法律法规，例如商标法、专利保护法等，以及受审核方的知识产权管理体系文件等；以选择合格供方为目的的第二方审核，其审核准则主要是合同要求；以评价其自身管理体系运行状况为目的的第一方审核，其审核准则主要是组织的管理体系方针、程序及适用的法律法规要求和管理体系要求等。

（4）关于合规性，如果审核准则是法律法规要求，那么，在审核发现❶中会涉及是否符合法规的问题，"合规"或"不合规"就会用于对审核证据与审核准则对比后的评价。

三、审核证据（audit evidence）（ISO 9000—2015 标准中 3.13.8）

【定义】

> 与审核准则（3.13.7）有关并能够证实的记录、事实陈述或其他信息
> ［源自：ISO 19011：2011，3.3，修订，注已被删除］

【理解要点】

（1）审核证据可以来源于记录、事实陈述或其他信息。审核证据包括记录、事实陈述或其他信息，这些信息可以通过文件的方式（如各种记录）获取，也可以用通过陈述的方式（如面谈）或通过现场观察的方式等获取。在审核过程中，审核员可以通过查阅文件和记录、与有关责任人员面谈、现场观察、实际测定等方式来获得所需要的信息。不能证实的或与审核准则无关的记录、事实陈述或其他信息不能作为审核证据。

（2）作为审核证据的记录、事实陈述或其他信息应该与审核准则有关。审核员应收集与审核准则有关的记录、事实陈述或其他信息作为审核证据，与审核准则无关的记录、事实陈述或其他信息不能作为审核证据。例如，知识产权管理体系内部审核的审核准则中包括知识产权管理体系规范要求，但不包括食品安全管理体系要求，因此，与知识产权管理体系要求有关的信息可以作为审核证据，而与食品安全管理要求有关的信息就不

---

❶ 关于审核发现的介绍，请看本节"四、审核发现"。

能作为审核证据。

（3）作为审核证据的记录、事实陈述或其他信息应该是能够证实的，以确保审核证据的真实性、可靠性和客观性。在审核过程，虽然不要求也没必要对获得的每项信息进行逐一证实，但应确保在需要时能够对这些信息进行证实，不能证实的信息不能作为审核证据。

（4）审核证据可以是定性或定量的信息，如人员的知识产权保护意识是定性的信息，也可以是定量的信息，如实施保护的专利数据。

四、审核发现（audit findings）（ISO 9000—2015 标准中 3.13.9）

【定义】

> 将收集的审核证据（3.13.8）对照审核准则（3.13.7）进行评价的结果
>
> 注 1：审核发现表明符合（3.6.11）或不符合（3.6.9）。
>
> 注 2：审核发现可导致识别改进（3.3.1）的机会或记录良好实践。
>
> 注 3：在英语中，如果审核准则（3.13.7）选自法律要求（3.6.6）或法规要求（3.6.7），审核发现可被称为合规或不合规。
>
> ［源自：ISO 19011：2011，3.4，修订，注 3 已被修订］

【理解要点】

审核发现是评价的结果。评价的对象是收集的审核证据，评价的依据是审核准则，评价的结果可能是符合审核准则的，也可能是不符合审核准则的。当评价的目的是发现过程或活动中的改进需求时，审核发现能够指出改进的机会。

审核发现应实现与审核目的有关的结果，可以是引导识别受审核方改进的机会或记录良好实践。如果审核准则选自与知识产权有关的法定或其他要求，审核发现可表述为合规或不合规。

五、审核结论（ISO 9000—2015 标准中 3.13.10）

【定义】

> 考虑了审核目标和所有审核发现（3.13.9）后得出的审核（3.13.1）结果
>
> ［源自：ISO 19011：2011，3.5］

【理解要点】

（1）审核结论是在考虑审核的目的并综合分析所有审核发现（符合的和不符合的）的基础上作出的最终审核结果。由此可见，审核结论与审核目的和审核发现密切相关。审核发现是得出审核结论的基础，不同审核目的的审核其审核结论也不尽相同。例如，以识别改进需求的第一方审核，其审核结论是提出改进的建议；以认证注册为目的的第三方审核，其审核结论是提出是否推荐认证注册的建议。

（2）一次审核的审核结论不是由某一个审核员作出的，而是由审核组成员经过充分沟通和分析后，以审核组的名义作出的审核结果。

（3）审核准则、审核证据、审核发现和审核结论之间的关系：审核组通过实施审核来收集和验证与审核准则有关的信息以获得审核证据，并依据审核准则对审核证据进行评价以形成审核发现，在考虑审核目的并综合汇总分析所有审核发现的基础上作出审核结论。由此可见，审核准则是判断审核证据符合性的依据，审核证据是形成审核发现的基础，审核发现是作出审核结论的基础。

六、审核委托方（audit client）（ISO 9000—2015 标准中 3.13.11）和受审核方（auditee）（ISO 9000—2015 标准中 3.13.12）

【定义】

> 审核委托方：
> 要求审核（3.13.1）的组织（3.2.1）或人员

［源自：ISO 19011：2011，3.6，改写。注已被改写］

受审核方：

被审核的组织（3.2.1）

［源自：ISO 19011：2011，3.7］

【理解要点】

（1）审核委托方是提出审核要求的组织或人员。在内部审核中，审核委托方是组织的管理者；在外部审核中，审核委托方可以是与知识产权保护有关的相关方（如顾客）、知识产权认证机构等。

（2）受审核方可以是被审核的一个完整组织，也可以是组织的一部分（例如，某企业的一些部门或车间，某集团公司的某一分公司或分厂等）。

（3）在某些情况下，审核委托方可以是依据法律法规或合同有权要求审核的组织。例如，知识产权行业主管部门向某审核组织提出对其管辖的一个企业进行审核的要求，则该行业主管部门是审核委托方，该企业是受审核方。又如，某家用电器制造厂依据与其配件厂的合同，对配件厂提出进行第二方知识产权审核的要求，则该家用电器制造厂是审核委托方，配件厂是受审核方。

（4）不同的审核类型，其审核委托方和受审核方有所不同。

①在第一方审核中，审核委托方是组织的管理者，受审核方是组织。

②在第二方审核中，审核委托方是组织的相关方（如顾客），受审核方是组织。

③在第三方认证审核中，审核委托方是认证机构，受审核方可以是申请认证的组织。需要说明的是，在第三方认证审核时，提出认证申请并与认证机构签订认证合同的组织不是审核委托方，而是认证委托方（或称认证合同方），这时的审核委托方应是向审核组织提出审核要求的认证机构。在第三方认证审核时，受审核方可以是申请认证的组织，也可以不是申请认证的组织。例如，某集团公司向某认证机构提出申请，要求该认证机构对该集团公司下属的某一个分公司进行认证，则该集团公司是申请认证的组织，但不是受审核方，这时的受审核方是接受审核的分公司。

（5）审核委托方的作用包括以下方面：

①确定审核的需要和目的，并提出审核要求；

②确定审核组织；

③确定审核的总体范围，如审核依据何种知识产权管理体系标准或文件进行；

④接受审核报告；

⑤必要时，确定审核后续活动，并通知受审核方。

受审核方的作用包括以下方面：

①将审核的目的和范围通知有关人员，接受审核；

②指派向导，并向审核组提供所需要的资源（如临时办公场所、交通、通信等）；

③当审核员提出要求时，为其使用有关设施和证明材料提供便利；

④配合审核组织以实现审核目的；

⑤必要时，实施审核后续活动（如确定并实施纠正措施）。

七、审核员（auditor）（ISO 9000—2015 标准中 3.13.15）

【定义】

> 实施审核（3.13.1）的人员
>
> ［源自：ISO 19011：2011，3.8］

【理解要点】

审核员是在审核过程中担负审核任务的人员。

GB/T 19011—2013 标准第 7 章提供了有关管理体系审核员和审核组的能力和评价的指南。

不同目的和特征的审核对审核员的要求和条件不同。对于实施内部审核的内审员，没有强制性的资格要求。对于实施第三方认证审核的审核员，我国认证认可协会负责对人员注册资格的认定（确认）和管理，各认证机构实施具体的审核员的使用和能力的管理。

八、审核组（audit team）（ISO 9000—2015 标准中 3.13.14）

【定义】

> 实施审核（3.13.1）的一名或多名人员，需要时，由技术专家（3.13.16）提供支持
>
> 注1：审核组中的一名审核员（3.13.15）被指定作为审核组长。
>
> 注2：审核组可包括实习审核员。
>
> ［源自：GB/T 19011：2013，3.9，修订］

【理解要点】

审核过程是以审核组为单元开展工作的，担负实施审核的任务。

实施审核的小组可以是一个人，也可以是多个人，但是无论是一个人还是多个人，都是以审核组形式进行审核的。

审核组组长一定是审核组中的一名审核员，若审核组中只有一名审核员，则该审核员就是审核组组长。无论是由一个人组成的审核组还是由多名审核员组成的审核组，都必须由审核委托（派出）机构指定一名审核组组长，担负在整个审核任务实施期间的审核组织、协调、管理、决策职能。

审核组可包括实习审核员。实习审核员（auditors-in-training）是指正在培训和（或）正在学习中的审核员。因此，实习审核员的任务首先应是学习，在审核工作中接受培训，实习审核员不应在没有指导和帮助的情况下单独一人进行审核。

九、技术专家（technical expert）（ISO 9000—2015 标准中 3.13.16）

【定义】

> 向审核组（3.13.14）提供特定知识或专业技术的人员
>
> 注1：特定知识或专业技术是指与受审核的组织（3.2.1）、过程（3.4.1）或活动以及语言或文化有关的知识或技术。

注2：在审核组（3.13.14）中，技术专家不作为审核员（3.13.15）。

［源自：GB/T 19011：2013，3.10，修订，注1已被修订］

【理解要点】

在审核过程中涉及的技术、知识、管理或语言、文化等方面的知识补充和支持可以依靠专家提供。技术专家提供的技术支持的内容是指与受审核的组织、过程或活动，或语言或文化有关的知识或技术，如提供有关专业方面的知识或技术，作为翻译提供语言（如少数民族语言）方面的支持等。技术专家是指向审核组提供技术支持的人员，强调提供的技术支持供审核组采用，而不是针对审核组中某一特定的成员。技术专家可以在审核组中发挥提供技术支持的作用，但应在审核员的指导下进行工作，技术专家是审核组成员，但不能作为审核员实施审核。

十、观察员（observer）（ISO 9000—2015 标准中 3.13.17）

【定义】

随同审核组（3.13.14）但不作为审核员（3.13.15）的人员

注：观察员可来自受审核方（3.13.12）、监管机构或其他见证审核（3.13.1）的相关方（3.2.3）。

［源自：GB/T 19011：2013，3.11，修订。动词"审核"已从定义中删除，注已被修订］

【理解要点】

审核中的观察员具有特定的工作任务和目的。观察员是与审核组一同活动，随同审核组，但是不参与审核的特定人员。观察员不属于审核组（3.9），也不影响或干涉审核（3.1）工作。通常情况下，观察员可以是来自受审核方（3.7）、监管机构或其他见证审核（3.1）的相关方。

十一、审核方案（audit programme）（ISO 9000—2015 标准中 3.13.4）

【定义】

针对特定时间段所策划并具有特定目标的一组（一次或多次）审核（3. 13. 1）

［源自：GB/T 19011：2013，3. 13，修订］

【理解要点】

（1）审核方案是一组具有共同特点、特定目的的审核及其相关活动（如审核策划、组织和实施审核等）的集合。其内容应包括与一组（一次或多次）审核有关的诸多活动及这些活动的安排。

（2）审核方案包括"特定时间段"内需要实施的具有"特定目的"的一组审核。"特定时间段"可以根据不同组织的不同特点和需要来确定，例如，某组织的审核方案可以包括该组织在一个年度内需要实施的多次内部审核。由于在特定时间段内需要实施的一组审核可以有不同目的，因此，一个审核方案需要考虑这一组审核的总体目的，例如，某组织可以针对一个年度内需要实施的以选择、评价供方为目的的第二方审核建立审核方案。

（3）审核方案是对特定时间段内具有特定目的的一组审核进行"策划"的结果，"策划"时应考虑这一组（一次或多次）审核（包括策划、组织和实施审核）所必要的所有活动。审核方案的这些活动及活动的安排可以形成文件，也可不形成文件，不能简单地将审核方案理解为一个文件。

（4）对认证审核而言，审核方案应包括两个阶段的初次认证审核、第一年与第二年的监督审核和第三年在认证到期前进行的再认证审核。三年的认证周期从初次认证或再认证决定算起。审核方案的确定和任何后续调整应考虑受审核方的规模、其产品和过程的范围与复杂程度，以及经证实的知识产权管理体系有效性水平和以前审核的结果。

十二、审核计划（audif plan）（ISO 9000—2015 标准中 3.13.6）

【定义】

> 对审核（3.13.1）活动和安排的描述
>
> ［源自：GB/T 19011：2013，3.15］

【理解要点】

（1）审核计划是针对一次具体的审核活动进行策划，对审核活动作出详细安排的文件。其内容通常包括具体的审核时间、部门、场所、过程，实施审核的人员日程安排等。

（2）审核计划内容的详略程度与一次具体审核的目的、范围和复杂程度有关。

（3）审核计划和审核方案是不同的，表 10-1 给出了审核计划和审核方案的区别。

表 10-1　审核计划和审核方案的区别

	审核计划	审核方案
内容范围	一次具体审核的活动和安排	特定时间段内具有特定目的的一组审核（包括策划、组织和实施审核所必要的所有活动）。审核方案中包括对审核计划的制订和实施的管理，还包括为实施一次具体审核提供资源所必要的所有活动和安排
性质	文件	一组具有共同特点的审核及其相关活动的集合
编制/建立者	审核组组长	审核方案的管理人员

十三、审核范围（audit scope）（ISO 9000—2015 标准中 3.13.5）

【定义】

> 审核（3.13.1）的内容和界限
>
> 注：审核范围通常包括对实际位置、组织单元、活动和过程（3.4.1）的描述。
>
> ［源自：GB/T 19011：2013，3.14，修订。注已被修订］

【理解要点】

审核范围是指一次审核的内容和界限。审核范围的大小与审核的目的、受审核方的规模、性质、产品、活动和过程的特点等多方面的因素有关。

（1）审核的内容和界限是指审核所覆盖的对象，与受审核方的需求、目的、规模、性质及产品、过程或活动等有关，通常包括实际位置、组织单元、活动和过程以及所覆盖的时期。"实际位置"指受审核方的坐落位置或受审核活动所在的地理位置，如受审核方坐落在某市某街某号，受审核的知识产权管理活动发生在某车间、某工地或某场所，包括固定的位置和流动的位置。

"组织单元"指受审核的管理体系所涉及的组织的部门或职能或岗位，如管理层、开发部、生产部、经营部，驻各地的办事处、销售网点、连锁店，或针对某一任务成立的项目部、课题组等。

"活动和过程"指受审核的管理体系所涉及的活动和过程，特别是知识产权管理体系所涉及的产品的过程和活动，如知识产权获取、维护、运用和保护活动等。"覆盖的时期"指受审核的知识产权管理体系实施或运行的时间段，如第三方认证的初次审核所覆盖的时期通常是受审核方知识产权质量手册实施之日（受审核方知识产权管理体系实施之时）至初次现场审核的时间段，审核范围所覆盖的是这一时期内管理体系实施或运行所涉及的组织单元、活动和过程以及所在的实际位置。

（2）针对每一次具体的审核，审核范围应形成文件，包括对实际位置、组织单元、活动和过程以及所覆盖的时期的描述。

第二节　审核原则

GB/T 19011—2013 标准提出了六项审核原则。审核的特征在于其遵循了审核原则。审核原则使审核活动成为支持管理方针和评价控制的一种有效而可靠的方法，并为组织提供改进绩效的信息。遵循审核原则是得出相应的充分的审核结论的前提，也是审核员独立工作时，在相似的情况下得出相似结论的前提。

1. 诚实正直：职业的基础

对审核员而言，"诚实正直"是最基本的"道德行为"，也是审核员应遵守的最基本的道德要求，此外由于内审员往往也具有企业员工这一身份，此处的诚实正直原则当然也包括员工对企业的义务。"诚实"是指诚信、真实。审核员应言行一致，能够履行承诺。"正直"是指公正、客观、坦率。审核员在工作中不应阿谀奉承、以势压人，也不应屈服或无原则地迎合影响审核公正和客观的任何压力，不隐瞒自己的认识和观点。

2. 公平表达：真实、准确地报告义务

审核员在审核过程中应履行真实、准确地报告的义务，从收集审核信息和审核证据到形成审核结论的过程中，审核员的言行均要公正客观，不偏不倚，遵循"以客观证据为依据，以审核准则为准绳"的基本要求，真实、准确地报告审核证据、审核发现和审核结论，以及在审核中遇到的重大障碍和在审核组与受审核方之间没有解决的分歧意见。

3. 职业素养：在审核中勤奋并具有判断力

审核员应具备的基本职业素养是勤奋并具有判断力。审核员应勤奋、不断进取，努力学习并不断理解新的知识，在审核中不应局限于已有的经验和知识，而应用发展和变化的眼光和态度看待事物的发展，并做出客观的判断。审核员应具有很强的判断能力，应对大量的审核信息进行有效的识别和分析，并做出正确而客观的判断。

4. 保密性：信息安全

确保信息安全的基础是审核员应审慎使用和保护包含审核准备以及审核后续活动的审核过程获得的信息。审核员不应为个人利益不适当地或以损害受审核部门或公司合法利益的方式使用审核信息。这包括审核管理以及实施审核过程中正确处理敏感的、保密的信息。

"保守秘密"是审核员的职业诚律。除非有法律要求或得公司领导层的明确批准，审核员不应向任何公司外部泄露与审核有关的信息，包括与审核相关的文件内容，审核中获得的受审核方商业、技术、管理及知识产权管理体系等方面的信息，审核报告等。如果公司本身对保密做出了规定，审核员应基于公司的保密规定对审核过程中获得的不同部门的信息给予保密。

5. 独立性：审核的公正性和审核结论的客观性的基础

只要可行时，审核员应独立于受审核的活动，并且在任何情况下都应不带偏见，没有利益上的冲突。审核员在整个审核过程应保持客观性，以确保审核发现和审核结论仅建立在审核证据的基础上。保持"独立性"是实现审核的公正性和审核结论的客观性的基础。这一原则要求实施审核活动的审核员应独立于受审核的活动（与被审核的活动无直接责任关系），且不带偏见，没有利益上的冲突。审核员不能将个人的主观臆断、猜测作为审核证据。对于内部审核，审核员应独立于被审核部门的运行。审核员在整个审核过程应保持客观性，以确保审核发现和审核结论仅建立在审核证据的基础上。

对于小型组织，内审员也许不可能完全独立于被审核的活动，但是应尽一切努力消除偏见和体现客观。

6. 基于证据的方法：在一个系统的审核过程中，得出可信的和可重现的审核结论的合理的方法

在审核过程中"基于证据的方法"是得出可信的和可重现的审核结论的合理方法。审核证据应是客观存在的、可证实的。由于审核是在有限的时间内和有限的资源条件下进行的，因此，审核是一个抽样检查的过程，在审核中获得的审核证据也是建立在可获得信息的样本的基础上的。然而抽样是具有一定的局限和风险的，因此，抽样的合理性是影响审核结论的可信性的重要因素。

第十一章　审核方案

第一节　审核方案的基本概念

审核方案是针对特定时间段所策划并具有特定目标的一组（一次或多次）审核安排。需要实施审核的组织应建立审核方案，以便确定受审核方知识产权管理体系的有效性。

审核方案可以只针对知识产权管理体系，也可以包括其他管理体系，如质量管理体系；可单独实施，也可结合实施。

企业的最高管理者应确保建立审核方案的目标，并指定一个或多个胜任的人员负责管理审核方案。审核方案的范围与程度应基于企业的规模和性质，以及知识产权管理体系的功能、复杂程度以及成熟度水平。企业的最高管理者应优先配置审核方案所确定的资源，以审核立项、研发、采购、生产、销售和售后中最重要的环节控制和相关部门。❶

审核方案应包括在规定的期限内有效和高效地组织和实施审核所需的信息和资源，并可以包括以下内容：（1）审核方案和每次审核的目标；（2）审核的范围与程度、数量、类型、持续时间、地点、日程安排；（3）审核方案的程序；（4）审核准则；（5）审核方法；（6）审核组的选择；（7）所需的资源，包括交通和食宿（如果公司有多个地址）；（8）处

---

❶　注：在审核中优先配置审核方案所确定的审核通常称为基于风险的审核。GB/T 19011—2003 中没有给出有关风险审核的内容，此部分内容可参考 GB/T 24353《风险管理原则与实施指南》《中央企业全面风险管理指引》等文件。

理保密性、信息安全、健康和安全，以及其他类似事宜的过程。

应监视和测量审核方案的实施以确保达到其目标，应评审审核方案以识别可能的改进。

图 11-1 是审核方案的管理流程。

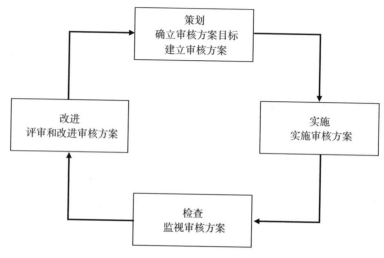

图 11-1　审核方案的管理流程

第二节　确立审核方案的目标

企业的最高管理者作为内审的委托方，应确保审核方案的目标得到确立，以指导审核的策划和实施，并应确保审核方案的有效实施。审核方案的目标应与公司知识产权管理体系的方针和目标相一致并予以支持。

在确立审核目标时可以考虑以下内容：

（1）知识产权管理的优先事项；

（2）与知识产权有关的商业意图和其他的业务意图；

（3）可能产生知识产权或与知识产权有关的过程、涉及知识产权的产品和项目的特性及其变化；

（4）知识产权管理体系要求；

（5）知识产权、反不正当竞争相关法律法规的要求和合同中知识产权条款要求，以及组织承诺遵守的其他有关知识产权的约定或者规范；

（6）供方知识产权评价的需要；

（7）相关方（包括顾客）的对知识产权的需求和期望；

（8）发生知识产权管理体系失效、涉及知识产权的事件和顾客投诉时所反映出的公司的绩效水平；

（9）公司所面临的知识产权风险；

（10）以往审核的结果；

（11）知识产权管理体系的成熟度水平。

具体的审核方案的目标，可以包括下列各项：

（1）促进知识产权管理体系及其绩效的改进；

（2）满足外部要求，例如 GB/T 29490—2013 标准；

（3）验证与合同中知识产权要求的符合性；

（4）获得和保持对供方知识产权能力的信心；

（5）确定知识产权管理体系的有效性；

（6）评价知识产权管理体系的目标与方针和组织的总体目标的兼容性和一致性。

第三节 审核方案管理人员

企业的最高管理者指定一个或多个胜任的人员具体负责管理审核方案。

审核方案管理人员的作用和职责包括以下方面：

（1）确定审核方案的范围及其程度；

（2）识别和评估审核方案的风险；

（3）明确审核的责任；

（4）建立审核方案的程序；

（5）确定审核所需的资源；

（6）确保审核方案的实施，包括明确每次审核的目标、范围和准则，确定审核方法，选择审核组和评价审核员；

（7）确保管理和保持适当的审核方案记录；

（8）监视、评审和改进审核方案；

（9）向最高管理者报告审核方案内容，并在必要时获得批准。

为准确地履行上述职责和确保审核方案的建立符合预期目标，审核方案的管理能够卓有成效，知识产权管理体系内审的审核方案管理人员应具备有效地和高效地管理审核方案及其相关风险的必要能力，并具备以下方面的知识和技能：

（1）知识产权管理体系内审的审核原则、程序和方法；

（2）GB/T 29490—2013 标准中及其引用文件，如 ISO 9000 系列标准和 19001 标准；

（3）企业内各部门的活动、产品和过程；

（4）与受审核方活动、产品有关的适用的法律法规要求和其他要求，这里的要求不仅包括知识产权和反不正当竞争相关的法律法规，也包括由这些法律法规相关的规定，例如掌握《专利法》的同时，对《民事诉讼法》等也应有所了解；

（5）企业的顾客、供方和其他相关方（适用时）。

审核方案管理人员应参加适当的持续专业发展活动，如知识产权和审核的培训及会议等，以保持管理知识产权管理体系审核方案所需的知识和技能。

第四节　建立审核方案

一、确定审核方案的范围和详略程度

在建立审核方案初期，审核方案管理人员应首先确定审核方案的范围和详略程度，这取决于企业的规模和行业性质、知识产权管理体系的复杂程度和成熟度水平以及其他重要事项。

影响审核方案范围和详略程度的其他因素包括以下方面：

（1）每次审核的目标、范围、持续时间和审核次数，适用时，还包括审核后续活动；

（2）受审核活动的数量、重要性、复杂性、相似性和地点；

（3）影响知识产权管理体系有效性的因素；

（4）适用的审核准则，例如有关 GB/T 29490—2013 标准中的安排、知识产权相关法律法规要求、公司的内部管理制度如合同控制程序以及企业承诺的其他要求；

（5）以往的内部或外部审核的结论；

（6）以往的审核方案的评审结果；

（7）语言、文化和社会因素；

（8）相关方的关注点，例如针对知识产权问题的顾客反馈或者市场中其他相关方的纠纷；

（9）企业管理结构的变动或者其活动的重大变化；

（10）支持审核活动的信息和沟通技术的可获得性，尤其是使用远程审核方法的情况；

（11）内部和外部事件的发生，如知识产权获取过程中出现障碍、商业秘密或技术秘密泄露事件等。

在某些情况下，如企业规模较小，管理结构简单或者只是针对某一突发的问题、一个小型项目进行内部审核时，审核方案可能只包括一次审核。

二、识别和评估审核方案风险

在建立、实施、监视、评审和改进审核方案过程中存在多种风险，这些风险可能影响审核方案目标的实现。审核方案管理人员在制定审核方案时应考虑这些风险。这些风险可能与下列事项相关：

（1）策划，例如，设定的审核目标过高或者过低，未能与企业现有的情况相匹配，或者依据已有的要素不能确定审核方案范围和详略程度；

（2）资源，例如，审核方案管理人员没有足够的时间制定审核方案或实施审核；

（3）审核组的选择，例如，审核组不具备有效地实施知识产权管理体系内审的专业知识或者存在其他能力短板；

（4）实施，例如，审核方案管理人员与企业内部审核的部门没有有效地沟通审核方案；

（5）记录及其控制，例如，审核组在审核的过程中未能适宜地保护用于证明审核方案有效性的审核记录；

（6）监视、评审和改进审核方案，例如，方案管理人员没有有效地监视审核方案的结果。

针对上述风险，审核方案管理人员应首先识别这些风险产生的原因，并对其产生的直接原因、影响区域和后果及影响进行记录和管控，根据企业的情况和知识产权管理体系建立的成熟度对风险程度进行分析，并以此确立应对风险的准则。审核方案管理人员应将风险程度分析的结果与风险准则进行比较，以确定风险和（或）其量是否可接受或可容许。

三、建立审核方案的程序

审核方案管理人员应建立一个或多个程序，用于规定下列事项（适用时）：

（1）在考虑审核方案风险的基础上，策划和安排审核日程；

（2）确保审核过程中获取的信息安全和保密性；

（3）保证审核员和审核组组长的能力；

（4）选择适当的审核组并分配任务和职责；

（5）实施审核，包括采用适当的抽样方法；

（6）适用时，实施审核后续活动；

（7）向最高管理者报告审核方案的实施概况；

（8）保持审核方案的记录；

（9）监视和评审审核方案的绩效和风险，提高审核方案的有效性。

四、识别审核方案资源

识别审核方案资源时，审核方案管理人员应考虑以下因素：

（1）开发、实施、管理和改进内部审核活动所必需的财务资源；

（2）审核方法；

（3）能够胜任审核方案目标的审核员和技术专家；

（4）审核方案范围和程度以及风险；

（5）若企业存在多个经营地址，旅途时间和费用、食宿和其他审核需要；

（6）信息和沟通技术的可获得性。

第五节　实施审核方案

审核方案管理人员应通过开展下列活动实施审核方案：与最高管理者、各部门的负责人等有关方面沟通审核方案的相关部分，并定期通报进展情况；确定每次审核的目标、范围和准则；协调和安排审核日程以及其他与审核方案相关的活动；确保选择具备所需能力的审核组；为审核组提供必要的资源；确保按照审核方案和协商一致的时间框架实施审核；确保记录审核活动并且妥善管理和保持记录。

一、规定每次审核的目标、范围和准则

每次审核应基于形成文件的审核目标、范围和准则。这些应由审核方案管理人员加以规定，并与总体审核方案的目标一致。

审核目标规定每次审核应完成什么，可以包括下列内容：

（1）确定企业的知识产权管理体系或其一部分与审核准则的符合程度；

（2）确定活动、过程、产品与要求和知识产权管理体系程序的符合程度；

（3）评价知识产权管理体系的能力，以确保满足知识产权相关法律法规要求、公司的内部管理制度（如合同控制程序）以及企业承诺的其他要求；

（4）评价知识产权管理体系在实现企业知识产权目标方面的有效性；

（5）识别企业知识产权管理体系的潜在改进之处。

审核范围应与审核方案和审核目标相一致，包括诸如地址、组织单元、被审核的活动和过程以及审核覆盖的时期等内容。

审核准则作为确定合格的依据，包括企业的知识产权方针、程序文件、标准、知识产权相关法律法规要求、GB/T 29490—2013 标准中的相关要求、合同中知识产权条款的要求或其他策划的安排。

如果审核目标、范围或准则发生变化，应根据需要修改审核方案。

当对知识产权管理体系和其他管理体系结合审核时，审核目标、范围和准则与相关审核方案的目标保持一致是非常重要的。

二、选择审核方法

审核方案管理人员应根据规定的审核目标、范围和准则，选择和确定审核方法以有效地实施审核。表 11-1 是确定审核方法的指南。

表 11-1　适用的审核方法

内审员和被审核部门之间的相互作用程度	内审员的位置	
	现场	远程
有人员互动	进行面谈； 在受审核人员参与的情况下完成检查表和问卷； 在受审核人员参与的情况下进行文件评审； 抽样	借助交互式通信手段： （1）进行交谈； （2）完成检查表和问卷； （3）在受审核人员的参与下进行文件评审
无人员互动	进行文件评审（如记录、数据分析）； 观察工作情况； 进行现场巡逻； 完成检查表； 抽样（如产品或者研发过程）	进行文件评审（如记录、文件分析）； 在法律法规和公司内部管理程序允许的情况下，通过远程监督手段来观察工作情况； 分析数据

续表

内审员和被审核部门 之间的相互作用程度	内审员的位置	
	现场	远程

（1）现场审核活动在受审核部门现场进行，远程审核活动在受审核部门现场以外进行，无论距离远近。
（2）互动的审核活动包括受审核人员和审核组之间的相互交流。非互动的审核活动不存在与受审核人员的直接交流，但需要设备、设施和文件。

在策划阶段，审核方案管理人员或审核组组长应对具体审核中有效运用审核方法负责。审核组组长负责实施审核活动。

远程审核活动的可行性取决于审核员和受审核人员之间的信任程度。

在审核方案中，应确保适宜和平衡地应用远程和现场审核方法，以确保圆满实现审核方案的目标。

三、选择审核组成员

审核方案管理人员应指定审核组成员，包括审核组组长和需要的技术专家。

应在考虑实现规定范围内每次审核目标所需要的能力的基础上，选择审核组。如果只有一名审核员，该审核员应承担审核组组长的适用的全部职责。

在确定知识产权管理体系内审审核组的规模和组成时，应考虑下列因素：

（1）考虑到审核范围和准则，实现审核目标所需要的审核组的整体能力；

（2）审核的复杂程度以及是否是结合审核；

（3）所选定的审核方法；

（4）知识产权相关法律法规要求、合同要求和受审核方所承诺的其他要求；

（5）确保审核组成员具有实现本书第十章第二节的审核原则的道德

素养；

（6）审核组成员共同工作的能力以及与受审核部门的代表能够提供有效协作；

（7）当企业具有跨国业务时，审核所用语言以及受审核人员特定的社会和文化特性。这些方面可以通过审核员自身的技能或通过技术专家的支持予以解决。

为了保证审核组的整体能力，应采取下列步骤：

（1）识别达到审核目标所需要的知识和技能。

这些知识可能包括企业所处行业的基本情况以及企业所提供的服务或产品、企业涉及知识产权的活动的技术知识和管理知识、知识产权有关的法律法规和操作技能、审核有关的基本知识和抽样方法、现代办公工具的使用知识、沟通协调的能力、编制审核相关文件的能力、必要的语言技能等。

（2）选择审核组成员以使审核组具备上述所有必要的知识和技能。

如果不能确保审核组的审核员具备所有必要的能力，审核组应包含具备相关能力的技术专家。技术专家应在审核员的指导下工作，但不能作为审核员实施审核。

在内部审核过程中，如出现利益冲突和能力方面的问题，审核组的规模和组成可能有必要加以调整。

如果出现这种情况，在调整前，有关方面（例如，审核组组长、审核方案管理人员、受审核部门的管理人员等）应进行讨论。

四、为审核组组长分配每次的审核职责

审核方案管理人员应向审核组组长分配实施每次内部审核的职责。

应在内部审核实施前的足够时间内分配职责，以确保有效地策划审核。为确保有效地实施每次审核，应向审核组组长提供下列信息：

（1）审核目标；

（2）审核准则和引用文件，包括企业知识产权目标和方针、知识产权

相关法律法规、程序文件、合同的要求和企业其他的承诺等；

（3）审核范围，包括需审核的组织单元、职能单元以及过程；

（4）审核方法和程序；

（5）审核组的组成；

（6）受审核部门的联络人员及联系方式、审核活动的地点、日期和持续时间；

（7）为实施审核所配置的适当资源；

（8）评价和关注以识别达到审核目标的风险所需的信息。

必要时，提供的信息还应包括下列内容：

（1）在需要跨语种工作审核时，审核工作和报告的语言；

（2）审核方案要求的审核报告内容和分发范围；

（3）如果审核方案有所要求，与保密和信息安全有关的事宜；

（4）审核员的健康和安全要求；

（5）安全和授权要求；

（6）后续活动，例如来自以往的审核（适用时）。

五、管理审核方案结果

审核方案管理人员应确保下列活动得到实施：

（1）评审和批准知识产权管理体系内部审核报告，包括评价审核发现的适宜性和充分性；

（2）评审出现不符合项的根本原因分析以及纠正措施和预防措施的有效性；

（3）将知识产权管理体系内部审核报告提交给最高管理者和其他有关方面；

（4）确定后续内部审核的必要性。

六、管理和保持审核方案记录

审核方案管理人员应确保审核记录的形成、管理和保持，以证明审核方案的实施。应建立过程以确保与审核记录相关的保密需求得到规定。

记录应包括下列各项内容：

（1）与审核方案相关的记录，如形成文件的审核方案的目标、范围和程度，阐述审核方案风险的记录，审核方案有效性的评审记录。

（2）与每次审核相关的记录，如审核计划和审核报告，不符合报告、纠正措施和预防措施报告、审核后续活动报告（适用时）。

（3）与审核人员相关的记录，如审核组成员的能力和绩效评价、审核组和审核组成员的选择、能力的保持和提高。

记录的形式和详细程度应证明达到了审核方案的目标，应做到可以溯源和被证实。

第六节　监视审核方案

审核方案管理人员应监视审核方案的实施，并关注下列需求：

（1）评价与审核方案、日程安排和审核目标的符合性；

（2）评价审核组成员的绩效；

（3）评价审核组实施审核计划的能力；

（4）评价来自最高管理者、受审核人员、审核员的反馈。

某些因素可能决定是否需要修改审核方案，如以下因素：

（1）审核发现；

（2）经证实的管理体系有效性水平；

（3）管理体系的调整；

（4）GB/T 29490—2013 标准中要求、知识产权相关法律法规要求、合同要求和受审核方所承诺的其他要求的变化；

（5）供方的变更。

第七节　评审和改进审核方案

审核方案管理人员应评审审核方案，以评定是否达到目标。从审核方案评审中得到的经验教训应用于持续改进审核方案过程的输入。

审核方案评审应考虑下列各项因素：

（1）审核方案监视的结果和趋势；

（2）与审核方案程序的符合性；

（3）相关方进一步的知识产权需求和期望；

（4）审核方案记录；

（5）可替代的或新的审核方法；

（6）解决与审核方案相关风险的措施的有效性；

（7）与审核方案有关的保密和信息安全事宜。

审核方案管理人员应评审审核方案的总体实施情况，识别改进区域，必要时修改审核方案，并应评审内部审核员的持续专业发展活动、向最高管理者报告审核方案的评审结果。

对内部审核员评价的方法包括以下几种：

（1）对记录的评审，旨在对审核员背景进行评鉴，包括对其教育、培训、工作经历、专业证书和审核经历记录的分析。

（2）反馈，旨在获得审核员的表现情况，包括调查表、问卷、个人资料、证书、投诉、表现评价、审核组互评。

（3）面谈，旨在评价审核员个人行为和沟通技巧，验证信息，测试知识，主要通过语言交流实现。

（4）观察，旨在评价审核员个人行为和运用知识和技能的能力，包括场景模拟、见证审核、岗位表现。

（5）测试，旨在评价审核员个人行为、知识和技能及其应用，包括口试、笔试、心理测试。

（6）审核后评审，旨在获得有关审核员在审核活动期间的表现信息，发现其优势和不足，包括评审审核报告、与审核组组长或成员的交谈以及受审核部门的反馈。

若拟参与审核方案的人员不能满足准则要求，则应增加更多的培训、工作或审核经历，并进行后续的再评价。

为了保证内部审核能够确实实现其目标，促进企业知识产权管理体系的完善，企业应不断提高拟作为内审审核员和审核组组长的员工的能力。审核员应通过定期参加知识产权管理体系内部审核和持续专业发展来保持他们的审核能力。持续专业发展应包括能力的保持和提高，获得的方式包括如更多的工作经历，培训，个人学习，辅导，参加会议、研讨、论坛或其他相关活动等。

持续专业发展活动应考虑以下方面：

（1）实施审核的组织和个人的需求变化；

（2）审核实践；

（3）相关标准（不限于 GB/T 29490—2013 标准中）以及其他要求。

第十二章　实施审核

第一节　审核的启动

从一次内部审核开始直到审核完成，指定的审核组组长都应对审核的实施负责。

启动一次内部审核应考虑本章各节的步骤；然而，根据受审核部门、审核过程和具体情形的不同，顺序可以有所不同。

一、与受审核部门建立初步联系

审核组组长应与受审核各部门就审核的实施进行初步联系，联系通过企业内部常用的沟通机制实现。建立初步联系的目的有以下方面：

（1）与受审核部门的代表建立沟通渠道；

（2）确认实施审核的权限；

（3）提供有关审核目标、范围、方法和审核组组成（包括技术专家）的信息；

（4）请求有权使用用于策划审核的相关文件和记录；

（5）确定与受审核部门的活动和产品相关的适用法律法规要求、合同要求和其他要求；

（6）确认与受审核部门关于保密信息的披露程度和处理的协议；

（7）对审核做出安排，包括日程安排；

（8）确定特定场所的访问、安保、健康安全或其他要求；

（9）就观察员的到场和审核组向导的需求达成一致意见；

（10）针对具体审核，确定企业的关注事项。

二、确定审核的可行性

审核组组长应确定审核的可行性，以确信能够实现审核目标。

确定审核的可行性应考虑是否具备下列因素：

（1）策划和实施审核所需的充分和适当的信息；

（2）受审核部门的充分合作；

（3）实施审核所需的足够时间和资源。

当审核不可行时，应向审核方案管理人员提出替代建议并与受审核部门、审核方案管理人员就审核方案的调整达成一致。

第二节　审核活动的准备

一、审核准备阶段的文件评审

审核组应评审受审核部门的知识产权管理体系文件❶，以实现以下目标：

（1）收集信息，例如过程、职能方面的信息，以准备审核活动和适用的工作文件；

（2）了解体系文件范围和程度的概况以发现可能存在的差距。

文件可包括知识产权管理体系文件和记录，以及以往的审核报告。文件评审应考虑企业知识产权管理体系和组织的规模、行业特征和组织机构复杂程度以及审核目标和范围。

准备阶段的文件评审可以有以下结论：

（1）符合要求，可进行现场审核。

---

❶　如何进行文件评审的方法和技巧参见本书第五章。

（2）局部不符合标准要求，请根据问题进行修改，并将问题的修改证据递交审核组组长进行验证，验证合格后方可进入现场审核。

（3）不符合标准要求，请按提出的问题修改后再次提交文件评审，确认符合要求后，可进入现场审核。

二、编制审核计划

（1）审核组组长应根据审核方案和受审核部门提供的文件中包含的信息编制审核计划。审核计划应考虑审核活动对受审核部门的过程的影响，并取得被审核部门的理解。审核计划应便于有效地安排和协调审核活动，以达到目标。

审核计划的详细程度应反映审核的知识产权管理体系的范围和复杂程度，以及实现审核目标的不确定因素。在编制审核计划时，审核组组长应根据审核部门的过程和产品的特征，确定采取的抽样技术——条件抽样还是统计抽样；根据审核组的组成及其整体能力分配审核时间和审核任务；审核过程对审核部门的风险——对受审核部门的产品、服务、人员或基础设施产生的威胁。

如果进行结合审核，应特别关注其他管理体系的操作过程与相互抵触的目标以及优先事项之间的相互作用。

（2）审核计划应具有充分的灵活性，以允许随着审核活动的进展进行必要的调整；审核计划应详略得当，能够实现企业内部审核的目标即可；突出关键部门、关键过程和特殊过程，对问题比较多、比较薄弱的部门和过程要重点安排。

审核计划应包括或涉及以下内容：

（1）审核目标；

（2）审核范围，包括受审核的组织单元、职能单元以及过程；

（3）审核准则和引用文件；

（4）实施审核活动的地点、日期、预期的时间和期限，包括首末次会议的时间；

（5）使用的审核方法，包括所需的审核抽样的范围，以获得足够的审核证据，适用时还包括抽样方案的设计；

（6）审核组成员、向导和观察员的作用和职责；

（7）为审核的关键区域配置适当的资源。

适当时，审核计划还可包括以下内容：

（1）明确受审核部门本次审核的代表；

（2）当审核员和（或）受审核部门的工作语言不同时，审核工作和审核报告所用的语言；

（3）审核报告的主题；

（4）后勤和沟通安排，包括受审核现场的特定安排；

（5）针对实现审核目标的不确定因素而采取的特定措施；

（6）保密和信息安全的相关事宜；

（7）来自以往审核的后续措施；

（8）所策划审核的后续活动。

表 12-1 是一份审核计划的样例。

表 12-1　审核计划

审核目的	通过开展内部审核，对本公司目前知识产权管理体系运作的有效性作一次全面系统审核，以确定我公司的知识产权管理体系符合 GB/T 29490—2013《企业知识产权管理规范》标准的要求
审核依据	GB/T 29490—2013《企业知识产权管理规范》、相关法律法规
审核范围	公司知识产权管理体系所覆盖的相关活动和所涉及的相关部门，主要包括：总经理、管理者代表、管理部、技术部、生产部、销售部、财务部
审核时间	2019 年×月×日

审核安排

时间　　　项目	会议	受审部门	审核要素
8：00~8：30	首次会议：会议室		

续表

	总经理/管理者代表	5.4.2；4.1；4.2.1；5.1；5.2；5.3.1；5.3.2；5.4.1；5.4.3；5.5；9.1
8：30~12：00	管理部	5.4.2；4.2.2；4.2.4；5.3.2；5.3.3；5.4.3；6.1.1；6.1.2；6.1.3；6.1.4；6.1.5；6.1.6；6.2；6.4；7.1；7.2；7.3.1；7.3.2；7.3.3；7.3.4；7.3.5；7.4.1；7.4.2；7.5；7.6；9.2；9.3
13：00~15：00	财务部	5.4.2；5.3.2；6.3；7.6
	技术部	5.4.2；5.3.2；7.6；8.1；8.2
15：30~16：30	生产部	5.4.2；5.3.2；7.6；8.4
	销售部	5.4.2；5.3.2；7.5；7.6；8.3；8.5
16：40~17：20	末次会议：会议室	

审核计划应与审核方案的目标一致，并应提交受审核部门。受审核部门对审核计划的反对意见应在审核组组长、审核方案管理人员和（必要时）最高管理者之间得到解决。

三、审核组工作分配

审核组组长可在审核组内协商，将对具体的过程、活动、职能或场所的审核工作分配给审核组每位成员。分配审核组工作时，应考虑审核员的独立性和能力、资源的有效利用以及审核员和技术专家的不同作用和职责。

审核正式开始前，审核组组长应适时召开审核组会议，以分配工作并针对可能的改变做好预案，同时，审核组组长应确保每个审核组员对自己的任务和目标清晰明白。为确保实现审核目标，审核组组长可根据审核的进展调整所分配的工作。

四、准备工作文件

审核组成员应收集和评审与其承担的审核工作有关的信息，并准备必要的工作文件，❶ 用于审核过程的参考和记录审核证据。这些工作文件可包括检查表、审核抽样方案，记录信息（如支持性证据、审核发现和会议记录）的表格。

检查表和表格的使用不应限制审核活动的范围和程度，因其可随着审核中收集信息的结果而发生变化。

当准备工作文件时，审核组应针对每份文件考虑以下因素：

（1）使用这份工作文件时将产生的审核记录；

（2）与此特定的工作文件相关联的审核活动；

（3）此工作文件的使用者；

（4）准备此工作文件需要的信息。

如果进行结合审核，准备的工作文件应对不同准则的类似要求进行汇集并协调好相关检查表和问卷的内容，以避免审核活动的重复。

工作文件应充分关注审核范围内知识产权管理体系的所有要素，提供的形式可以是任何媒介。

其中，检查表的内容至少应包括以下内容：

（1）"去哪查"，即去哪个部门、哪个区域检查；

（2）"找谁查"，即找哪些人面谈；

（3）"如何查"，即要查阅哪些文件、资料、记录等证据，现场观察哪些具体活动和过程的实施状况或需要实际测定哪些特性指标等；

（4）"查什么"，即审核项目和要点。

抽样方案的选择应以降低抽样的局限和风险为目标，需要通过精心策划，选取适当的信息作为样本，并抽取具有代表性的、足够的样本，以全面、客观地反映被审核对象的实际情况，以保证审核的系统性和完整性。抽样的原则包括：①明确抽样的对象和总体；②保证抽取足够数量的样本；

---

❶ 准备工作文件，至少可以获得以下方面的好处：（1）保持审核目的的清晰和明确；（2）保持审核内容的周密和完整；（3）保持现物审核跨部门、跨区域审核的情况的清晰和逻辑性；（4）保持审核时间和节奏的合理性；（5）保持审核方法的合理性，减少审核员的偏见和随意性。

③做到分层抽样；④抽取的样本量应适度均衡；⑤审核员应亲自抽样；⑥审核员应相信抽取的样本。

工作文件，包括其使用后形成的记录，应至少保存到审核完成或审核计划规定的时限。审核组成员在任何时候都应妥善保管涉及商业秘密、技术秘密或其他不宜公开的知识产权信息的工作文件。

第三节　审核活动的实施

一、举行首次会议

首次会议是现场审核活动的第一步，标志着现场审核活动的开始。首次会议的参加人员包括审核组成员、受审核方部门管理层、受审核的职能或过程的负责人、陪同人员，其具有以下目的：

（1）确认所有有关方（如受审核方、审核组）对审核计划的安排达成一致；

（2）介绍审核组成员；

（3）确保所策划的审核活动能够实施。

在初次会议期间，应提供询问的机会。

会议的详略程度应与受审核部门对审核过程的熟悉程度相一致。在许多情况下，例如小型企业的内部审核，首次会议可简单地包括对即将实施的审核的沟通和对审核性质的解释。

对于大型企业的内部审核，会议应当是正式的，并保存出席人员的记录。会议应由审核组组长主持。首次会议的内容和流程如下：

（1）与会者签到；

（2）人员介绍（必要时）；

（3）确认审核目的、范围和准则；

（4）确认审核计划日程安排及其他相关安排；

（5）介绍审核方法及程序；

（6）确认审核组和受审核部门的正式沟通渠道及终止审核的条件；

（7）确认陪同人员的安排及作用职责，落实审核所需的资源和设施；

（8）确认审核活动的限制条件；

（9）确认审核所使用的语言和有关保密事宜；

（10）介绍审核结论及报告的方式以及申诉系统的信息；

（11）澄清疑问。

二、审核实施阶段的文件评审

应评审受审核方的相关文件，以达到以下目的：

（1）确定文件所述的体系与审核准则的符合性；

（2）收集信息以支持审核活动。

文件评审的方法和技巧见本书第五章。

只要不影响审核实施的有效性，文件评审可以与其他审核活动相结合，贯穿审核的全过程，并只有在完成对体系审核的全部活动后，才能对其文件的符合性作出最后的评价结论。

如果在审核计划所规定的时间框架内提供的文件不适宜、不充分，审核组组长应告知审核方案管理人员和受审核部门。应根据审核目标和范围决定审核是否继续进行或暂停，直到有关文件的问题得到解决。

三、审核中的沟通

在审核期间，可能有必要对审核组内部以及审核组与受审核部门、审核方案管理人员以及必要时与最高管理者之间的沟通做出正式安排（尤其当企业的管理制度要求强制性报告不符合的情况时）。

审核组应定期讨论以交换信息，评定审核进展情况，以及需要时重新分配审核组成员的工作。

在审核中，适当时，审核组组长应定期向受审核部门、审核方案管理人员通报审核进展及相关情况。如果收集的证据显示受审核部门存在紧急的或重大的知识产权风险，应及时报告受审核部门，适当时向审核方案管理人员，甚至最高管理者报告。对于超出审核范围的引起关注的问题，应予记录并向审核组组长报告，以便可能时向审核方案管理人员和受审核部门通报。

当获得的审核证据表明不能达到审核目标时，审核组组长应向审核方案管理人员和受审核部门报告理由以确定适当的措施。这些措施可以包括重新确认或修改审核计划，改变审核目标、审核范围或终止审核。

随着审核活动的进行，出现的任何变更审核计划的需求都应经过评审，适当时，经审核方案管理人员和受审核部门批准。

四、向导和观察员的作用和责任

向导和观察员可以陪同审核组，但不应影响或干扰审核的进行。如果不能确保如此，审核组组长有权拒绝观察员参加特定的审核活动。

观察员应承担由审核委托方和受审核方约定的与健康安全、保安和保密相关的义务。

受审核部门指派的向导应协助审核组并根据审核组组长的要求行动。向导的职责可包括以下方面：

（1）协助审核员确定面谈的人员并确认时间安排；

（2）安排访问受审核部门的特定场所；

（3）确保审核组成员和观察员了解和遵守有关场所的安全规则和安全程序。

向导的职责也可包括以下方面：

（1）代表受审核部门对审核进行见证；

（2）在收集信息的过程中，做出澄清或提供帮助。

五、信息的收集和验证

在审核中，应通过适当的抽样收集并验证与审核目标、范围和准则有关的信息，包括与职能、活动和过程间接有关的信息。只有能够验证的信息方可作为审核证据。导致审核发现的审核证据应予以记录。在收集证据的过程中，审核组如果发现了新的、变化的情况或风险，应予以关注。

收集信息的方法包括面谈、观察、查阅文件和记录。

对信息进行验证的方法包括以下几种：

（1）对照文件、结合现场观察以证实文件的适宜性；

（2）对照文件、核查相应记录以证实记录的符合性；

（3）通过对活动和过程观察，证实面谈和查阅记录所获信息的准确性和真实性。

图 12-1 为从收集信息到得出审核结论的过程概述。

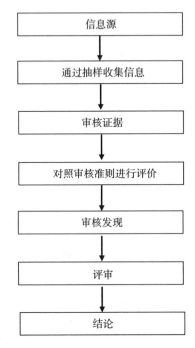

图 12-1　从收集信息到得出审核结论的过程概述

六、形成审核发现

审核组应对照审核准则评价审核证据以确定审核发现。审核发现能表明符合或不符合审核准则。出于帮助企业改进的目标，审核计划可以规定：具体的审核发现应包括具有证据支持的符合事项和良好实践、改进机会以及对受审核部门的建议。

审核组应记录不符合及支持不符合的审核证据。可以将不符合进行分级：严重不符合、一般不符合、观察项、建议项。审核组应与受审核部门一起评审不符合，以获得承认，并确认审核证据的准确性，使受审核部门理解不符合。审核组应努力解决对审核证据或审核发现有分歧的问题，并记录尚未解决的问题。

审核组应根据需要在审核的适当阶段评审审核发现。

当确定审核发现时，应考虑以下内容：以往审核记录和结论的跟踪；审核的目的；非常规活动的发现，或者改进的机会；样本量；审核发现的分类。

对于符合性的记录，应考虑如下内容：明确判断符合的审核准则；支持符合性的审核证据；符合性陈述。

对于不符合的记录，应考虑如下内容：描述或引用审核准则；不符合陈述；审核证据；相关的审核发现（适用时）。

不符合报告的具体内容包括以下方面：

（1）受审核部门名称；

（2）受审核的部门或不符合发生的地点及其相应的负责人；

（3）审核员和向导；

（4）审核日期；

（5）不符合事实的描述，即不符合项的支持性审核证据；

（6）不符合的审核准则（如标准、文件等）的名称和条款；

（7）不符合项的严重程度；

（8）审核员签字、审核组组长认可签字和受审核方确认签字；

（9）适用时，不符合报告的内容还可包括不符合项的原因分析、纠正措施计划及预计完成日期、纠正措施实施情况的说明、纠正措施的完成情况及验证记录。

表 12-2 是一份不符合报告的样例。

表 12-2　不符合报告样例

××××有限公司

内部审核不合格项报告

×××/JL×××

受审核部门	×××	审核员	×××	审核日期	×××

不合格项陈述（由审核员填写）：

　　规定了涉密设备，但是未在涉密设备上规定使用目的、负责人、使用方式。

不符合：明确可能造成知识产权流失的设备，规定使用目的、人员和方式；

　　条款号：■ GB/T 29490—2013　7.6　保密 b)

不符合性质：	一般
审核员：	日　期：

不符合原因：

　　对标准 7.6 条款内容学习不够，未按照规定对涉密设备进行管理。

　　纠正措施：

　　进行涉密设备标识，明确涉密设备。

　　　　　　　　　　　　　　　　受审部门：　　日　期：

纠正措施验证结论：
　　□　纠正措施不符合要求，请在　3　天内重新提交纠正措施及实施证据。
　　□　纠正措施基本符合要求，其实施效果在下次检查/审核时现场验证。
　　□　经审核组于__月__日现场验证，纠正措施基本符合要求。

　　　　　　　　　　　　　　　　审核员：　　日　期：

　　撰写不符合报告的要求包括以下方面：简单明了，描述清楚；只陈述客观事实；不分析、猜想、推测；便于理解；包含必要的细节，便于追溯。

　　在审核中，有可能识别出与多个准则相关的审核发现。在结合审核中，当审核员识别出与一个准则相关的审核发现时，应考虑到这一审核发现对其他管理体系中相应或类似准则的可能影响。

　　根据审核方案，审核员也可能提出：分别对应每个准则的审核发现，或—与多个准则相关的一个审核发现。审核员可以指导受审核部门应对这些审核发现。

七、准备审核结论

　　审核组在末次会议之前应充分讨论，以根据审核目标，评审审核发现以及在审核过程中所收集的其他适当信息；考虑审核过程中固有的不确定因素，对审核结论达成一致；如果审核计划中有规定，提出建议；讨论审核后续活动（适用时）。

　　审核结论可陈述诸如以下内容：

　　（1）知识产权管理体系与审核准则的符合程度及其稳健程度，包括知识产权管理体系满足所声称的目标的有效性；

　　（2）知识产权管理体系的有效实施、保持和改进；

　　（3）管理评审过程在确保管理体系持续的适宜性、充分性、有效性和改进方面的能力；

　　（4）审核目标的完成情况、审核范围的覆盖情况，以及审核准则的履行情况；

　　（5）审核发现的根本原因；

　　（6）为识别趋势从其他受审核领域获得的相似的审核发现。

　　如果审核计划中有规定，审核结论可提出改进的建议或今后审核活动的建议。

八、举行末次会议

　　审核组组长应主持末次会议，提出审核发现和审核结论。参加末次会议的人员包括受审核部门管理者和适当的受审核的职能、过程的负责人，也可包括审核方案管理人员、最高管理者（必要时）。适用时，审核组组长应告知受审核方在审核过程中遇到的可能降低审核结论可信程度的情况。会议的详略程度应与受审核部门对审核过程的熟悉程度相一致。对于内部审核，末次会议可以不太正式，只是沟通审核发现和审核结论。具体而言包括以下内容：

（1）感谢受审核方的配合和支持；

（2）重申审核的目的、准则和范围；

（3）提出审核发现（符合与不符合）；

（4）宣布审核结论；

（5）讨论纠正措施和预防措施的时间表；

（6）其他需要说明的内容；

（7）请受审核方高层管理者作简短致辞；

（8）再次感谢受审核方的合作，宣布末次会议结束；

（9）应讨论审核组与受审核方之间关于审核发现或审核结论的分歧，并尽可能予以解决。如果不能解决，应予以记录。

如果审核目标有规定，可以提出改进建议，并强调该建议没有约束性。

第四节　审核报告的编制和分发

一、审核报告的编制

审核组组长应根据审核方案程序编制审核报告。

审核报告应提供完整、准确、简明和清晰的审核记录，并包括或引用以下内容：（1）审核目标；（2）审核范围，尤其是应明确受审核的组织单元和职能单元或过程；（3）明确审核组和受审核方在审核中的参与人员；（4）进行现场审核活动的日期和地点；（5）审核准则；（6）审核发现和相关证据；（7）审核结论。

适当时，审核报告还可以包括或引用以下内容：

（1）包括日程安排的审核计划；

（2）审核过程综述，包括遇到可能降低审核结论可靠性的障碍；

（3）确认在审核范围内，已按审核计划达到审核目标；

（4）尽管在审核范围内，但没有覆盖到的区域；

（5）审核结论综述及支持审核结论的主要审核发现；

（6）审核组和受审核部门之间没有解决的分歧意见；

（7）改进的机会（如果审核计划有规定）；

（8）识别的良好实践；

（9）商定的后续行动计划（如果有）；

（10）关于内容保密性质的声明；

（11）对审核方案或后续审核的影响；

（12）审核报告的分发清单。

表 12-3 是一份内部审核报告样例。

表 12-3　内部审核报告样例

审核报告

编号：

审核目的	评价知识产权管理体系在我公司/校/科研组织各部门运行的有效性和适宜性
审核范围	单位知识产权管理体系所覆盖的相关活动和所涉及的相关部门。 （企业）主要包括：总经理、管理者代表、管理部、技术部、生产部、销售部、财务部。 （科研组织）主要包括：最高管理者、管理者代表、知识产权管理机构人员、知识产权服务支撑机构人员、研究中心以及项目组等部门负责人。 （高等学报）主要包括：校长、管理委员会、管理机构、服务支持部门、各个院校以及项目组等负责人
审核依据	□GB/T 29490—2013《企业知识产权管理规范》 □GB/T 33250—2016《科研组织知识产权管理规范》 □GB/T 33251—2016《高等学校知识产权管理规范》 □受审核方编制的各级文件及相关的法律法规
审 核 组	审核组组长：李三 成　　员：各部门负责人及内审员
审核日期	2019 年 1 月 4~11 日

内部审核综述：

本次审核覆盖公司7个部门，审核组由7名内审员组成，按照计划2019年1月4日上午8：00召开了内审首次会议，会议上对审核相关要求进行了明确。现场审核时审核组在各部门的配合下，严格按照内审计划、内审日程安排分别对受审部门、现场，采用面谈、观察、抽查管理体系文件及体系运行产生的记录等方法，进行了抽样调查和认真细致的检查，通过内审组成员团结协作，与各部门的密切配合，内审过程实施顺利，取证较为全面。

不符合项统计分析：

不符合项数量：1项

不符合性质：一般不符合：1项；严重不符合：0项

存在的主要问题：对体系理解不够，需要加强培训学习。

对知识产权管理体系的评价（包括文件化体系与标准的符合程度、实施效果、发现和改进体系运行的机制及措施等）：

此次审核，公司制定的管理体系基本符合标准，公司各个部门也按照要求进行体系的计划、实施和改进。方针、目标适应公司的发展，适应各个相关方，也得到了全体员工的认识理解。

本次内部审核结论：

从本次审核整体情况分析，公司基本满足《知识产权管理规范》标准要求，体系运行具有有效性和适用性，受审核部门应重视发现的不符合项，对这些问题采取有效的纠正措施，举一反三，持续改进公司知识产权管理体系适宜性和有效性。

审核报告 分发范围	各部门负责人以及知识产权联络人		
编 制		日 期	
审 核		日 期	
批 准		日 期	

二、审核报告的分发

审核报告应在商定的时间期限内提交。如果延迟，应向受审核部门和审核方案管理人员通告原因。

审核报告应按审核方案程序的规定注明日期，并经适当的评审和批准。

审核报告应分发至审核程序或审核计划规定的接收人。

第五节 审核的完成

当所有策划的审核活动已经执行或出现与审核方案预定的情形时（例如，出现妨碍完成审核计划的非预期情形），审核即告结束。

审核的相关文件应按照审核方案的程序或企业内部的管理要求予以保存或销毁。

审核组和审核方案管理人员不应在未获得企业最高管理者授权的情况下，向任何其他方泄露相关文件的内容以及审核中获得的其他信息或审核报告的内容。

从审核中获得的经验教训应作为企业知识产权管理体系持续改进过程的输入。

第六节 审核后续活动

根据审核目标，审核结论可以表明采取纠正、纠正措施和预防措施或改进措施的需要。此类措施通常由受审核部门确定并在商定的期限内实施。适当时，受审核部门应将这些措施的实施状况告知审核方案管理人员和审核组。

审核组应对措施的完成情况及有效性进行验证。验证可以是后续审核活动的一部分。

第七节 管理评审

根据 GB/T 29490—2013 标准的要求，在正式审核以前，企业的最高管理者应组织对知识产权管理体系的适宜性和有效性进行管理评审。

管理评审可以是定期的，也可以是不定期的。

若是定期的，按策划的时间间隔（每年至少一次）进行；一般情况下是在内审后认证审核前。

若是不定期的，可以在以下情形下进行评审：

（1）公司知识产权方针、目标发生变化时；

（2）公司组织机构、产品范围、资源配置发生重大变化时；

（3）发生重大知识产权事故或知识产权侵权被侵权或发生时；

（4）当法律法规、标准及其他要求有变化时；

（5）市场需求发生重大变化时；

（6）审核中发生严重不合格经整改后；

（7）其他情况需要时，包括最高管理者认为有必要时。

管理评审以管理评审会的形式进行，组织者为企业的最高管理者，参加人员包括最高管理者、管理者代表、各部门负责人、内审员/内审员和最高管理者可以确定要求参加的其他人员。

管理评审的审核准则包括：企业的知识产权方针和目标、GB/T 29490—2013 标准、知识产权程序文件、知识产权相关法律法规、企业相关承诺和相关方的要求和期望。

管理评审的内容至少应包括以下方面：（1）知识产权方针、目标；（2）企业经营目标、策略及新产品、新业务规划；（3）企业知识产权基本情况及风险评估信息；（4）技术、标准发展趋势；（5）经营目标达成情况；（6）知识产权争议及诉讼情况；（7）前期审核结果。

审核组应编制管理评审计划，并在管理评审前，由管理者代表审核《管理评审计划》，报最高管理者批准后，下发各部门。内容包括评审目的、评审时间、评审会议地点、参加人员、会议主持人、会议日程、评审准备工作。

表 12-4 是一份管理评审计划样例。

表 12-4　管理评审计划样例

管理评审计划　　　　　　　　　　　　　　　　编号：

主持人	×××	评审依据	法律法规、《企业知识产权管理规范》（GB/T 29490—2013）的要求
评审目的	确保公司所建立的 GB/T 29490—2013 知识产权管理体系的适宜性和有效性		
参加人员	总经理、管理者代表及各部门主管		
时间及地点	时间：2019 年×月×日 上午×：× 地点：会议室		
评审内容	a）知识产权方针、目标； b）前期考核结果； c）经营策略改变； d）新产品、新业务规划； e）技术、标准发展趋势； f）经营目标达成情况； g）知识产权基本情况； h）知识产权争议及诉讼情况； i）知识产权风险评估		
评审方式	各部门依据程序的规定准备管理评审输入的资料，公司采用会议的方式，对评审的内容进行讨论、分析、评价，最后确认结果形成管理评审报告		

评审准备工作要求
　　管理部准备的资料：知识产权管理体系工作总结，包括管理方针、目标的可行性、年度知识产权目标实施情况及分析；知识产权管理绩效；内部审核报告；知识产权改进措施表，财务经费使用情况报告

编　制：　　　　　　审　核：　　　　　　批　准：

　　管理评审会由最高管理者主持，会议流程如下：会议签到、管理者代表汇报、各相关部门汇报、与会者讨论、分析、总结、宣读管理评审结论。

　　参加管理评审的人员应事先准备好管理评审需要的材料并在管理评审会议上进行公开，准备的材料至少应包括以下内容。

　　1. 管理者代表

　　（1）知识产权管理体系运行情况，现行知识产权方针、目标的实施情况，质量管理体系适宜性、有效性评价意见；

　　（2）内、外部知识产权审核的结果，不合格情况、原因及其纠正、预防、改进效果；

（3）上次管理评审的改进措施落实情况；

（4）可能影响体系的各种变化，包括内外环境的变化，如法律法规的变化，新技术、新工艺、新设备的开发等。

2. 销售部门

（1）客户知识产权投诉情况分析报告及改进建议；

（2）公司经营目标、策略及新产品、新业务规划；

（3）市场需求分析报告。

3. 研发部门

（1）新产品、新技术开发情况；

（2）技术标准发展趋势。

4. 采购部门

（1）供方评价分类结果；

（2）供方业绩情况报告。

5. 人力资源部门

（1）各部门知识产权目标考核情况总结；

（2）年底培训计划实施情况及培训有效性分析报告。

6. 生产部门

（1）生产中知识产权合理化建议；

（2）生产中的各项记录，以及遇见的问题。

7. 财务部门

（1）知识产权财务前期使用记录。

（2）知识产权财务预算及今后的分析。

（3）各部门准备的材料中应体现：本部门知识产权目标的完成情况及适宜性、有效性评价和修改建议；本部门的程序文件是否需要修改；可能影响体系的各种变化，包括内外环境的变化，如法律法规的变化，新技术、新工艺、新设备的开发等；提出知识产权管理体系改进的建议。

应对管理评审会的会议内容进行记录，并形成评审输入记录文件。评审输入文件应详细记录管理评审的内容和企业各部门知识产权管理体系的运行情况。

表 12-5 是一份管理评审输入记录表样例。

表 12-5　管理评审输入记录表样例

管理评审输入记录

时间	2019 年×月×日	地点	第一会议室
出席人	总经理、各部门负责人、知识产权联络人-企业 最高管理者、管理者代表、知识产权管理机构人员、知识产权服务支撑机构人员、研究中心以及项目组等部门负责人-科研组织 校长、管理委员会、管理机构、服务支持部门、各个院校以及项目组等负责人-高校		
评审项目	各部门目标完成情况，体系运行中遇见的问题，以及改进措施； 评审知识产权管理体系的适宜性和有效性		

a）知识产权方针、目标

方针：对单位的"技术创新带动发展，知识产权保驾护航"的知识产权方针及单位的知识产权长期目标进行分析，知识产权方针、目标能够适应单位现阶段管理需要，暂时不作修改；工作流程能够有效嵌入单位现阶段管理，目前不需要修改。

201×年单位知识产权目标：

开展知识产权管理贯标工作；

完成专利申请≥1 件；

知识产权泄露事故为 0。

b）前期考核结果

在 2018-08-02 的内审中，行政部有 1 项不符合的情况，已经分析原因、制定整改措施，经审核员验证有效。

c）经营策略改变

由原来的客户实体走访改为客户实体走访以及网络销售渠道，实体和网络结合，侧重于现高端家具面板的需求创新，产品更加智能化。

d）新产品、新业务规划

侧重于现今高端家电的需求，外观显示和厚重感完美结合，使用金属质感的金属板材进行加工后与透明的塑料板材料印刷的显示面板、使用塑料注塑件和电镀处理及印刷的塑料亚克力板材复合制作的显示面板。

e）技术、标准发展趋势

从 2014 年起，我国家电产品已经基本实现单机智能化，极大程度地方便了消费者，2017 年 11 月 8 日，由中国家用电器协会主持制定的、我国首个智能家电互联互通标准《智能家电云云互联互通标准》（T/CHEAA 0001-2017）（以下简称"标准"）正式出台。《标准》主要包括五个部分：连接、设备、用户、数据和安全。这一标准的发布标志着我国智能家电进入一个新的发展阶段，不同品牌的智能化家电产品有望打破原本的孤立状态，有利于进一步促进智能家电生态圈的形成。

技术发展趋势

现有装饰性面板都是采用单层金属或者单层塑料材质的方式，无层次感，无金属质感，显示和质感无法统一等；另外，现有装饰性面板都是采用单层塑料注塑印刷或者单层电镀处理和印刷的塑料亚克力板材制作的面板，已经不适应现今高端家电的需求，外观显示和厚重感等无法一一体现等。因此，技术的发展趋势：（1）使用金属质感的金属板材进行加工后与透明的塑料板材料印刷的显示面板进行复合加工贴合等，形成既有金属质感，又有透明显示的图案面板，在透明基材的后面印刷不同颜色底色形成装饰性金属质感的显示面板以用于家电等装饰性领域；（2）使用塑料注塑件和电镀处理及印刷的塑料亚克力板材复合制作的显示面板等，形成既有高端的厚重感，又有电镀镜面效果的图案面板，又有隐藏显示功能显示面板，实际应用于高端触摸家电等高端领域。

f）经营目标达成情况

达到销售额……

e）知识产权基本情况

现阶段公司拥有知识产权为：发明×项授权、×项实审中，实用新型×项，外观×项，商标×项，均为自主研发获取。

h）知识产权争议及诉讼情况

暂无诉讼。

i）知识产权风险评估

我单位总经办和营销中心每季度对我单位主要产品进行知识产权风险监控，没有发现侵权风险。（需要包含如何保护的相关内容）

j）知识产权成果运用的情况

我单位目前知识产权成果运用方式？如进行转化，科技成果转化方向，哪些成果进行了转化？专利、商标？转化率多少？转化方式？转化实施情况？转化获得效益？

二、各有关部门对自体系运行以来运行情况输入

1. 总经办

自贯标工作正式实施运行以来，部门通过各项表单的填写与应用，在日常工作中，对知识产权的管理工作更加细化，从各种知识产权项目及专利等的前期立项、调研检索、申请，到后期的保护、应用及有涉及专利侵权事宜的处理都更加规范化、正规化和细致化；在后期的体系运行工作中，部门会切实运行贯标体系要求，加强对贯标体系的学习与运用，对知识产权的各项程序要求更加细化，使其在知识产权的申请、保护及应用各环节中发挥应有作用。

2. 技术部

始终牢记单位知识产权方针，根据单位知识产权方针、部门目标，积极进行项目技术创新，在项目研发过程中，严格按照知识产权管理体系运行，做好项目各过程记录，做好项目技术的风险规避；做好涉密资料的管理。

3. 人力资源部

贯彻《企业知识产权管理规范》及单位知识产权方针、目标，做好入职人员的知识产权调查以及知识产权声明，做好离职人员的知识产权提醒，及其重要人员签署协议，做好合同的知识产权条款，以及保密协议的签订。做好知识产权奖励发放事宜。做好各部门的知识产权培训事宜。

4. 营销中心

按照单位规定，定期监测市场单位产品的侵权情况，至今没有发现有侵权行为，在以后的工作中，把监测产品侵权情况汇报常态化。在产品参展、销售、宣传前进行审批。新产品销售前进行分析，避免因知识产权侵权给单位造成损失。

5. 财务部

设立知识产权工作专项经费并实施管理，对知识产权管理体系的正常运行提供支持。

6. 生产部

按照单位要求每季度提交员工的合理化建议，及时发现生产过程中的知识产权。做好生产中的相关记录。

7. 采购部

严格把控供应商，从源头杜绝侵权纠纷，实现供应商全部评估，合同全部增加知识产权条款。

续表

三、前期审核结果
在×月的内审过程中，内审组出具了一项不符合项，关于"涉密设备为规定使用目的、人员和方式"，×月×日知识产权小组进行了整改，做涉密设备标识，规定了使用目的、人员和方式。

　　　记录人：　　　审　核：　　　　　时　间：

应对管理评审的结果编写正式的管理评审报告，管理评审报告的主要内容包括以下方面。

（1）管理评审概况（实施管理评审计划的全过程情况），包括进行本次管理评审的管理评审目的、管理评审内容、管理评审人员、管理评审日期和管理评审过程等；

（2）对知识产权管理体系内部审核报告中提及的整改措施的落实情况进行的评价；

（3）对《知识产权手册》和相关知识产权管理体系文件的适用性提出的意见；

（4）对知识产权管理体系运行及适用性等情况作出综合性的评价；

（5）提出改进目标。

表 12-6 是一份管理评审报告样例。

表 12-6　管理评审报告样例

管理评审报告

编号：

主持人	×××	地点	会议室	评审时间	2019 年××月×日
评审目的：确保单位所建立的 GB/T 29490—2013 知识产权管理体系的适宜性和有效性，为知识产权管理体系认证做准备。					
评审依据： 法律法规、《单位知识产权管理规范》（GB/T 29490—2013）的要求					

评审内容：

提供有关制度文件和记录文件，证明有相应材料，并符合下述要求：

(1) 知识产权方针、目标；

(2) 内部考核结果；

(3) 经营策略改变；

(4) 新产品、新业务规划；

(5) 技术、标准发展趋势；

(6) 经营目标达成情况；

(7) 知识产权基本情况；

(8) 知识产权争议及诉讼情况；

(9) 知识产权风险评估；

(10) 知识产权运用的情况

参评人员：总经理、管理者代表及各个部门主管

最高管理者、管理者代表、知识产权管理机构人员、知识产权服务支撑机构人员、研究中心以及项目组等部门负责人

评审结论（输出，改进意见）：

(1) 知识产权管理方针、目标符合单位发展的实际情况，各部门已较好地贯彻执行知识产权管理方针、目标，故知识产权方针和目标暂时不用更改。

(2) 知识产权管理体系经过3个月的运行，单位各部门运行正常，不符合项均得到整改。单位员工对知识产权管理方针、目标能够了解，能自觉执行知识产权规章制度，知识产权管理机构设置合理，各项规章制度较为完善，暂不需要进行更改。

(3) 单位的人力资源、基础设施、财务资源、信息资源配备暂时较充足，单位下一步吸引更多研发型人才，以满足单位未来的研发方向，并且加大对研发人员的专利检索、技术交底书撰写方面的培训，提高研发人员的整体素质。

总体来说，单位知识产权管理体系运行较正常，符合标准要求，并保持持续改进，体系运行初步有效，需实时观察。

备注

编制：　　　　　　审核：　　　　　　批准：

管理评审报告应附上责任部门的改进措施，经最高管理者批准后分发。

最高管理者应对改进措施的实施情况进行跟踪验证以确认其实施效果，并记录整改实施过程。

若在整改实施的过程中出现新的问题，应根据新问题产生的原因、对企业的影响程度、风险、管理体系文件的要求重新启动内部审核或者管理评审。

第十三章　审核常用技巧

第一节　审核中的闭环原理

知识产权管理体系是基于 PDCA 循环这一闭环模型建立的，对企业而言，保持知识产权良好运转并持续改进的前提是在企业整体和各职能部门内部均建立 PDCA 循环模式的管理体系。由于审核是围绕部门的管理过程展开的，审核结论的得出又依赖于相互印证的审核证据组成的完整证据链条，因此，审核这一对管理体系的效果进行验证的过程也应该围绕管理体系形成闭环。

同时，现场审核活动往往需要分组进行，通常一人一组或多人一组，因而每位审核员在审核中所接触的只是企业知识产权管理体系的一部分，因此每位审核员不仅要关注与自己承担的审核任务有关的审核证据的收集及其对知识产权管理体系的影响，还应特别关注各过程和活动之间的相互作用和关系，分析其他审核员所获信息与自己所获信息之间的相互影响、因果关系、共性问题等，以便对企业的内部审核最终整体上形成闭环。

例如，审核研发部门的知识产权管理情况，首先应确认研发部门基于公司的目标和方针确定的分目标和方针，基于此所制定的管理制度和相关负责人、职能人员，继而是制度的运行情况和负责人、职能人员的履职情况，制度运行和人员履职过程中形成了哪些好的经验和出现了哪些问题，对好的经验是否进行了推广和保持，对问题是否进行了分析和处理，推广和保持或分析和处理后制定了哪些改进措施，这些措施又如何推动了管理机构、制度、过程的改善。此外，研发部门的管理还与人力资源管理部门、知识产权管理部门、合同管理部门、档案室等有关，也正是基于这方面的因素，在现场审核活动中，审核组成员之间应及时进行沟通，交流审核中所获得的信息，并在需要时相互协助证实有关的信息。

第二节　文件审核

GB/T 29490—2013 标准中有 10 处提出对知识产权管理程序文件化要求，在对知识产权管理体系文件进行评审时应将知识产权管理体系文件作为一个整体，依据受审核方知识产权管理体系文件的层次进行逐级审阅，评审各级文件中描述的内容与知识产权管理体系标准、适用法律法规和其他要求的符合程度及文件之间的关联性。

对知识产权管理体系每一层次的文件进行审阅时，都应从文件内容的符合性、系统性和协调性等方面进行评审。

需要注意的是，知识产权管理体系文件的编制格式和形式没有统一的要求，文件评审时不应在格式和形式上做主观的评判。但是，企业内的各层次和类别的文件格式应有规定，应保持一致。

不同层次或同一层次文件之间的检索与引用途径应明确。应关注受审核部门知识产权管理体系文件的控制要求以及实施情况的符合性与效果。

（1）对知识产权方针和目标进行评审时，通常应考虑以下因素：

①知识产权方针是否与企业的经营发展相适应；包括与企业经营发展相适应的承诺，是否符合企业的战略发展和宗旨；是否适应企业的特点；

②知识产权方针是否符合相关法律和政策的要求；包括是否遵守了适用法律法规和其他要求的承诺；

③目标是否符合知识产权方针，是否可测量❶；是否能够成为全体员工知识产权管理的统一方向；

---

❶　企业如果为了可测量而强行设定定量的目标也是不可取的，应根据方针采用合理的定量或者定性的目标。

④目标是否包括对持续改进和遵守适用法律法规和其他要求的承诺。

（2）对描述知识产权管理体系范围和主要过程及其相互作用的文件进行评审时，通常应考虑以下因素：

①是否清楚地阐明了知识产权管理体系覆盖的范围；

②对知识产权管理体系的主要过程的描述是否覆盖并符合 GB/T 29490—2013 规范对这些过程的要求，其内容是否符合适用的法律法规和其他要求，是否体现了要素之间的相互关系；

③是否清楚地描述了知识产权管理方针、目标、知识产权基础管理（获取、维护、运用、保护、合同、保密）、运行控制（立项、研发、采购、生产、销售和服务）、审核和改进等有逻辑关系的要素之间的接口关系；

④是否阐明了知识产权管理体系各个职能和层次的组织机构和职责；

⑤是否清楚地体现了知识产权管理体系文件层次、结构、相互关系及相关文件查询途径。

（3）对程序文件进行评审时，可考虑以下因素：

①程序文件是否体现了 GB/T 29490—2013 标准中的要求，例如，知识产权获取、维护、运用、保护、合同、保密的基础管理；立项、研发、采购、生产、销售和售后的运行控制；审核改进等建立并保持程序的要素，这些程序文件的内容是否满足了标准对这些要素的要求；

②每一个程序文件是否清楚地阐明了该程序的目的、适用范围、职责、要求和实施方法等内容，其内容是否覆盖其适用范围，是否具有可操作性和适宜性；

③在运行控制程序中是否明确地规定了运行准则和途径、职责；

④有相关联系的程序文件之间，其内容和接口是否清楚并协调一致；

⑤程序文件与其他相关文件（如作业文件、表格等）是否协调一致。

第三节　面谈

面谈是一种重要的收集信息的方法，并且应以适于当时情境和受访人员的方式进行。面谈可以是面对面进行，也可以通过其他沟通方法。面谈时，审核员应考虑如下内容：

（1）通常，面谈应选择在受访人员正常的工作时间和工作地点进行，以尽可能减少对受访人员工作的影响，同时也方便通过其他获取信息的手段与面谈配合形成审核发现。

（2）在面谈之前和面谈期间应尽量使受访人员放松，但在面谈中处理某些关键问题时，如发现受访人员存在隐瞒或者虚假陈述时，可适当使用压力法以获取真实的信息。

（3）应向受访人员解释面谈和做笔记的原因。

（4）开启面谈可以从请受访人员描述其工作开始，在此期间，审核员应注意通过受访人员的描述厘清其部门的性质、职能、与审核准则有关的过程和产品，特别需要关注的是描述中与文件内容不一致的部分和文件评审中发现的问题。但是，无论如何，审核员都应仔细倾听对方的陈述和/或回答，并做出适当的反映，当对方误解或答非所问时，应客气并及时地加以引导，不能粗暴打断。

（5）面谈时，审核员会针对审核的内容向对方提出一些问题，从对方的陈述和回答中获取相应的信息，从而了解审核对象的职责、过程、活动、地点、时间、知识产权管理要求及知识产权管理原因、接口、方法、要求等方面的情况。提问的方式很多，审核员应根据不同情况，灵活地运用不同的提问方法（如封闭式提问、开放式提问、澄清式提问等），以获取所需的信息。审核员在提问过程中应避免提出有倾向性答案的问题（引导性提问），以免误导对方。（如开放式、封闭式、引导式提问）。

（6）面谈结束时应与受访人员总结和评审面谈结果并向其表示感谢。

第四节　沟通

审核过程中，为保证沟通的顺利进行，首先应营造良好的气氛，这是审核组全体成员的职责。

　　尊重受审核人员是确保审核沟通顺利进行的前提，审核员应正确对待受审核人员的各种态度。审核员应始终保持耐心和礼貌，不卑不亢，不介入受审核部门的内部矛盾，态度诚恳，实事求是，努力保持审核的客观性和公正性。

　　由于内部审核的审核组也是企业内部人员组成，在面对管理层或者某些部门时存在特定的情绪是难免的，此时若不能通过审核计划的调整减少这一过程中的风险，则应选择正式的或者非正式的提前沟通，取得受审核人员的理解，并将客观性和公正性作为审核中的最重要的原则。

第五节　审核记录

　　审核记录应该言简意赅，准确地描述审核证据和审核发现，并对二者之间的逻辑关系进行清晰的表述。

　　审核记录的语言应使用正式的书面语，避免使用口语化的语言。

　　审核记录的文字组织应具有基本的形式逻辑，符合所使用语言的语言习惯。

　　审核记录的内容可以包括以往审核记录和结论的跟踪，同时，还应包含足以证明其的证据。

　　作为审核记录的内容必须是客观的事实或者可以被证实的经过严密的推理形成的结论，不应是审核员的主观臆测。

　　如果对受审核人员的言行进行记录，则记录中应包括对言行的追问和验证的过程。

　　审核记录的内容本身也应遵循闭环原理。

主要参考文献

[1] 国际上是怎样规定将国际标准和国外先进标准订入采用国国家标准的？[J]. 机械工业标准化与质量，2007（2）.

[2] 李祖明.标准与知识产权 [J]. 法学杂志，2004（25）.

[3] 成胤，杨丽萍. 企业知识产权贯标三部曲 [M].北京：知识产权出版社，2018.

[4] 胡佐超，余平. 企业专利管理 [M]. 北京：北京理工大学出版社，2008.

[5] 张智勇.IATF 16949 质量管理体系文件编写实战通用教程 [M].北京：机械工业出版社，2018.

[6] 刘晓论，柴邦衡.ISO 9001：2015 质量管理体系文件 [M]. 北京：机械工业出版社，2017.

[7] ISO/ TR 10013：2001 质量管理体系文件指南 [S].